주린이가 꼭 알아야 할
부동산 주식
& 리츠 투자

주린이가 꼭 알아야 할
부동산 주식
& 리츠 투자

2021년 4월 7일 초판 1쇄 발행
2021년 4월 14일 초판 1쇄 발행

지은이 | 황태현
펴낸이 | 이종춘
펴낸곳 | ㈜첨단

주소 | 서울시 마포구 양화로 127 (서교동) 첨단빌딩 3층
전화 | 02-338-9151
팩스 | 02-338-9155
인터넷 홈페이지 | www.goldenowl.co.kr
출판등록 | 2000년 2월 15일 제 2000-000035호

본부장 | 홍종훈
편집 | 주경숙
표지 디자인 | 윤선미
본문 디자인 | 윤선미, 조서봉
전략마케팅 | 구본철, 차정욱, 나진호, 이동후, 강호묵
제작 | 김유석
경영지원 | 윤정희, 이금선, 이사라, 정유호

ISBN 978-89-6030-573-1 13320

BM 황금부엉이는 ㈜첨단의 단행본 출판 브랜드입니다.

황금부엉이에서 출간하고 싶은 원고가 있으신가요? 생각해보신 책의 제목(가제), 내용에 대한
소개, 간단한 자기소개, 연락처를 book@goldenowl.co.kr 메일로 보내주세요. 집필하신 원고
가 있다면 원고의 일부 또는 전체를 함께 보내주시면 더욱 좋습니다.
책의 집필이 아닌 기획안을 제안해주셔도 좋습니다. 보내주신 분이 저 자신이라는 마음으로
정성을 다해 검토하겠습니다.

주린이가 꼭 알아야 할

부동산 주식 리츠 투자

주식 투자와
부동산 투자를
한번에!

황태현 지음

BM 황금부엉이

머리말

주식이 훨씬 낫지! 리츠는 지루하잖아

잠자는 동안에도 돈이 들어오는 방법을 찾아내지 못한다면,

당신은 죽을 때까지 일해야만 할 것이다.

— 워런 버핏 —

배당주 투자자들에게 왜 배당주에 투자해야 하는지 물어보면 열에 아홉은 워런 버핏 같은 답변을 합니다. 배당주에 투자하면 잘 때도 현금흐름을 만들 수 있다고 말이죠. 특히 초저금리 시기인 요즘 4~5% 배당은 쉽게 구할 수 없다면서 배당모형, 복리효과 같은 금융공학 이론을 들이댑니다. 리츠는 여러 건물을 가진 부동산 회사의 주식을 사서 임대관리비를 배당 형태로 받는 간접투자입니다. 배당주 투자와 비슷해 보입니다. 그래서 증권사에선 배당주와 하나로 묶어 고배당, 고배당 하면서 팔고 있습니다.

애널리스트 보고서나 시중에 나와 있는 책들도 비슷합니다. 매일 같이 고배당의 매력을 느껴보라는데, 솔직히 그렇게 느끼는 사람이 몇이나 될까요? 2020년 주식수익률은 역대 최고점을 갱신하며 계속 상승 중입니다. 구만전자, 삼만닉스, 천슬라, 만삼천스닥 등 주식 장세와 기대감을 담은 용어들이 등장할 정도입니다. 부동산은 어떨까요? 서울에 있는 아파트 대부분은 6년 만에 2배나 상승했습니다. 이런 상황에서 4~5%밖에 안 되는 배당수익률 하나로 리츠를 추천한다는 건 받아들이기 힘듭니다.

그런데도 뉴스에는 '연기금이 대체투자 비중을 늘린다. 상위 1% 부자들은 좋은 리츠를 발굴하려고 한다' 등의 기사가 심심찮게 보입니다. 이 사람들은 왜 리츠에 투자할까요? 지금 같은 시기에 주식에 '몰빵' 하는 게 더 좋다는 걸 모르는

걸까요? 저는 연기금에 몸담으면서 그들만의 투자 세계와 투자 철학을 보았습니다. 질문이 잘못되었는데, 제대로 된 답변이 나올 리가 없습니다. 그들은 단순히 '수익율'에 대한 매력만으로 부동산 리츠에 접근하지 않습니다. 모든 투자는 수익이 목적이고, 수익률로 치면 주식, 경매, 부동산 개발, 분양권 청약 등이 훨씬 좋지요. 필자 역시 주식 투자를 하고, 경매나 분양권 청약 등에도 관심이 많습니다. 그런데도 지금은 반드시 부동산 리츠에 관심을 가지고 자산의 일부를 투자해야 할 때라고 확신합니다. 지금부터 그 이유를 전해보겠습니다.

당신의 투자 포트폴리오는 안녕하신가요?

지금 이 책을 읽는 여러분은 과연 몇 살까지 살까요? 병에 걸리거나 사고를 당하지 않는 이상 100세 인생이 남의 일이 아닙니다. 문제는 근로소득은 길어야 60세면 끝난다는 데서 시작됩니다. 언뜻 생각해도 최소 80세까지는 버틸 수 있어야 하니 한 살이라도 젊을 때 부를 쌓기 위해 부단히 노력합니다. 단 1년도 쉬지 않고 번 돈을 계속해서 재투자하고, 그 돈으로 또 재투자하죠. 그러나 제대로 된 금융 포트폴리오가 준비된 사람은 거의 없습니다. 한국이 괜히 OECD 노인 빈곤율 1등인 것이 아닙니다.

2020년은 확실히 주식 투자의 해였습니다. 그것을 부정하지는 않습니다. 모든 대출을 끌어와서 주식 투자를 하는 게 맞았다고 해도 부정하지 않겠습니다. 그러나 올해인 2021년에도 작년만큼 주식시장이 좋을 것이라고 확신할 수 있을까요? 2022년, 2023년은 어떨까요? 몇 년 뒤에도 계속 빚투로 주식 투자를 해도 될까요? 그 뒤의 자산운용 계획은? 여러분 대다수가 바로 답변할 수 없을 겁니다. 맨 처음에 봤던 워런 버핏의 말이 무겁게 다가오는 순간이고, 그래서 리츠 투자가 필요합니다.

리츠 투자를 통해 얻게 되는 첫 번째 장점은 '자동수익 구조'입니다. 일상과 업무에 바빠서 투자처를 찾을 시간이 없거나, 찾아도 마땅한 투자처가 보이지 않을 때 머리 싸매고 고민하지 않아도, 아무런 행동을 취하지 않아도 미니멈 수익률을 최소한 몇십 년은 깔아줍니다. 주식은 잘 되면 높은 수익을 보장하지만, 그만큼 변동성이 높아 마음 졸이며 매일 들여다봐야 합니다. 모든 사람이 다 존 리처럼 '투자 후 30년 뒤에 계좌를 열어보라'라는 식의 가치투자를 할 수는 없으니까요. 리츠는 단 한 번만 고민해서 투자하면 몇십 년간 꾸준히 확정수익을 보장해주니 정말로 편합니다.

두 번째 장점은 '자산운용 기술'입니다. 투자 포트폴리오 최하단에 리츠를 깔아두면, 안전마진이 있으니 사용할 수 있는 자산운용 기술은 더 많아집니다. 믿는 구석이 있으니 더 공격적으로 주식 투자에 나설 수 있죠. 예를 들어 올해 주식수익률이 7%였는데, 리츠에서 7% 배당이 나온다면 수익률은 14%입니다. 반면 주식수익률이 −4%였다고 해도 리츠의 배당을 합하면 평균은 3%가 됩니다. 원금의 든든한 방패막이가 생기는 셈입니다. 이것은 연기금 같은 기관투자자들이 확정 수입으로 리츠를 깔고 자산을 운용하는 이유이기도 합니다.

세 번째 장점은 '안정성'입니다. 앞의 2가지에 대해 이런 의문이 생길 수 있습니다. "리츠에서 손실이 날 수도 있잖아요. 그러면 포트폴리오 효과고 뭐고 다 끝 아닌가요?" "네, 이론상으로는 맞습니다." 그러나 이론과 현실은 다릅니다. 안정성 측면에서 리츠는 검토만 잘한다면 비교우위가 없을 정도로 우수한 투자처입니다. 연기금이 왜 리츠나 부동산 펀드 투자를 확대할까요? 기금의 자산운용 원칙은 안정성이 최우선입니다. 앞으로 자세히 알아보지만 리츠의 안정성은 이론보다 훨씬 뛰어나고 단단합니다. 많은 사람이 모를 뿐이죠.

리츠나 부동산 펀드 등의 부동산 간접투자로 투자 포트폴리오 하단을 채우는 것이 기술이고, 이 기술은 100세 인생까지 계속 써먹을 수도 있습니다. 대한민국 '상위 1% 부자'들의 자산관리 방법 역시 이것입니다. 아마 이 책의 페이지를 넘길수록 더욱 놀라고, 공감하게 될 것입니다. 그럼 '부족한 수익성'은 어떻게 하냐고요? 정확히 말하지만 '리츠에 올인' 하라는 게 아닙니다. 리츠를 밑에 깔고 테슬라, 삼성전자 등 여러분이 좋아하는 변동성 자산에 투자하세요. 현시점과 미래를 위해 안정성과 수익성을 동시에 극대화할 수 있는 최고의 포트폴리오라고 장담합니다.

코로나 확산으로 리츠시장은 피해야 한다고? 절대 NO입니다

정말 많이 들었던 질문이 '코로나와 리츠의 관계'입니다. '상업용 부동산은 어쨌든 사람이 계속 왔다 갔다 하는 곳인데, 코로나에 직격타를 받지 않을까'라는 우려 섞인 고민이죠. 코로나로 리츠시장에 충격이 있었던 것은 사실이지만 리츠시장은 여러분의 생각보다 매우 크고 견고합니다. 우리가 접하는 대다수 리츠가 품고 있는 자산은 동네 꼬마빌딩 같은 건물이 아닙니다. 강남역, 광화문역, 시청역 등 핵심 업무구역에 소재한 초대형 우량 빌딩이거나 브랜드 마트 등입니다. 코로나가 천재지변처럼 자산가치에 직접적인 손상을 준 것도 아니니 그 가치가 변하지는 않습니다. 오히려 정부 부양정책에 영향을 받아 부동산 자산들은 더 비싸게 팔리고 있습니다. 임차인 역시 마찬가지입니다. 코로나19 때문에 임차인이 즉시 나가는 게 아니고, 많은 사람이 우려하는 리츠 임대료 미납은 미국리츠와 달리 국내에서는 매우 드뭅니다. 코로나19와 직접적으로 관련된 기업이 떠나 공실이 생기더라도 IT, 5G 등 새로운 시장의 주인이 된 임차인이 그 빈자리를 대체합니다. 실제로도 좋은 건물에는 언택트 시대를 기회로 부상한 임차인이 좋은 자리를 찾아다닙니다.

코로나로 리츠시장을 피해야 한다는 것은 시장이 코로나라는 이유 하나만으로 움직인다는 제한적인 시각에서 나온 말일 뿐입니다. 투자 전에 여러 관점에서 검토해야 하고 제대로 질문하는 건 중요하지만, 그 이유가 코로나라면 오히려 기회일 수 있다는 걸 이 책을 통해 알게 될 것입니다.

'제 얼굴에 침 못 뱉는다?' 투자자 입장 vs 투자관계사 입장

부동산 펀드에 비해 리츠가 아직은 개인투자자들에게 낯설 수 있습니다. 그동안은 기관투자자들이나 일부 자산가들의 전유물이었기 때문인데, 2019년 정부의 공모리츠 활성화 정책에 의해 개인투자자들이 접할 수 있는 상품으로 확대되었습니다. 점차 상장리츠 등이 많아지는 추세라 개인투자자들의 투자 포트폴리오에 적용할 수 있는 상태가 되었죠. 부동산 펀드와 리츠는 몇 가지를 제외하곤 거의 비슷한데, 리츠를 검토할 때의 조건 대부분이 부동산 펀드에도 그대로 적용되니 참고하세요.

이 책의 목적은 개인투자자가 리츠 투자를 할 수 있도록 제대로 된 정보를 전달하는 것입니다. 그러나 내용 중 일부는 몇몇 사람에게 불편할 거라 짐작합니다. 왜냐하면 이 글은 투자자 관점에서 쓰는 것이기 때문입니다. 시중에 많은 부동산 투자 리포트와 책들이 있지만, 저자 대부분은 증권사, 운용사 등 투자관계사 직원 출신들입니다. 그들은 뛰어난 사람들이며, 높은 전문성을 가지고 있습니다. 하지만 개인의 능력과는 별개로 직접적인 이해관계가 얽혀 있는 시장에 침을 뱉을 수 있는 사람이 있을까 묻고 싶습니다. 몸담은 곳의 상품 판매나 운용을 위해 문제가 될 만한 내용을 쉽게 전할 수 없는 것이 현실이고, 그러다 보니 위험관리를 위해 투자자가 꼭 미리 알아야 할 애로사항이나 주의점은 에둘러 말하거나 덮어둘 수밖에 없습니다.

이 부분이 다른 책들과 이 책의 가장 큰 차이라고 생각합니다. 연기금 출신인 덕분에 그동안 수많은 운용사와 증권사 직원들을 만나 투자설명을 들었고, 운용 도중에 발생하는 다양한 문제에 대해 많은 대화를 나누었으며, 그 과정에서 얻은 정보를 투자자 관점에서 구조화할 수 있었습니다. 연기금이든 다른 기관투자자든 개인이든, 투자자 입장이라면 모두가 불확실의 위험에 놓여 있습니다. 특히 개인투자자라면 정보력과 투자 관계사와의 관계, 그리고 경험 측면에서 더 격차가 클 수밖에 없습니다.

이 책은 리츠 투자에 대해 개인투자자가 알아야 할 정보 대부분을 담았고, 전문지식이 없어도 이해할 수 있도록 쉽게 풀기 위해 노력했습니다. 한술에 배부를 수는 없으니 여러분 몫의 공부는 필요합니다. 그러니 바로 응용할 수 없는 내용을 만난다면 일단 끝까지 읽은 후 여러 번 반복하면 좋을 것입니다. 여러분의 성공적인 투자에 도움이 되길 바랍니다.

리츠라는 전문 부동산 주식 투자 책을 준비하며

먼저 저를 믿고 출간 기회를 준 황금부엉이 출판사 관계자 여러분께 감사의 말씀을 전합니다. 좋은 책이 많은 사람의 노력으로 만들어진다는 것을 배운 기회였고, 앞으로도 이 귀한 인연을 계속 이어가고 싶습니다.

책 준비기간이 굉장히 길었는데, 때로는 위로를 때로는 쓴소리를 아끼지 않은 지인들, 모두 고맙습니다. 한 명 한 명 다 언급할 수는 없지만 진심으로 소중하게 생각합니다. 부모님께도 얼른 첫 책을 전하고 싶네요. 항상 긍정적인 생각을 할 수 있도록 응원해주셨지요. 앞으로 더 성장하는 아들이 되겠습니다. 건강하신 모습으로 지켜봐주세요.

사람마다 생각이 다르다는 걸 압니다. 집필 내내 이 책을 읽을 독자 여러분을 떠올렸습니다. 쉽게 풀려고 노력했지만 이 책을 읽다가 궁금한 점이 생긴다면 표지에 있는 이메일로 편하게 연락주세요. 최선을 다해 답변하겠습니다. 이제 여러분의 든든한 투자를 맡아줄 부동산 간접투자의 세계로 안내하겠습니다. 시작할까요?

황태현

2부 리츠는 부동산이다 - 리츠 투자의 핵심

3부 리츠는 주식이다 − 국내 상장리츠

4부 해외투자, 특히 미국 상장리츠

5부 2021년 리츠, 개인투자자에게 내밀어진 또 다른 기회

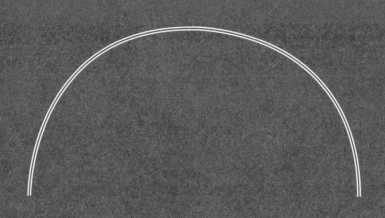

"당신의 생각이 맞는지 궁금하다면,
당신의 생각으로 성공한 사람 4명을 찾아라."

반대로 생각하면 성공한 사람 4명의 방법을 모방한다면
그들처럼 성공할 확률이 높아진다는 뜻이기도 합니다.
부자들의 자산운용 최하단에 어김없이 등장한다는 '리츠',
왜 그들은 그런 선택을 하는 걸까요?

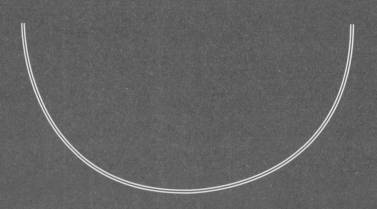

1부

상위 1% 부자들이
깔고 시작하는 그것,
리츠

1

리츠가 뭐지?

'배당금으로 월세 받기, 월급 쪼개서 강남과 뉴욕의 건물주 되기'

듣기만 해도 월급쟁이의 마음을 설레게 하는 이 말들은 리츠 투자에 대한 표현들입니다. 리츠 투자란 부동산을 내가 직접 사는 게 아니라 여러 부동산을 소유한 회사의 주식을 사는 것을 말합니다. 여러 부동산을 간접지배하게 되는 셈이라 '리츠를 사면 건물주가 되는 것'이라고 우스갯소리를 하는 겁니다. 가끔 '건물을 조각내어 지분을 가진다'라고도 하는데, 비슷한 부분이 있지만 구체적으로는 다릅니다.

투자자로서 리츠 투자의 가장 큰 장점은 '안정성'입니다. 어디에 투자할 것인가를 검토해야 하지만, 일단 투자한 후에는 별다른 노력을 하지 않아도 일정하고 꾸준한 연 수입이 생깁니다. 딱히 더 신경 쓰지 않아도 되니 본업에 집중할 수 있고, 안정적인 수익이 있으니 주식 등 다른 방면에서의 공격적인 투자도 가능합니다. 리츠 투자 비율이 높아질수록 심적인 안정감도 높아져 더 편하게 주식 투자를 할 수 있죠. 실제로 주식에서 수익이 나는 사람들 대부분은 여유를 갖고 편안하게 시장을 분석하는 이들입니다.

　그러나 리츠에 전 재산을 투자하라는 뜻은 절대 아닙니다. 제일 비효율적인 투자 포트폴리오가 한쪽에 몰아넣는 것인데, 아무것도 안 하는 것보다 더 좋지 않습니다. 리츠 역시 마찬가지입니다. 리츠에 '몰빵' 하면 투자 안정성은 높아지겠지만 수익성이 저조할 수밖에 없습니다. 2020년을 떠올려보세요. 남들은 테슬라, 니오, 팔란티어, FAANG 등의 주식에 투자해 역대급 수익을 올리고 있을 때 당장 손에 쥔 자금이 없어 기회를 놓친다면 얼마나 억울하겠습니까? 진짜 수익은 주식 같은 변동성 자산이 만듭니다. 이것만은 리츠 투자를 권하는 기관투자자 출신으로서도 인정할 수밖에 없는 부분입니다. 리츠 투자는 '안전자산'을 만들 수 있는 가장 확실한 방법이라는 것만 기억하고 활용하면 됩니다.

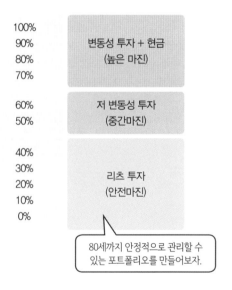

　리츠 투자가 뭔지 한눈에 알 수 있게 만들면 다음과 같습니다. 내가 사는 게 뭔지, 나한테 들어오는 수익률은 얼마이며, 수익구조와 운용방법 등을 가장 단순하게 본 것이라 실제로는 좀 더 복잡하지만 일단 여기서는 이것으로 충분합니다.

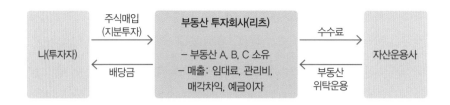

구분	리츠(REITs: Real Estate Investment Trusts)
투자대상	우리의 투자대상은 부동산 투자회사인 리츠의 '주식'입니다. 내가 부동산을 직접 사는 게 아니라 부동산을 많이 가진 리츠 회사의 주주가 됨으로써 그 부동산들의 간접적인 주인이 되는 거죠. 리츠는 직접 부동산을 관리하는 게 아니라 수수료를 주고 '자산운용사'라는 업체에 위탁해 운영합니다.
수입구조	1. 임대료, 관리비가 주요 수입원이며, 배당 형태로 투자자에 귀속 2. 건물 매각 시 원금 및 매각차익이 비과세로 투자자에 귀속
목표수익률	1. 배당: 연 4~8%(해외: 연 6~9% 수준) 2. 매각차익: 연 1~50%(그때그때 매각 상황에 따라 다름) * 모든 수입은 수수료 차감 후 세전 수입
수수료 구조	건물을 주주 대신 운용해주는 자산운용사: 연 1% 수준 리츠 상품을 만들어 판매하는 증권사(판매사): 연 0.5% 수준 주주총회 등 주주 권리를 관리해주는 사무수탁회사: 연 0.1% 수준 건물, 돈을 보관해 독립성을 보장하는 신탁사: 연 0.1% 수준

2

연기금과 상위 1% 부자들은
왜 리츠에 열광할까?

8시 50분이 되면 직원들이 하나둘씩 사무실 자리를 뜨기 시작합니다. 부장이 부하직원들을 찾지만 보이지 않습니다. 과장을 보태면 주식 투자를 하고 있을 확률이 거의 100%입니다. 인사고과 나쁘게 받아도 좋으니 이 시간만은 방해하지 말아 달라고 부탁하는 직원이 있었을 정도입니다. 그들은 빚으로 총알을 장전하고, 개장과 동시에 각자 성향에 맞는 투자를 시작합니다. 오전 10시쯤 되면 표정이 좋은 사람과 안 좋은 사람으로 나뉩니다. 10시쯤 부서회의가 시작되지만 어지간한 안건은 대충 통과될 것입니다. 이미 그들의 머릿속은 주식으로 가득 차 있으니까요. 미국 주식을 하는 사람이라면 이런 증상은 더 심합니다. 전체 자산 중 70% 이상이 미국 주식이라면 보통 사람은 잠을 못 잡니다. 미국 주식은 상하한가가 없는데, 특히 변동성 그 자체인 나스닥 상장 주식일 경우 어지간한 정신력으로는 버티기 힘듭니다. 그 결과 업무 시간에 계속 주식 생각만 나는 것이죠.

이것이 과연 정상적인 삶일까요? 고백하건대 저 역시 미국 주식뿐만 아니라

선물옵션까지 하면서 그렇게 미친 변동성 속에서 살아본 적이 있습니다. 당시 사내규정에 개인투자 제약이 없어 더욱 고삐가 없었다고 생각합니다. 업무를 떠나 심신의 건강이 악화되는 것을 느꼈습니다. 그렇다고 안 하고 가만있자니 남들 돈 벌 때 뒤처지는 것만 같아 늘 불안 속에 살았습니다. 과연 이런 생활을 얼마나 지속할 수 있을까요?

지금에 와서야 깨달은 점이 있다면 수익은 결과일 뿐 자산운용에는 시간이 필요하다는 것입니다. 수익 그래프 10년 치를 두고 비교해봤을 때 당장 주식에 '몰빵' 하는 사람과 포트폴리오를 관리하면서 점진적으로 수익을 쌓아가는 사람의 수익성에는 큰 차이가 있습니다. 생각보다 포트폴리오 관리 투자의 수익성이 훨씬 높습니다. 포트폴리오를 만들어 10년을 투자하면 평균적으로 원금의 2배 이상을 만들 수 있고, 상위 1% 부자들과 기관의 원금은 그런 방식으로 2배 이상이 됩니다.

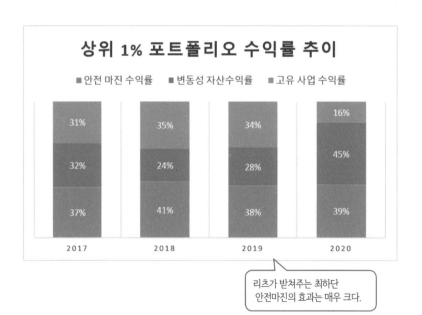

왜 이들은 리츠 투자에 열광할까요? 저금리 시대인 요즘 수익확보를 위해 대체투자가 늘고 있다는 기사를 자주 봅니다. 실제로 과거 대비 채권의 이자가 지속적으로 낮아지면서 투자수익률에 문제가 생긴 기관이 한둘이 아닙니다. 연기금을 포함한 기관투자자의 필요 수익률은 최소 연 5% 이상입니다. 4%는 납입한 사람들을 위해 저장해야 하고, 1% 수준 이상은 직원 월급 등 판관비(기업의 판매와 관리, 유지에서 발생하는 비용)에 들어가기 때문입니다. 지금 채권의 금리 레벨로는 한참 모자랍니다. 기관에서 요구하는, 자산운용 규정에 적힌 채권의 최소 신용등급을 따르면 연 2%의 수익률도 못 채우는 것이 현실입니다. 수익률 확보를 위한 주식 투자는 원금 변동성이 너무 커 비중을 늘리기가 쉽지 않으니 투자금은 부동산 자산으로 계속 향하고 있습니다. 부동산 임대료와 관리비는 매년 올라갈 게 확실하고, 시세차익 역시 점차 증가할 것이라는 확신에 부동산 투자를 늘리는 거죠. 상위 1% 자산가들의 생각도 마찬가지입니다. 대충 보면 그렇지만 좀 더 깊게 들여다보면 리츠에 투자하는 진짜 이유는 따로 있습니다. 크게 2가지입니다.

첫째, 서류와 다르게 리츠 투자는 채권에 근접한 높은 원금 안정성을 가지고 있습니다. 사실 부동산 리츠 투자는 거의 원금에 문제가 발생하지 않습니다. '매각 지연'이라는 말은 있어도 지금까지 '원금손실'이라는 말은 들어본 적이 없습니다. 그 이유는 운용역과 투자자 간의 신뢰가 매우 높기 때문입니다. 만약 원금이 깨졌다는 소리가 들리면 어떻게 될까요? 그 자산운용사는 거의 영원히 업계에서 아웃됩니다. 배당은 어렵더라도 원금은 어떻게든 살리겠다는 게 부동산 리츠업계의 불문율입니다. 따라서 아주 높은 위험등급을 가지고 있는 상품이라도, 실제 원금 안정성은 상당히 높은 편입니다. 자산이 안 팔려 몇 년 지연되자 당시 책임운용역(자산운용사의 책임자, 일반회사 이사 정도의 직급)이 자신의 직급을 낮추고 이직하는 조건으로 매수자를 찾았다는 뒷이야기가 있을 정도입니다. 원금손실 없이 연 배당 6% 수익률이면 안전마진으로 두기에 꽤 괜찮은 조건입니다.

둘째, 투자자는 투자검토 이후에 특별히 할 것이 없습니다. 주식 등의 변동성 높은 자산운용은 매우 높은 집중력과 부담을 요구합니다. 자산 대부분을 주식에 투자하면 수익률이 너울거려 일상생활이 거의 불가능해질 정도가 됩니다. 금요일에 투자했는데 주말 동안 사우디 원전사태, 코로나19 확산, 미중 무역분쟁 등의 이슈라도 생기면 주말 내내 안절부절못하기 마련입니다. 애꿎은 소주나 축내게 되죠. 리츠 투자는 원금 변동성이 없으며, 밤사이 어떤 사태가 일어났다고 당장 임차인이 나가는 것도 아니니 투자자산에 대해 크게 신경 쓸 것이 없습니다. 즉, 마음 편한 투자를 할 수 있습니다. 물론 코로나19 사태 정도로 장기간에 걸친 재난급 이슈라면 배당 쪽에 문제가 생길 수는 있습니다. 그러나 그런 경우라도 전문가인 자산운용사에서 후속 조치를 위해 최선의 노력을 다하니 내가 할 일은 없는 것이죠.

리츠 투자는 '잘 쓰면' 자산관리에 최고의 방패막이 됩니다. 2019년 정부의 공모리츠 활성화 정책이 나오면서 기관뿐만 아니라 개인투자자가 접근할 수 있는 투자처가 지속적으로 늘고 있습니다. 그만큼 옥석을 잘 갈라야 한다는 말이기도 합니다. 투자 포트폴리오를 구축하고, 고수익을 낼 수 있는 주식 운용에 방해받지 않기 위해서라도 리츠 투자는 꼭 필요합니다.

3

리츠의 종류 3가지와 상장리츠

리츠 투자가 뭐고 왜 필요한지, 대충 어떻게 하는 건지 감은 잡았을 것이라고 생각합니다. 이제 리츠의 종류부터 정확히 알아봅시다. 리츠의 종류를 알아야 어떤 원리로 배당받고, 어떤 이유로 주가가 변하는지, 국가별로 어떤 리츠를 운용하는지를 한눈에 알 수 있으니까요. 주식 투자 전에 창업자의 이력, 기업의 역사, 매출원 등을 살피는 이유와 같습니다. 리츠의 종류는 자기관리 리츠, 위탁 리츠, 기업 구조조정 리츠까지 총 3가지로 분류됩니다.

	자기관리 리츠	위탁 리츠	기업구조조정 리츠
투자 유리	미국 리츠	한국 리츠	개인이라면 비추
관리주체	매입부터 자산운용까지 하나의 회사가 직접 관리	회사는 페이퍼 컴퍼니, 실제 운용은 자산운용사에 위탁	
법적규제	매우 강한 편	강한 편, 상장의무 있음(90일 이내)	상장의무 없음
과세	법인세+소득세 원천징수 (이중과세)	법인세 면제	법인세 면제

(위탁 리츠 위) 개인투자자라면 여기!

	자기관리 리츠	위탁 리츠	기업구조조정 리츠
배당의무	당기순이익의 50% 이상	당기순이익의 90% 이상	당기순이익의 90% 이상
장점	1) 자산에 대한 높은 이해 2) 책임운용할 수밖에 없음	1) 높은 배당률 2) 회계부정 제거	기업의 알짜 자산에 투자 가능
단점	회계부정 가능 낮은 배당률	자산운용사 입장에서 내 리츠 는 여러 리츠 중 하나일 뿐!	부실기업이 임차인이라 임차인 위험 존재

자기관리 리츠, 일반회사와 똑같은 부동산 전문 투자회사

자기관리 리츠란 실체가 있는 부동산 투자회사를 말합니다. 회사에 자산운용을 위한 직원이 있고, 회사가 직접 부동산을 소유해서 관리하는 일반적인 회사와 똑같습니다. 자기관리 리츠의 장점은 회사가 모든 부동산 자산을 직접 소유하고 직접 운영하기 때문에 매우 높은 법적규제와 책임감이 있다는 것입니다. 당연히 회사의 자산운용 직원들은 자신이 관리하는 모든 자산에 대해 굉장히 잘 알고 있습니다.

하지만 단점도 존재합니다. 예를 들어 삼성전자에서 새로 나온 최신 스마트폰의 전망이 괜찮아 보여 주식 투자를 했습니다. 구체적으로는 삼성전자의 모바일사업부에서 이 제품을 만들었지만, 우리는 삼성전자의 주식을 사죠? 삼성전자 모바일사업부는 잘 나가는데, 갑자기 가전사업부 실적이 박살이 났습니다. 그러면 아무리 모바일사업부가 잘 나가더라도 삼성전자의 주가는 떨어집니다. 또 알고 보니 회사에 숨겨진 큰 부채가 있다거나, 오너 리스크라도 생기면 모바일사업부의 실적과 관계없이 주가는 폭락합니다. 이것이 자기관리 리츠가 가진 첫 번째 문제점입니다. 회사의 위험이 주가에 큰 영향을 주는 것입니다.

두 번째 단점은 최소 배당률이 낮고, 법인세 절감효과가 없다는 것입니다. 위탁, 구조조정 리츠는 당기순이익의 90% 이상을 배당하는 것이 최소 배당기준이며, 높은 배당성향의 대가로 법인세가 면제됩니다. 그러나 자기관리 리츠는 2021년까지는 배당 의무가 겨우 50% 수준밖에 안 됩니다. 그 결과 자기관리 리츠는 법인세가 발생하게 됩니다. 투자자 기준으로 봤을 때, 투자자는 원천징수로 배당 소득세 15.4%만 납부하면 되고, 배당소득이 2,000만 원을 넘으면 초과분은 종합과세로 잡힙니다. 하지만 자기관리 리츠에 투자하면 법인세로 먼저 뜯기고, 원천징수로 소득세가 또 뜯기는 이중과세가 발생합니다. 삼성전자 주식에 투자한 것이랑 같은 것이죠(법인세 차감 후 배당에 소득세 원천징수).

세 번째 단점은 회계적 이슈입니다. 자기관리 리츠는 일반회사와 같아서 배임횡령이 일어날 여지가 있습니다. 실제로 우리나라의 자기관리 리츠는 과거 배임횡령 사건이 빈번히 발생했습니다. 이것 때문에 국내리츠는 처음에는 자기관리 리츠였다가 시간이 지나면서 점차 위탁 리츠로 넘어가고 있습니다. 하지만 미국은 조금 다릅니다. 편입자산이 몇백 개가 넘다 보니 위탁해서 자산을 운용하기가 현실적으로 불가능합니다. 그래서 대부분의 미국리츠는 하나의 회사가 모든 자산을 소유해 운용하는 자기관리 리츠입니다. 대신 투자자들에게 높은 신뢰를 주고 있습니다. 매년 배당금을 규칙적으로 인상하고, 회사가 힘들어도 배당금을 미지급하거나 후려친 경우가 없는 리츠가 대부분입니다. 또 주가 부양을 위해 좋은 자산을 편입하기 위해 노력합니다. 따라서 자기관리 리츠라면 미국 투자를 고려하는 것이 좋습니다.

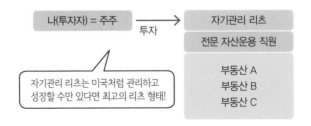

위탁 리츠, 한국 대부분의 리츠가 가진 구조

현재 국내 대부분의 리츠는 위탁 리츠입니다. 일본 역시 위탁 리츠 중심입니다. 투자자가 부동산 투자회사의 주식에 투자하는 것은 자기관리 리츠와 똑같은데, 회사가 모든 업무를 직접 하는 게 아니라 '자산운용사'에 맡깁니다.

이 부분에 이해가 필요합니다. 사실 위탁 리츠나 구조조정 리츠는 자산운용사에서 서류상 법인을 만들어, 그 법인의 이름으로 여러 부동산을 구입한 후 증권사나 은행을 통해 '리츠'를 판매합니다. 따라서 리츠 법인과 자산운용사 법인은 서로 다른 별개의 회사입니다. 자산운용사에서 '리츠 법인'을 만들긴 했지만 '수수료'를 받고 위탁 형식으로 그 리츠가 소유한 부동산의 모든 것을 운용해주는 것이죠. 배당금이 나오면 리츠의 이름으로 투자자에게 돌려줍니다. 즉 우리가 투자하는 위탁 리츠는 실체가 없는 껍데기입니다. 서류상의 회사일 뿐이라서 전문용어로는 '페이퍼 컴퍼니' 또는 '특수목적법인(SPC)'이라고 부릅니다.

자산운용사가 리츠를 만들어서 투자자를 모집한 후 그 돈으로 운용도 자기들이 직접 한다? 뭔가 맘대로 조작이 가능할 것 같지만, 실제로는 자산운용사가 함부로 리츠 재산에 손댈 수 없습니다. 회계조작이 가능한 자기관리 리츠와 달리 위탁 리츠는 현금과 건물증서를 신탁사에 따로 맡겨 놓기 때문에 절대 그럴 수 없습니다. 또 사내임원과 내부감사인 둘 다 주주 중 한 명으로 선출되어 감시역을 합니다. 한국에서 위탁 리츠가 성장하는 가능 큰 이유 중 하나가 이런 여러 겹의 안전장치로 횡령 문제가 발생하지 않기 때문입니다.

위탁 리츠는 자기관리 리츠가 가진 단점을 극복하고 있습니다. 첫 번째 장점은 부동산을 소유한 회사와 운용관리하는 회사가 분리되어 있어서 자산운용사 내부의 순이익이 급감해도 자산에 직접적인 타격이 없다는 것입니다. 부채도 섞이지 않으니 자산운용사가 망하더라도 리츠의 부채에는 아무런 변화가 없습니다.

두 번째 장점은 당기순이익 90%의 의무배당입니다. 그리고 그로 인해 법인세가 면제된다는 점입니다. 결과적으로 투자자는 법인세, 소득세라는 이중과세를 방지할 수 있습니다.

세 번째 장점은 주주의 권한이 극대화된다는 것입니다. 현실적으로 제3자인 투자자가 기업의 의사결정권을 좌지우지하기란 쉽지 않습니다. 자기관리 리츠는 회사가 보유한 부동산 자산이 많을수록 주주 역시 많습니다. 그러나 위탁 리츠는 특정 자산들로 만든 페이퍼 컴퍼니라서 주주명부에 오로지 투자자만 존재합니다. 보다 자유로운 의사표현이 가능하죠. 현재 국내의 경우 상장리츠를 포함한 리츠 대부분이 위탁 리츠입니다.

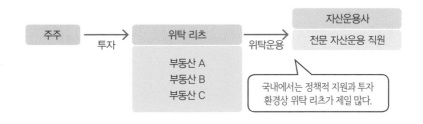

기업구조조정 리츠, 개인투자자라면 쳐다도 보지 말자

원래 대한민국 리츠는 부도가 나거나 회생, 구조조정 중인 기업들의 부동산을 팔아 채무를 갚기 위해 생겼습니다. 그래서 이름도 '기업구조조정' 리츠입니다. 좋은 리츠도 있지만, 건물을 판 회사가 리츠의 책임 세입자로 들어가는 경우가 많아서 세입자의 임대관리비 지불 능력에 의심스러운 부분이 있습니다. 회생 중인 기업이니까요.

실제로 기업구조조정 리츠 중 물류센터 자산이 있었습니다. 그 리츠의 경우 임차인이 매 분기 임대료도 제대로 못 내다가 결국 리츠가 본전 수준에서 조기청산되었습니다. 실제 임차료 지불능력이, 서류상에 있는 임차인 신용도와 다른 곳도 있어서 군이 기업구조조정 리츠에 투자해야 하나라는 생각이 듭니다. 돈이 없는 임차인이 꾸준히 임대료 인하요청을 하거나, 자산매각 과정에서 신규건물 매수자에게 임차료 인하 이면계약을 들이대기도 합니다. 건물 매수자 입장에서는 건물 매도자와의 기존 계약에선 없던 내용이라 매각이 계속 지연되기도 하죠.

기업구조조정 리츠는 주식상장 의무가 없어 리츠의 장점 중 하나인 유동성을 확보하기도 어렵습니다. 다행인 점은 이 리츠는 개인투자자가 접근하기도 어려워 실수로라도 건들 가능성이 적다는 것입니다. 확인 방법도 간단합니다. 기업구조조정 리츠는 종목부터 'CR 리츠'라는 이름을 가지고 있으니까요.

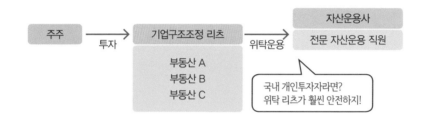

그리고 상장리츠! 위 3가지 리츠를 주식시장에 상장한 것

리츠의 대중화를 알린 상장리츠입니다. 상장리츠를 리츠의 종류를 다루면서 같이 설명하는 이유는 많은 사람이 리츠 종류 중 하나로 헷갈려 하기 때문입니다. 상장리츠란 비상장 리츠를 주식시장에 상장한 것을 말합니다. 앞서 말한 세 종류의 리츠 모두 다 주식시장에 상장시킬 수 있습니다. 참고로 업계에서는 그냥 '리츠'라고 하면 '비상장 리츠'를 말하는데, 이 책에서는 상장리츠와 정확히 구분하기 위해 '일반리츠'라고 부르겠습니다.

리츠를 상장한 후에는 주식거래를 하는 것처럼 언제든 자유롭게 지분거래를 할 수 있다는 장점이 있습니다. 즉 현금이 필요할 때, 주식을 팔아 바로 현금을 확보할 수 있죠. 주식이라서 시기에 따라 엄청나게 오르기도 합니다. 하지만 상장리츠는 편리한 대신, 부동산에 주식의 특성까지 더해지기 때문에 두 방면에서 모두 검토해야 한다는 단점도 있습니다. 상장리츠는 3부에서 자세히 설명합니다.

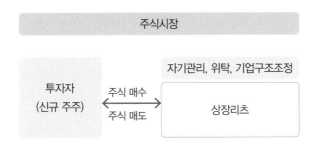

상장리츠의 특징 하나, 부동산에 주식의 특징이 더해진다

부동산은 장부가격으로 평가됩니다. 매년 가치를 재평가해도 되지만 굳이 그럴 필요가 없죠. 따라서 일반리츠의 주가는 매일, 매주, 매해 거의 변화가 없습니다. 그러나 상장리츠는 주식의 특성으로 인해 주가가 매일 바뀌게 됩니다. 상장리츠의 주가는 장부상의 부동산 가격이 아니라 시가총액으로 평가받기 때문입니다. 주식 투자를 해본 사람이라면 다들 알다시피 시가총액은 매우 가변적입니다. 삼성전자의 예를 들어보겠습니다. 삼성전자의 총자산은 약 350조 원입니다. 그러나 시가총액은 약 600조 원입니다. 장부가격대로라면 삼성전자는 350조 원에 거래되어야 하는데, 왜 시장은 삼성전자를 600조 원이라고 평가할까요? 삼성전자가 높은 순이익을 가지고 있으며, 시장 내외부적인 기대감이 높기 때문입니다. 이를 전문적 용어로 EPS(이피에쓰)와 PER(피이알, 국내에서는 '퍼'라고 부르기도 함)이라고 합니다. EPS는 1주당 순이익입니다. PER은 주가를 뻥튀기해주는 주가배수입니다. 즉 삼성전자는 현재 총자산의 가치보다 미래 성장성과 앞으로의 이익이 더 뛰어날 거라는 기대를 가지고 시장이 평가하고 있는 것이죠.

이번에는 KB금융을 살펴보겠습니다. KB금융의 장부상 총자산은 510조 원입니다. 그러나 시가총액은 19조로 평가됩니다. 장부가치 대비 시가총액이 한참 낮죠? 이유는 다양하겠지만 시장에서는 은행업의 특성상 최대 성장치에 한계가 있다고 판단하기 때문일 겁니다.

리츠도 똑같습니다. 상장되면 리츠의 장부가치가 아닌 순이익과 미래가치 등에 따라 주가가 매일 변합니다. 그래서 상장 전에는 원금손실이 없다가 상장후 순식간에 원금손실이 생기기도 합니다. 100억짜리 건물을 가진 리츠가 있다고 합시다. 상장 전 이 건물은 전국 어느 증권사에서 잔고증명서를 떼어도 100억 원입니다. 건물을 매도할 때도 매수자가 평가하는 가격의 기준은 100억 원입니다. 그러나 상장하게 되면 이 리츠는 시장성을 평가받아 주가가 변합니다. 이 건물에서 매년 5% 배당이 나온다고 생각하고 이 리츠의 주식을 샀는데, 결산 때 배당이 4%면 어떻게 될까요? 실제로는 100억짜리 건물이어도 건물가치와 관계없이 주가는 하락합니다.

EPS(Earning Per Share): 주당 순이익

기업이 벌어들인 순이익을 그 기업이 발행한 총 주식 수로 나눈 값. 예) 한 기업의 총 주식 수가 1,000주인데, 당기순이익이 1억이라면 1,000/100,000,000=100,000 즉 한 주당 EPS는 100,000이다.

PER(Price earning ratio): 주가수익비율

특정 회사의 현재 주식가격을 주당순이익으로 나눈 값. 예) 위 기업의 현재 주식가격이 55만 원이라면 PER은 100,000/550,000=5.5다. 따라서 이 기업은 현재 실제가치보다 5배가 넘는 좋은 평가를 받는 상태라는 걸 알 수 있다. PER이 높다는 것은 주당 순이익에 비해 주식가격이 높다는 것을 의미하고, PER이 낮다는 것은 주당 순이익에 비해 주식가격이 낮다는 것을 말한다.

상장리츠의 특징 둘, 리츠 투자자의 투자 기회가 많아진다

리츠가 상장되면 투자 기회가 더 많아집니다. 일반리츠는 계약서 만기까지 기다려야 하지만 상장리츠는 다른 주식처럼 그날 샀다가 그날 파는 것이 가능하니까요. 리츠의 기초자산은 부동산이라서 변동성이 높지 않아 예상 밖의 큰 수입을 기대할 수는 없지만, 그래도 주식의 특성상 많을 때는 2~3% 정도까지 주가가 변하니 시세차익을 노리는 투자기회가 생길 수도 있습니다.

상장하면 기존의 국토부 허가를 넘어 금융당국의 감시까지 받기 때문에 더욱 까다로운 회계규정이 적용되며, 의무공시 항목도 늘어납니다. 그 결과 리츠의 신뢰도는 더 높아지죠. 상장 과정에서 신주를 발행해 더 많은 자금을 구할 수 있고, 이 돈으로 더 많은 자산을 매입할 수 있습니다. 시가총액이 늘어나면 지수(Index)의 리츠 편입까지 가능해집니다. 지수에 편입되면 지수의 의무 주식 보유물량이 있으니 주가가 올라갑니다. S&P500지수에 편입된 테슬라를 생각하면 쉽게 이해할 수 있을 것입니다.

일부 투자자들은 리츠 상장 공모주 참여로 '대박'이 나기도 했습니다. 롯데리츠, NH프라임리츠의 경우 상장일에 상한가를 기록했으니 말이죠. 그러나 상장하면 시가총액을 늘리는 것이 중요하기 때문에 매각차익 기회를 포기해야 합니다. 그러니 개인투자자라면 배당과 매각차익이 목표인지, 배당과 현금 유동성이 목표인지를 정하고 투자 전에 전략을 잘 짜야 합니다.

상위 1% 부자들이 깔고 시작하는 그것, 리츠

4

연기금 출신이 다시 쓰는 리츠 투자의 특성 7가지

하나, 진짜 안전하다!

리츠에 투자하는 이유를 간단히 정리하자면 가장 큰 매력은 포트폴리오 최하단에 까는 안전자산이면서, 연 4~8% 수익률을 배당한다는 것입니다. 이것으로 주식 등 공격적인 자산운용에 심적인 방패가 되며, 본업 집중이 가능해집니다. 최하단에 두는 안전자산 중 리츠보다 비교우위에 있는 자산은 거의 없다고 판단합니다.

왜 자꾸 안전을 강조하는지 몇 가지 예를 들겠습니다. 자산 포트폴리오 최하단에 두는 안전자산 중 수익률이 비슷한 투자로 ELS가 있습니다. ELS는 '주가연계증권'이라는 상품이며, 상품 만기 때까지 특정 주가나 지수가 한 번도 이탈하지 않고 약속한 수치 내에 머문다면 배당을 주는 증권을 말합니다. 역시 연 4~6% 배당을 주며, 초기 투자 후에는 투자자가 특별히 할 것이 없습니다. 그러나 ELS는 'KIKO(Knock in, Knock out) 사태'라는 말이 있을 정도로 한 번 터지면 위험성이 매우 높습니다. 주가나 지수가 한 번이라도 계약된 범위 밖을 건드리는 순간 원금손실률이 기하급수적으로 증가합니다. 2019년에 일어난 독일 국채 DLS 사건도 기초자산(금리)이 실드 밖을 건드리는 순간 거의 원금의 −90%까지 손실이 발생했습니다. 안전하다고 믿었던 투자가 어느 날 −90% 수익률이라면 누구나 쓰러질 지경일 겁니다.

연장선상에서 투자금 회수 지연의 의미도 다릅니다. 파생상품이나 사모펀드에서 '투자금 회수 지연'이라는 말이 나오면 '아, 원금을 못 받을 수 있겠구나'라는 생각이 먼저 드는 게 당연합니다. 그러나 리츠에서 '투자금 지연'이라는 말은 '자산이 팔리는 데 시간이 더 걸리겠구만. 그동안 배당이나 더 받아야지'라고 생각하면 됩니다. 애초에 투자심리부터가 다릅니다.

안정성에 초점을 맞춘 다른 자산으로는 예금·적금이 있습니다. 은행에서 특판이라고 3~5%의 적금을 파는데, 조건을 보면 대부분은 1년 만기고, 가입 한도 역시 100~300만 원 이내입니다. 안전하긴 하지만 중장기 포트폴리오로 삼기에는 금액이 너무 적습니다. 또 채권도 있죠. 개인투자자 적격투자등급 중 최하위 등급이 A3입니다. 그러나 A3 등급 채권의 수익률은 3% 미만이며, 그마저도 계속 낮아지고 있습니다. 반면 리츠의 경우 임대료 성장과 함께 배당도 성장합니다. 투자검토만 잘한다면 배당 안정성도 높아지고, 시세차익도 가능하니 아무것도 안 해도 수익이 나는 안전자산 중 거의 최고의 자산이라고 말하는 것입니다.

ELS(Equity-Linked Securities): 주가연계증권

특정 주식의 가격이나 주가지수에 연계되어 투자수익이 결정되는 유가증권. 일반적으로 6개월을 기준으로 만기시점의 지수가 계약 수준 안에 있을 때 배당을 받는다. ① 어떤 지수를 기준으로, ② 얼마만큼의 변동폭(실드)을 가진 상품인가를 잘 봐야 한다. 이 변동폭을 벗어나면 큰 손해를 보게 된다. 원금보장 여부에 따라 수익률에 차이가 크다.

둘, 유동성 확보가 부동산 투자 중 가장 월등하다

리츠는 법적으로 90일 이내에 의무상장 조건이 있습니다. 반드시 상장해야 하니 당장 현금화가 필요한 개인투자자라면 90일이 돼서 상장할 때 지분을 팔면 됩니다. 이때, 기업구조조정 리츠나 위탁 리츠더라도 연기금(기금, 공제회) 지분이 50%가 넘으면 별도 상장의무가 없으니 주의하세요. 처음부터 상장리츠에 투자한다면 그런 고민이 필요 없겠죠? 주식처럼 자유롭게 거래할 수 있으니까요.

셋, 소액투자가 가능하다

리츠는 부동산 투자회사의 지분을 사는 것이기 때문에 소액투자가 가능합니다. 삼성전자의 주식을 1주만 사도 주주로 인정받는 것과 같습니다. 1주만큼의 배당과 매각차익이 발생합니다.

넷, 투자 방법에 따라 상세 수입원이 다르다

리츠 투자의 수입원은 크게 2가지입니다. 배당금, 그리고 건물 매각 시 발생하는 매각차익입니다. '리츠는 배당금 아닌가?'라는 생각이 일반적인데 매각차익이라니 생소하죠? 개인투자자가 리츠 투자를 하는 방법은 2가지입니다. 하나는 증권사에서 리츠 상품을 사는 것, 또 하나는 주식시장에 상장된 상장리츠 주식을 사는 것입니다. 리츠 상품과 상장리츠는 운용방법과 목표가 다르니 꼭 주의가 필요합니다. 물론 둘 다 배당금은 나옵니다.

비상장 리츠(일반리츠) 증권사 리츠 상품의 최종목표는 건물을 싸게 사서 운용한 뒤 다시 비싸게 파는 것입니다. 마지막에는 자산을 팔아 투자자는 투자금을 회수하고, 자산이 팔린 채 껍데기만 남은 리츠는 청산됩니다. 따라서 이 리츠 상품은 상장이 목표가 아닙니다. 이때 주주 목록을 보면 연기금 등 기관투자자가 끼어 있는데, 앞에서 말했듯이 연기금 지분이 50%를 넘으면 공모리츠라도 상장할 의무가 없습니다. 매각차익은 리츠의 자산 수준, 국내외 경기, 자산운용사의 역량에 따라 엄청난 차이가 있습니다. 한번은 50% 수익률 수준의 건물 매각차익을 본 적이 있는데, 수익률로 보면 주식으로 상한가를 한 번 먹고, 다음 날 갭 상승한 정도니 엄청나죠? 리츠 매각시기를 '상품 투자 만기'라고 부릅니다. 보통 5~7년 정도의 운용기간을 걸쳐 매각을 진행합니다. 매수자를 쉽게 찾기 힘들 경우 만기를 정확히 지키지 못할 수도 있으니 참고하세요. 상장리츠는 90일이 될 때 상장하니 이때 주식을 팔아 투자금 회수가 가능하지만, 상장을 목표로 하지 않는 일반리츠는 만기 때까지 기다려야 해서 유동성에 제약이 생길 수 있습니다.

상장리츠 반면 상장리츠의 경우 어떻게든 더 많은 자산을 편입해 규모를 키우려고 합니다. 시가총액이 높을수록 유리하니까요. 규모를 키우는 게 목표라서 자산매각을 하지 않으니 리츠도 청산되지 않고, 매각차익도 발생하지 않습니다. 대신 소유한 건물 수가 많아져 리츠가 커질수록 주가도 상승하니, 적당한 가격에 주식을 매도해 차익을 누릴 수는 있습니다.

다섯, 검토할 때 대출 액수를 따져라

부동산을 매입하려면 돈이 듭니다. 주주 돈으로 다 채울 수도 있으나 효율적이지 않기 때문에 대출을 이용하게 됩니다. 여기서 가장 중요한 것은 대출자의 힘과 현금흐름입니다. 보통 대출은 은행이나 보험사에서 해줍니다. 당연히 주주보다는 대출해준 대주가 가장 먼저 현금을 가져갑니다. 대출원금 자체가 높거나 이자가 높아질수록 리츠 투자자가 가져갈 배당금이 적어집니다. 지나치게 이자를 많이 내고 있다면 자산운용사는 리파이낸싱(대환대출)으로 이자비용을 낮춥니다. 리츠 투자자를 위해선 반드시 해야 하는 절차입니다. 투자자 입장에서 보면, 배당재원으로 이자비용을 내니 받을 배당금도 적어지고, 자산매각 시에는 대출을 다 갚아야 남은 이익을 가져갈 수 있으니까요.

여섯, 편입한 자산의 수를 봐라

리츠는 자산을 무한대로 늘릴 수 있습니다. 왜냐하면 투자자는 부동산을 사는 것이 아니라 부동산 투자회사의 주식을 사는 것이기 때문입니다. 부동산 투자회사 주총에서 "건물 더 사! 땅땅땅" 하면 건물을 더 편입할 수 있습니다. 이건 전략상의 문제입니다. 자산 수를 늘리는 것이 목표인 리츠는 앞서 말한 상장리츠입니다. 반대로 보유한 자산을 매각해 투자금을 회수하는 것이 목표인 리츠는 일반리츠입니다. 서로 다르니 투자 전에 투자목표를 확실히 정해야 합니다.

일곱, 추가 자금조달 방법이 뭔가? 유상증자!

리츠가 건물을 더 사기 위해선 돈이 필요합니다. 그러나 매 기수 당기순이익의 90% 이상을 투자자에게 배당해야 하는데, 회사에 남는 돈이 있을 리가 없습니다. 따라서 보통은 주식을 더 발행해서 돈을 더 끌어오는 증자를 합니다. 이렇게 유상증자를 하면 주식 수가 늘어나기 때문에 주가가 하락할 수 있습니다. 전문적 용어로 '주가가 희석된다'라고 표현합니다. 요즘은 저금리 시대라 대출을 많이 이용하기도 하지만 어느 정도의 유상증자는 반드시 필요합니다. 가장 큰 이유는 대출이 많아지면 리츠의 신용도가 하락하고, 이자비용 역시 증가하기 때문입니다. 이것이 싫다면 규모를 키우지 않는 리츠에 투자하면 됩니다. 정확히는 상장리츠를 피하면 되겠죠? 좋은 건물을 편입할 경우 주가가 희석 악재를 무시하고 오르는 경우도 많습니다.

5

리츠와 자주 비교되는 투자방법들

리츠는 부동산과 주식, 2가지의 특성을 동시에 가지고 있어서 비슷해 보이는 투자방법들이 몇 가지 있습니다. 그래서인지 다른 것들과 뭐가 다르냐는 질문을 많이 받습니다. 리츠를 제대로 알고 활용하기 위해 각각의 차이를 짚어보겠습니다. 가장 많이 비교되는 투자처는 부동산 펀드, 부동산 직접투자, 그리고 배당주입니다. 어느 하나가 절대 우위에 있다기보다는 각각 장단점이 존재합니다. 부동산 펀드는 리츠와 매우 비슷하며 연기금 등 기관투자자도 반반 수준으로 운용하고 있습니다. 일반적으로 둘을 합쳐서 '부동산 간접투자'라고 부릅니다. 아파트, 상가 등을 직접 사고파는 직접투자는 '부동산'이라는 공통점이 있을 뿐 전반적인 투자 접근 방법이 완전히 다릅니다. 마지막으로 고배당주는 상장 리츠와 비슷하게 보일 수 있지만 리츠의 기본은 부동산이기 때문에 다른 부분이 많습니다.

____
부동산 펀드 vs 리츠

둘 다 '부동산 간접투자'라는 카테고리 안에 있는 투자방법입니다. 다루는 부동산 자산도 비슷하고, 전문운용사에게 위탁하며, 일정한 배당수입을 얻습니다. 상당히 비슷하죠. 그러나 리츠와 부동산 펀드는 '펀드와 리츠'라는 '형태'에 차이가 있습니다. 즉 뿌리가 다릅니다. 부동산 펀드는 그 뿌리가 펀드에 있어서 좋든 싫든 펀드의 성격이 섞이게 됩니다.

펀드는 수익권을 갖지만, 리츠는 주식을 갖는다

부동산 펀드 투자자는 부동산에 대한 모든 수익 권리(수익증권)를 갖기 때문에 '수익권자'라고 불립니다. 반면 리츠 투자자는 부동산 투자회사의 지분을 갖기에 '주주'라고 불리죠. 자본시장법상 수익권자는 자산운용에 간섭할 수 없습니다. 펀드의 자산운용사는 수익권자의 동의 없이 자산운용을 할 수 있죠. 반면 리츠 투자자는 주주라서 자산운용사가 중요한 일을 결정하려면 안건별로 반드시 주주 동의가 필요합니다. 투자자 권리에 있어서는 리츠의 승리라고 볼 수 있습니다. 그렇다면 주주가 언제나 좋은가? 사공이 많으면 배가 산으로 가듯이 주주 간에 의결권 분쟁이 생길 수도 있습니다. 펀드는 누구에게도 의결권이 없으니 분쟁이 생길 염려는 없죠.

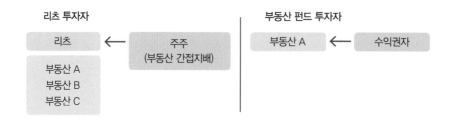

펀드는 편입자산을 쉽게 늘릴 수 없지만, 리츠는 가능하다

부동산 펀드의 경우 투자자 모집이 시작된 후에는 자산을 추가로 편입할 수 없습니다. 새로운 자산에 투자하고 싶다면 자산운용사는 부동산 펀드를 새로 만들어야 합니다. 이런 점들을 극복하기 위해 '블라인드 펀드'라는 것이 있는데, 큰 투자금액이 필요하기 때문에 개인투자자는 쉽게 접근할 수 없습니다. 반면 리츠는 부동산 자체가 아니라 부동산 투자회사의 지분을 가지는 것이라 리츠 주주총회 안건이 통과되면 더 많은 부동산을 편입해 간접지배가 가능합니다. '부동산 펀드는 아주 특별한 경우가 아니라면 편입자산의 개수를 쉽게 늘릴 수 없다!'라고 기억하면 됩니다.

펀드는 만기 때까지 자금 회수가 거의 불가능하다

부동산 펀드의 최대 약점이 이것입니다. 부동산 펀드는 의무상장 조건이 없고, 상장은 가능하지만 거래할 수는 없습니다. 또 만기 때까지 오랜 기간 자금을 묶어둬야 하죠. 정확히 말하면 부동산 펀드에는 2가지 종류가 있습니다. 상장 후 거래가 가능한 펀드를 '회사형 펀드'라고 부릅니다. 주식시장에서 한 번쯤 들어본 '맥쿼리인프라'라는 종목이 대표적인 회사형 상장펀드입니다. 정식 이름 역시 '맥쿼리한국인프라투융자회사'입니다. 맥쿼리인프라는 누구나 증권시장을 통해 투자할 수 있습니다. 반면 상장해도 거래하지 못하는 펀드를 '신탁형 펀드'라고 부릅니다. 맥쿼리인프라처럼 지분거래가 가능한 펀드는 많지 않으니, 개인이 접근할 수 있는 대부분의 부동산 펀드는 유동성 제약이 아주 높다고 보는 게 맞습니다.

그래도 부동산 펀드에 투자하는 이유: 투자구조의 다양성과 1% 더 높은 수익률

리츠에 비해 안 좋은 조건이 많은데도 부동산 펀드에 투자하는 이유를 단 하나만 꼽자면 바로 '투자구조의 다양성' 때문입니다. 리츠 투자자는 '주주' 즉 지분 투자자죠? 반면 부동산 펀드는 지분 투자자 외에 대출자도 될 수 있고, 메자닌(주주+대출자) 투자자도 될 수 있습니다. 지분 투자자가 아니라 자금을 빌려주는 대출 사업자가 될 경우 건물 담보대출의 보호를 받을 수 있습니다. 배당 및 원금 회수도 1순위라 투자 안정성이 강해집니다.

부동산 펀드는 법적 제약 역시 적습니다. 리츠는 부동산 투자회사라서 상법, 부동산투자회사법 등 다양한 규제가 존재합니다. 그러나 부동산 펀드는 부동산 자산을 70~80% 이상만 운용하면 그 외의 운용 제약이 거의 없습니다. 웃자는 말이지만 블랙 머니들이 괜히 펀드로 운용되는 것이 아닙니다. 1년 전 부동산 탈세에 관련해 정의당 심상정 의원이 국회 안건에 올린 '쉐어딜(셰어딜 Share deal)'이라는 구조도 전부 부동산 펀드에서 만든 것입니다.

또 부동산 펀드는 수익권자의 지위를 찢어 놓을 수 있습니다. 선순위, 중순위, 후순위, 후후순위, 후후후순위 등 다양한 수익 배분 레벨을 만드는 것이 가능합니다. 보통 후순위 투자에 증권사 자기자본이 들어가 투자 안정성을 보강해줍니다. 반면 리츠는 우선주, 보통주 정도가 끝입니다. 이 자유로운 투자구조 때문에 부동산 펀드의 유동성이 오히려 제한되기도 합니다. 안정성 보강을 위해 대출형 펀드를 만들었는데, 갑자기 투자자가 돈을 찾는다고 하면 그것 또한 문제니까 말이죠. 이러한 투자 다양성 때문에 공모 부동산 펀드의 숫자가 공모 리츠보다 더 많습니다. 만들기도 편하고, 운용도 편하니까요. 펀드라는 상품의 역사가 긴 것도 한몫합니다.

리츠의 경우 돈이 없으면 유상증자를 한다고 앞에서 말했었죠? 부동산 펀드는 돈이 없으면 '캐피털 콜(Capital Call)'이라는 것을 합니다. 일명 '돈 내놔'입니다. 리츠는 유상증자 때 주주가 굳이 돈을 안 내도 되지만, 펀드는 그런 것 없습니다. 강제로 돈을 달라고 합니다. 투자 전에 강제로 돈을 걷을 수 있다는 '캐피털 콜 약정서'를 의무적으로 씁니다. 실제로는 해외자산 만기 때의 환율 문제 때문에 한 번 정도 발생하는 편입니다. 단, 회사형 펀드는 '회사'라는 특성 덕분에 유상증자가 가능합니다. 마지막으로 수익률은 부동산 펀드의 수익률이 평균 1% 정도 더 높습니다. 펀드의 경우 배당이 아닌 '결산분배'라는 이름으로 처리됩니다.

결론, 개인투자자라면 리츠 투자의 편의성이 더 좋은 편이다

대출형 부동산 펀드라면 리츠와 유사한 수익률을 가지면서 안정성이 더 높을 수 있습니다. 대출과 지분투자의 차이가 분명하기 때문입니다. 그러나 돈을 넣는 순간부터 내 돈을 내 마음대로 못 하는 부동산 펀드는 개인투자자에게 유동성 위험으로 다가올 수 있습니다. 특히 초보일 경우에는 신중해야 하죠. 투자 구조의 다양성, 수익률 장점은 매우 매혹적이지만, 그 대가로 투자 만기 때까지 의결권 하나 없이 끌려만 다니는 것은 피곤할 수 있습니다. 앞에서 말한 것처럼 고지의무가 없으니 궁금한 내용이 있어도 잘 안 가르쳐줍니다.

반면 리츠에 투자하면 정말로 투자자 대우를 받습니다. 체감상 자산운용사에서 고객을 대하는 태도 차이가 아주 큽니다. 그것이 주주의 힘이겠죠?

구분	부동산 펀드	부동산 리츠
자격	수익권자(의결권 없음)	주주(의결권 있음)
편입자산 확대	×	○
현금 유동성	3~5년 만기 때까지 불가	언제든 현금화 가능(상장리츠)
법적 규제	부동산 자산 70~80% 이상 운용 조건 외 거의 없음	부동산 투자회사라서 상법, 부동산투자회사법 등 다양한 규제 존재
운용자금 증식	강제 납입(캐피털 콜)	의무 없음(유상증자)
고지의무	×	○
운용의 다양성	대출형, 메자닌형 등 투자구조가 매우 다양하여, 국내외 자산투자에 자주 쓰임	오직 지분 투자만 가능
시중 상품 개수	상기 이유로 과거부터 매우 많음	최근에 늘어나는 추세
수익률	리츠보다 1% 높음(결산분배)	4~6%(배당)
결론	초보 투자자라면 신중하게 접근	초보 투자자에게 적당

상위 1% 부자들이 깔고 시작하는 그것, 리츠

부동산 직접투자 vs 리츠

부동산 리츠와 직접투자를 비교해볼까요? 같은 부동산 투자라도 성격이 너무 다릅니다. 일반적으로 개인이 가장 많이 접근하는 부동산은 아파트니까 아파트를 기준으로 얘기해보겠습니다. 직접투자할 때는 청약에 당첨되거나 경매, 신용 및 담보대출, 전세 끼고 사기 등 다양한 전략이 있죠? 수익성만 보면 내가 직접 부동산에 투자하는 쪽이 월등히 높습니다. 하지만 부동산 규제가 강화됨에 따라 그 과정이 쉽지 않은 것이 사실이죠.

이 책의 목표는 개인투자자가 수익을 내면서도 안전하게 운용할 수 있는 전략을 얻는 것입니다. 따라서 리츠를 밑에 깔고, 공격적인 부동산 운용을 권합니다. 배당과 시세차익 둘 다를 확보할 수 있으니까요. 중장기 자산관리 포트폴리오라면 공격과 수비를 함께 하는 전략적인 시도가 필요합니다.

> 리츠 투자: 일정한 수입 + 전문성 위탁 + 배당이라는 안전마진 + 절세

부동산 리츠는 위탁 운용을 통해 높은 전문성과 절세효과를 얻을 수 있는 투자처입니다. 또 운용과정에서 본인이 결정하고 진행해야 할 게 많지 않습니다. 자산운용사가 전부 알아서 처리해주니까요. 대신 수익률은 아무리 높아도 연 10%를 넘지 않습니다.

반면 직접투자는 시기에 따라 몇 년 안에 100%를 넘을 수 있을 정도로 수익률이 상당히 높습니다. 하지만 다양한 상황에 직접 대면해야 하고, 그 과정에서 큰 비용이 발생합니다. 부동산에 직접 투자할 때의 세금 및 수수료를 표로 정리해두었으니 참고하세요. 직접투자자는 이 모든 지출을 본인이 감당해야 합니다. 즉 투자원금 외에도 현금지출이 계속 발생한다는 것이죠. 잘못하면 유동성 위험이 발생할 수 있으며, 제때 납부하지 못하면 계속 가산세가 붙습니다. 한때 수익이 짭짤했던 갭투자 등에서의 실수는 단순한 투자실패가 아니라 소송에 휘말리는 등 삶 전체에 문제가 생길 수도 있습니다.

리츠는 최초 투자원금만 납입하면 추가적인 비용은 전혀 발생하지 않습니다. 모든 지출이 전부 원금과 미래수입에 녹아 있습니다. 즉 "이런 공과금과 세금이 발생했으니 돈을 더 주세요"가 없죠. 리츠 자산운용사는 매 기수마다 임대관리비에서 제세공과금을 알아서 제하고 투자자에게 배당금을 지급합니다.

구분		직접투자(개인)	리츠
부동산 취득	취득세	1~4%	4.6%
	자금출처조사	있음	없음
	인지세	15만~35만 원	
	농어촌특별세	0.2%	
	지방교육세	0.1~0.4%	
	중개수수료	3% 수준(1회성)	
부동산 보유	종부세	0.5~2.7%	토지는 제외
	재산세	0.1~0.4%	0.2%
	임대수입	종합소득세 반영	10~15.4% 분리과세
	유지관리비	협의	대부분 임차인 부담
	보험료	필요시 자비 부담	
부동산 매각	양도세	최대 50~60%	22%
운용수수료	운용수수료	없음	있음
	매입보수		매입금액의 1%(일회성)
	매각보수		매각금액의 1%(일회성)

* 2020년 12월 기준

배당주 vs 리츠

배당주도 좋습니다. 일반적으로 연 4% 이상 배당을 주는 주식을 '배당주'라고 부릅니다. 주로 현금부자들의 투자처인데, 2020년처럼 성장주의 투자수익률이 좋아도 배당주에만 투자하는 마니아가 있을 정도입니다. 리츠와 비슷하게 배당을 받긴 하지만 크게 다른 점이 3가지 있습니다.

먼저 배당주는 일반 주식이다 보니 법인세와 소득세라는 '이중과세'가 발생합니다. 또 '매출 변동성'이 있지요. 배당주 역시 배당할 재원이 있어야 투자자에게 배당할 수 있습니다. 그러나 기업은 사업계획에 따라 매해 수입이 달라지며, 그 결과 배당금 역시 달라집니다. 실제로 국내 배당주 대부분은 매년 투자자에게 지급하는 배당금의 변동폭이 커서, 분기 보고서가 나오기 전까지는 배당금이 얼마가 될지 예측하기 어렵다는 단점도 있죠. 물론 KB금융, KT&G처럼 투자자가 예측 가능한 배당주들도 있습니다. 종목별로 꼼꼼히 공부한 후 투자해야 하는 이유가 이런 것들 때문입니다.

또 배당주는 자기관리 리츠처럼 '기업 내부상황'에 영향을 받습니다. 오너 리스크, 회계, 사업 등 기업 내부에 문제가 생기면 주가와 배당 둘 다에 영향을 줍니다. 물론 배당주가 리츠보다 좋은 점도 있습니다. 만약 회사가 신사업을 추진하거나 진행 중인 사업이 큰 실적을 낼 경우 배당뿐만 아니라 주가 역시 높아지니까요. 보기에 따라서는 기업 내부의 이슈가 꼭 나쁜 쪽으로만 작용하는 것도 아닙니다. 상속이나 경영진의 신뢰가 높아지는 등 주가를 높일 이슈들도 있으니 어떤 선택을 할지는 그때그때 판단이 필요합니다.

구분	주식의 종류	당기	전기	전전기
		제13기	제12기	제11기
주당 현금배당금(원)	보통주	3,000	8,000	8,000
	우선주	3,050	8,050	8,050

SK이노베이션 배당 사례(평균 연 6% 배당)

마이너스 유가선물 사태와 코로나19 확산으로 2019년 배당금이 크게 줄었다.

구분	주식의 종류	당기	전기	전전기
		제31기	제30기	제29기
주당 현금배당금(원)	보통주	230	100	360
	종류주식	—	—	—

동양생명 배당 사례(평균 연 6~8% 배당)

내부사정과 저금리로 인한 금융사 수입 변동으로 배당금이 매우 불규칙하다.

상위 1% 부자들이 깔고 시작하는 그것, 리츠

6

개인투자자가
리츠에 들어서는 문

개인투자자가 리츠에 투자하는 방법은 2가지입니다. 하나는 중권사에서 비상장 리츠 상품을 사는 것, 또 하나는 주식시장에 상장된 상장리츠 주식을 사는 것입니다. 비상장 리츠와 상장리츠는 운용 목적이 다르니 앞의 내용을 참고하세요. 물론 둘 다 배당금은 나오지만 비상장 리츠는 자산매각에서 나오는 매각차익에 더 중심을 둡니다.

방법 1. 증권사 비상장 리츠 상품 투자

"비상장 공모리츠에 투자하고 싶은데, 좋은 리츠 상품이 있을까요?"

리츠 상품에 투자하는 첫 번째 방법은 증권사 지점에 직접 방문하는 것입니다. 투자자 모집 중인 리츠 상품들이 준비되어 있으니까요. 방문해서 물어보면 친절하게 설명해줍니다. 지점 직원과 친해지면 좋은 리츠가 나왔을 때 따로 연락을 주기도 합니다.

비상장 공모리츠는 기차와 같다는 게 중요합니다. 기차를 타고 싶다고 내 마음대로 타는 시간을 정할 수 없듯이, 비상장 리츠도 내가 가입하고 싶다고 아무 때나 가입할 수 없고 투자자 모집기간이 따로 있습니다. 리츠 상품이 만들어져 고객과 함께 출발하면 동일 상품에 두 번의 투자기회는 없습니다. 아무 때나 내가 원하는 리츠에 매수/매도하기를 원한다면 비상장 공모리츠가 아니라 상장리츠에 투자해야 합니다.

"꼭 증권사에 가야 하나요? 온라인으로는 안 되나요?" 결론부터 말하자면 '가능은' 합니다. 그러나 비상장 공모리츠 상품은 매우 인기가 높습니다. 주가변동성도 없고, 시세차익도 얻을 수 있으니까요. 그래서 온라인으로 굳이 홍보할 필요가 없습니다. 발품 파는 고액자산가들이 많아서 지점에서 이미 웬만한 물량은 다 채워집니다. 또 직원과 친해져야 발 빠르게 정보를 얻을 수도 있으니 증권사에 직접 가는 걸 권합니다. 집을 보러 다닐 때 여러 집을 직접 찾아다니는 것처럼, 좋은 리츠를 선점하려면 발품이 필요합니다.

온라인으로 비상장 리츠 공모계획이 발표될 경우 온라인 청약이 아주 빠르게 마감됩니다. 다음 그림은 2020년 1월 LH에서 비상장 공모리츠 청약을 온라인으로 공고한 것인데, 정부에서 3년간 5.2%를 보증해주는 엄청난 꿀 상품이었습니다. 사실상 무위험 수익률에 가깝고, 매각차익까지 합치면 수익률이 더 커지는 이런 귀한 상품을 찾으려면 주기적인 확인이 필요합니다. 청약은 증권사 온라인, 오프라인 지점에서 진행되었습니다. 네이버 검색창에서 '비상장 공모리츠'를 검색해보세요. 최신순으로 뉴스 기사를 보면 현재 공모가 예정된 비상장 공모리츠 사업들이 나타납니다.

| 보 도 자 료 | | LH 한국토지주택공사 |

배포일시	2020. 1. 9. (목)		
보도일시	즉시 보도 가능합니다.		
담당부서	부동산금융사업관리단	담 당 자	임종한 부장 (031-738-4933) 차영호 차장 (031-738-4948)

LH, 고양삼송 주택개발리츠 우선주 공모 시행

- 총 발행주식의 30%인 168만주 공모, 연 5.2% 목표수익 제공
- 10일 청약안내 공고, 15~17일 청약 접수, 21일 주식배정 공고 예정

LH(사장 변창흠)는 국민 누구나 투자 가능하고 안정적인 수익을 기대할 수 있는 부동산투자회사(이하 '리츠')의 우선주에 대한 일반공모를 실시한다고 9일(목) 밝혔다.

이번에 공모하는 주식은 LH가 자산관리를 맡고 있는 ㈜고양삼송자이더빌리지주택위탁관리부동산투자회사(이하 '고양삼송리츠') 총 발행주식 560만주의 30%인 168만주(84억원)이다.

목표수익 연 5.2%를 제공하는 비상장 우선주식이며, 시공사의 책임준공과 미분양 주택에 대한 LH 매입확약 등 신용이 보강된 구조로서 안정적인 수익을 기대할 수 있는 것이 특징이다.

분류	모집주식수	청약단위	발행가(액면가)	의결권
제1종 종류주	1,400,000주	200주 이상 1,400,000주 이하	5,000원(5,000원)	없음
제2종 종류주	280,000주	2,000주 이상 280,000주 이하	5,000원(5,000원)	있음

※최소 청약금액 : 제1종 종류주 100만원, 제2종 종류주 1,000만원

출처 : LH 한국토지주택공사 보도자료

이 상품은 정부기관이 사업기간 3년간 연 5.2%를 보증해주는 무위험 절대수익에 가까워서 경쟁률이 매우 높았다. 매각차익이 있을 경우 수익률은 더욱 높아진다.

이렇게 발품을 팔다 보면 좋은 리츠 투자제안서를 받을 수 있습니다. 모든 비상장 공모리츠 투자제안서의 외부유출을 금지하기 때문에 여기서 안쪽 내용까지 하나하나 보여줄 수는 없지만 제안서를 집으로 가져와 직원의 설명과 책의 내용을 참고하면서 꼼꼼히 검토해보세요.

비상장 공모리츠 투자는 어렵지 않습니다. 특히 이 책의 2부에는 개인투자자가 충분히 혼자서 비상장 공모리츠 제안서를 검토할 수 있도록 투자 핵심부터 주의사항까지 자세히 설명되어 있습니다. 실제 투자제안서를 받고 이 내용을 따라가면 '아, 이래서 이런 내용들이 나왔구나'라고 이해할 수 있을 것입니다.

투자검토 후 좋은 리츠 상품을 찾았다면 직원의 안내에 따라 상품투자를 진행하면 됩니다. 중요한 것은 유동성입니다. 이 리츠가 90일 의무상장을 하는지 투자 전에 확인하는 것이 좋습니다. 배당은 보통 반기 배당(6개월에 1번)이며, 반기마다 우리가 예치금을 넣은 계좌에 자동으로 배당금이 들어옵니다. 연수익률은 평균 5~7% 수준이며, 투자자가 증권사에 요청하면 원천징수영수증 등을 받아볼 수 있습니다. 최소가입금액은 앞의 LH공사 사례처럼 100만 원인 리츠도 있고, 그보다 더 적거나 많을 수도 있습니다.

비상장 공모리츠 만기는 상품별로 다르지만 보통 5년 정도입니다. 5년 차에 자산매각을 한 후 곧이어 부동산 투자회사를 청산합니다. 알맹이를 다 팔았으니, 이제 껍데기를 정리한다고 생각하면 됩니다. 대출상환과 세금정산을 완료하면 주주의 투자원금과 매각차익이 돌아옵니다. 보통 3.5~4년 차부터 매각 준비를 시작하며, 일찍 자산이 팔리면 만기 한참 전에 청산되기도 합니다. 자산이 일찍 팔릴수록 좋은 가격에 팔립니다. 서로 사려고 비싼 가격에 부르니 투자자는 큰 매각차익을 얻을 수 있습니다. 하지만 보통주가 따로 있으면 계약조건이 달라지니까 2부를 꼭 정독하기 바랍니다.

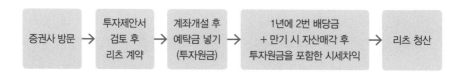

만약 비상장 리츠 상품이 어렵고 복잡하다고 느껴진다면 부동산 펀드를 이용해보세요. 부동산 펀드와 리츠는 그 뿌리만 다를 뿐 운용조건은 비슷합니다. 부동산 펀드 역시 리츠와 비슷한 수익률을 가지며, 만기 때 매각차익을 얻을 수 있습니다. 상품 수도 많으니 투자자가 발품을 많이 팔 필요가 없고, 온라인 청약도 쉽죠. 물론 부동산 펀드도 오프라인 지점 방문이 가장 좋습니다. 온라인 펀드 투자의 대표적인 몰은 '펀드 슈퍼마켓'입니다. 펀드 슈퍼마켓에서 온라인 투자를 하면 수수료 절감 효과가 있습니다. 단, 이곳에서 판매하는 상품은 재간접형이 많으니 개인투자자라면 신중하게 접근해야 합니다. 재간접에 대해서는 2부 용어설명에서 자세히 알 수 있습니다.

방법 2. 상장리츠 투자

　상장리츠에 투자하는 방법은 주식을 거래할 때와 같습니다. 상장리츠는 이름 그대로 리츠를 주식시장에 상장한 것이기 때문에 주식거래 플랫폼, 즉 증권사 주식거래 앱을 이용하면 됩니다. 이 주식거래 앱을 모바일에서는 MTS(Mobile trading system), 컴퓨터에서는 HTS(Home trading system)라고 부릅니다. 요즘은 모바일 거래가 많으니 MTS를 기준으로 설명하겠습니다.

1. 증권사 앱 다운로드하기　　2. 증권 계좌개설하기

　MTS 플랫폼을 앱스토어/구글 플레이스토어에서 다운로드합니다. 원하는 증권사를 검색한 후 '받기'를 누르면 설치됩니다. 여기서는 KB증권을 받았습니다. MTS를 설치한 후에는 계좌를 개설해야 합니다. KB증권은 바로 계좌를 개설할 수 있지만, 개인투자자가 가장 많이 쓰는 키움증권처럼 보통은 별도로 계좌개설 앱을 다운로드해야 합니다.

3. 범용공동인증서 등록 후   4. 리츠 종목 검색하기   5. 리츠종목 검토하기
   로그인하기

그다음은 범용공동인증서를 발급받습니다. 리츠를 포함한 모든 주식거래는 범용공동인증서가 있어야 매수&매도가 가능합니다. 주의할 것은 이미 은행 공동인증서가 있어도, 주식거래를 하려면 범용공동인증서를 따로 발급받아야 한다는 것입니다. 범용공동인증서를 등록한 후 인증서 비밀번호를 입력하여 로그인합니다.

이제 상장리츠 종목을 검색해야죠? 종목검색에 '리츠'라고 검색하면 현재 상장된 리츠 종목이 쫙 나타납니다. 2021년 전반기 현재 상장된 리츠는 모두 14개입니다. 리츠종목은 쭉 나오지만 아직은 어떤 리츠를 선택할지 막막할 겁니다. 이 리츠들에 대한 기본자료는 '금융감독원 전자공시시스템' 사이트에서 볼 수 있습니다. 네이버에 검색해 '금융감독원 전자공시시스템' 홈페이지에 들어갑니다. 첫 화면에 위쪽에 있는 '회사명'에 보고 싶은 리츠종목이나 회사명을 입력한 후 〈Enter〉를 누릅니다. 관련된 여러 자료가 나타나면 '증권신고서'를 클릭합니다. 증권신고서에는 리츠 개요부터 어떤 자산운용사가 운용하는지, 편입자산은 어떻게 되는지를 다 알 수 있습니다. 여기까지는 기본자료입니다. 중요한 것은 이 기본자료가 어떤 말을 하는지를 아는 것인데, 처음에는 당연히 보이지 않습니다. 3, 4부 국내외 상장리츠를 잘 읽어보세요. 전문 애널리스트가 분석한 '증권사 분석 리포트'를 얻는 법까지 자세히 설명되어 있습니다.

금융감독원 전자공시시스템(http://dart.fss.or.kr/): '미래에셋맵스리츠'를 검색한 후 '증권신고서'를 클릭하기

상위 1% 부자들이 깔고 시작하는 그것, 리츠

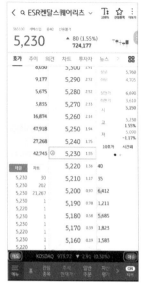

6. 상장리츠 매입하기 – 배당금 받기 – 매도하기

　여러 자료를 통해 투자검토가 끝났으면 이제 일반 주식을 살 때처럼 '매수'를 눌러 사면 됩니다. 로그인 상태에서는 증시 개장시간 동안 언제든 거래할 수 있습니다. 매수한 후에는 내가 개설한 증권계좌로 자동으로 배당금이 들어옵니다. 투자자가 받는 배당금이 얼마이고, 언제 들어올까요? 국내 상장리츠는 반기 배당, 즉 6개월에 1번 배당을 합니다. 이때 내가 투자한 리츠종목의 배당금 수준과 결정일, 지급일 등을 알고 싶다면 앞에서 설명한 금융감독원 전자공시 시스템을 이용하면 됩니다. 증권사 앱에서도 웬만한 공시는 다 하고 있으니 찾아보세요.

　다음은 롯데리츠의 자료를 찾아본 것입니다. 롯데리츠는 금전배당, 즉 배당을 100% 현금으로 주지만 리츠에 따라 그렇지 않을 수도 있습니다. 국내 증시에 상장된 자기관리 리츠인 '에이리츠'는 주식 및 현금 배당을 함께하고 있습니다. 에이리츠는 1주당 500원과 +0.1주를 배당합니다. 굉장히 특이한 경우이니 참고만 하세요. 배당금은 배당기준일 직전에만 상장리츠를 보유하고 있으면, 1 개월 안에 자동으로 내 증권계좌로 지급됩니다. 롯데리츠는 6/30일까지 들고 있으면, 7/30 내에 배당금이 지급되겠네요. 이때 투자자가 해야 할 일은 없습니다. 이 자료를 보니 롯데리츠는 해당 기수로 1주당 161원의 배당금이 나오며, 배당수익률은 2.9%입니다. 1년에 2번의 배당을 주니 배당만으로 약 5.8% 수익률이 나오는 것입니다.

DART 롯데리츠

본문 2020.08.06 부동산투자회사금전배당결정

첨부 +첨부선택+

부동산투자회사 금전배당 결정

1. 배당금총액(원)		27,777,592,575
2. 1주당 배당금 (원)	보통주식	161
	종류주식	-
- 기준가 격 조정 대 상 여부	보통주식 기준가격	-
	보통주식 가격제한폭 초과	미해당
	종류주식 기준가격	-
	종류주식 가격제한폭 초과	미해당
3. 시가배당률(%)	보통주식	2.9
	종류주식	-
4. 배당기준일		2020-06-30
5. 배당금지급 예정일		정기주주총회일로부터 1개월 이내
6. 주주총회 예정일자		2020-09-18

롯데리츠 배당금

방법 3. 미국 상장리츠 투자

미국 증시는 한국시간으로 오후 11:30~오전 6:00까지 열립니다. 서머타임이 실시된다면 1시간 일찍 열리고, 1시간 일찍 닫습니다. 한국에도 장 전후로 시간 외거래가 있듯이 미국 역시 Pre-market, After-market이 있습니다. 미국 증시는 시간외거래에서 주가변화가 꽤 큰 편이니 주의하세요. 또한, 시간외거래에서는 매도호가와 매수호가 간격이 매우 크게 벌어져 있어서 내가 원하는 가격에 주식거래를 하지 못할 확률이 높습니다. 웬만하면 정규장 시간에 하는 것이 유리합니다. 시간외거래는 국내 증권사마다 거래할 수 있는 시간이 다릅니다. 어떤 증권사는 2시간 전에 거래할 수 있고, 어떤 증권사는 1시간 30분 전에 거래할 수 있는데, 증권사가 시간외거래를 얼마나 여는가에 따라 달라집니다. 관심이 있다면 꼭 미리 확인하세요. 또 미국 역시 우리처럼 추수감사절 같은 공휴일에는 휴장합니다.

4부에서 미국리츠에 투자하는 방법을 다루는데, 미국 상장리츠에 투자하는 과정은 국내 상장리츠에 투자할 때와 같습니다. 다른 부분만 들여다볼까요?

가장 먼저 할 일은 해외주식 계좌를 열어주는 겁니다. 옛날에는 국내주식 계좌와 별개로 해외주식 계좌를 만들어야 했는데, 이제는 국내와 같은 계좌를 이용해도 되니 좋아졌습니다. 단, 증권사에 해외주식 투자를 시작하겠다는 연락은 해야 합니다. 내가 이용 중인 증권사에 전화한 후 ARS를 따라 버튼 몇 개만 누르면 되는 간단한 과정입니다.

증권사 해외계좌를 열었다면 이제 주식을 매수해야죠? '해외주식/ETF' 탭의 검색란에 관심 있는 종목을 입력해 검색합니다. 이때 '티커'를 사용하면 편합니다. 티커는 굳이 말하자면 각 종목의 단축키나 약어 같은 겁니다. 예를 들어 삼성전자의 티커는 '005930'입니다. 외국인이 우리나라 삼성전자에 투자한다고 생각해보세요. 보통은 '삼성전자'를 한글로 입력할 수 있는 키보드가 없겠죠? 그럴 때 '005930'을 누르면 자동으로 삼성전자 창이 나타납니다. 우리도 미국의 긴 종목 이름을 다 적기는 불편하니까요. 그래서 약속처럼 티커를 이용합니다. '아메리칸 타워'라는 5G 통신 인프라 리츠를 검색해볼까요? '해외주식/ETF' 탭에서 'AMT' 입력한 후 검색하면 바로 나타납니다. 그다음은 국내 상장리츠를 거래할 때와 같습니다. 해외리츠 투자에서 가장 중요한 환율에 대해서도 4부에서 자세히 설명했으니 참고해서 주의하길 바랍니다.

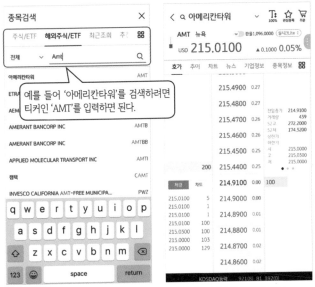

예를 들어 '아메리칸타워'를 검색하려면 티커인 'AMT'를 입력하면 된다.

1. 해외주식 계좌 열기

2. '티커'로 종목을 검색한 결과

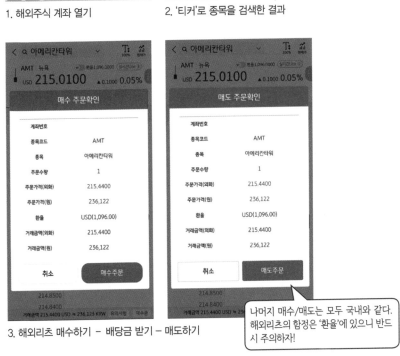

3. 해외리츠 매수하기 – 배당금 받기 – 매도하기

나머지 매수/매도는 모두 국내와 같다. 해외리츠의 함정은 '환율'에 있으니 반드시 주의하자!

상위 1% 부자들이 깔고 시작하는 그것, 리츠

기관투자자는 리츠를 얼마나 담을까?

연기금 등 기관투자자는 분산투자로 자산운용을 하고 있습니다. 그렇다면, 과연 기관들은 얼마나 많이 리츠를 담을까요? 또 리츠의 평균 수익률은 어느 정도나 될까요? 몇 가지 예시를 통해 간단히 알아봅시다. 비교자료 차원에서 주식까지 함께 넣어 리츠의 포트폴리오 효과가 얼마나 큰지, 또 하단 수익률을 얼마나 잘 받쳐주는지 확인해보겠습니다. 결론부터 말하면 리츠는 주식 강세장에서는 서포터로, 주식 약세장에서는 디펜더로 수익률을 받쳐주고 있다는 것을 확인할 수 있습니다. 자료는 공시된 자료를 기준으로 합니다. 대체투자 항목에서 편의상 부동산 펀드 50%, 리츠 50%로 생각하면 좋을 듯합니다.

1. 국민연금

국민연금은 순수 자산운용금액 772조 원을 가진 국내 최대 연기금입니다. 부동산 펀드&리츠 등 대체투자 비중이 전체 자산의 11% 정도를 차지하고 있습니다. 순수 리츠만 치면 5% 수준으로 추측합니다. 국민연금의 경우 주식 비중 40%, 채권 비중이 50%, 대체투자 10%입니다. 하단에 있는 다른 기금들과 다르게 국민연금은 채권운용 비중이 높습니다. 다음 표를 보면 확인할 수 있습니다. 아쉽게도 국민연금의 2018년 수익률은 확인이 어렵습니다. 2019년도 자료를 보면 부동산 펀드&리츠 수익률이 제법 괜찮았다는 걸 알 수 있죠?

국민연금의 경우 채권 비중이 높아 따로 항목을 만들었습니다. 그러나 개인투자자는 채권에 접근하기 어려우니 다른 기관 항목에서는 제외하겠습니다.

구분	2018년		2019년	
	비중	수익률	비중	수익률
주식			40%	24%
채권	100%	-0.9%	50%	5%
펀드 & 리츠			10%	9.6%

2. 교직원 공제회

교직원 공제회는 순수 자산운용금액 33조 원을 가진 연기금입니다. 공제회만을 묶어 보았을 때 최대의 수탁고를 가지고 있습니다. 부동산 펀드&리츠 등 대체투자 비중이 전체 자산의 40% 정도를 차지합니다. 순수 리츠만 치면 20% 수준으로 추측합니다. 다음 표를 보세요. 교직원 공제회는 리츠 투자를 통해 주식 변동성을 잘 제어하고 있습니다. 주식 강세장에서는 서포터로, 주식 약세장에서는 디펜더로 말이죠.

구분	2018년		2019년	
	비중	수익률	비중	수익률
주식	11%	-16%	13%	15%
펀드 & 리츠	42%	11%	44%	6.5%

3. 행정공제회

행정공제회는 순수 자산운용금액 14조 원을 가진 연기금입니다. 부동산 펀드&리츠 등 대체투자 비중이 전체 자산의 55% 정도를 차지하고 있습니다. 순수 리츠만 치면 27% 수준으로 추측합니다. 다음 표를 보면 행정공제회 역시 리츠 투자를 통해 주식 변동성을 잘 제어하고 있다는 걸 알 수 있습니다.

상위 1% 부자들이 깔고 시작하는 그것, 리츠

개인투자자라면 이 정도로 부동산 자산을 가져갈 필요는 없고, 주식 비중을 높여 수익률을 조금 더 가져가도 좋습니다.

구분	2018년		2019년	
	비중	수익률	비중	수익률
주식	15%	−12%	14%	20%
펀드 & 리츠	58%	9.9%	54%	7.5%

4. 군인공제회

군인공제회는 순수 자산운용금액 11조 원을 가진 연기금입니다. 부동산 펀드&리츠 등 대체투자 비중이 전체 자산의 28% 정도를 차지하고 있습니다. 순수 리츠만 치면 14% 수준으로 추측합니다. 다음 표를 보면 알 수 있듯이 군인공제회도 좋은 포트폴리오 구성을 가지고 있습니다.

구분	2018년		2019년	
	비중	수익률	비중	수익률
주식	12%	−17%	9%	12%
펀드 & 리츠	27%	7.7%	27%	6.6%

5. 경찰공제회

경찰공제회는 순수 자산운용금액 3.5조 원을 가진 연기금입니다. 부동산 펀드&리츠 등 대체투자 비중이 전체 자산의 26% 정도를 차지하고 있습니다. 순수 리츠만 치면 13% 수준으로 추측합니다. 경찰공제회는 연기금 중에서도 주식 비중이 매우 낮은데, 자산운용에 있어 안정성에 무게중심을 크게 두고 있기 때문입니다.

운용자산 대다수가 채권에 집중되어 있는데, 그냥 기관의 개별적인 특성으로 생각하면 좋을 듯합니다. 개인투자자 관점에서는 리츠 투자의 수익률 추이만 보면 되니까요.

구분	2018년		2019년	
	비중	수익률	비중	수익률
주식	5%	−7%	4%	5%
펀드 & 리츠	26%	8.1%	26%	7.9%

상위 1% 부자들이 깔고 시작하는 그것, 리츠

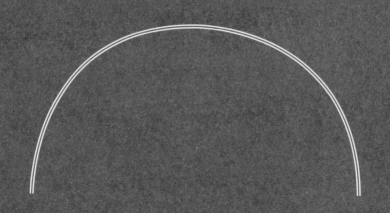

"권리 위에서 잠자는 자, 결코 보상받지 못한다."

개인투자자가 리츠투자 전에 필수로 검토해야 할 내용을 담았습니다.
몰라서 대충 넘어갔거나 어디선가 봤지만 전혀 다르게 접근하는
내용일 수도 있습니다. 투자자의 권리가 녹아 있기에 업계가
개인투자자에게 굳이 자세히 알리고 싶지 않은 내용들이지만,
반드시 알아야 할 것들이라 과감히 풀어봅니다.

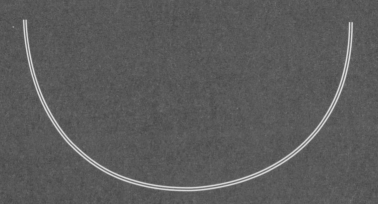

2부

리츠는 부동산이다
- 리츠 투자의 핵심

1
—

보여지는 것과
봐야 할 것은 다르다

사는 자와 파는 자의 목적

투자제안서 첫 장에는 포토샵으로 처리된
멋진 고층 빌딩이 그려져 있다.

> "100세 인생 시대, 이것만 사면 죽을 때까지 노후 걱정 없습니다."
> "XX증권, XX자산운용 10년 차 전문가가 알려주는 부동산 리츠 투자!"
> "이 상품은 하방 위험을 최소화했으며, 투자 시 총 5가지의 장점이 있습니다."

위 홍보 문구들 어떤가요? 어디선가 한 번쯤 들어봤던 내용인가요? 우리는 살아가면서 다양한 마케팅에 노출됩니다. 부동산 역시 마찬가지입니다. 그럴듯해 보이지만 구체적으로 뭐가 좋고, 뭐가 나쁜지 쉽게 알 수 없는 것이 마케팅입니다.

처음 리츠 투자제안서를 볼 때는 상품별로 무슨 차이가 있는지 바로 알 수 없습니다. 멋진 건물들이 그려진 투자제안서들이 전부 좋아 보이죠. 그러나 세일즈 포인트는 어디에나 들어갑니다. 누구에게나 좋아 보이는 장점은 최상단에 크게 강조하고, 위험요소들은 맨 끝에 최대한 눈에 띄지 않도록 작게 적어 놓습니다. 투자자는 마케팅 요소를 구분하고 장점과 위험을 객관적으로 나눠 검토할 수 있어야 합니다. 연기금, 개인 등 사려는 투자자와 증권사, 자산운용사 등 파는 사람의 입장은 당연히 다를 수밖에 없으니까요.

> – 판매사의 목표는 상품을 최대한 많이 파는 것이고,
> – 운용사의 목표는 상품을 최대한 많이 운용하는 것이고,
> – 개인투자자의 목표는 상품 검토를 철저히 해 수익률과 투자 안정성을 동시에 챙기는 것입니다.

투자제안서를 보는 3가지 기준 – 자산, 전문용어, 파트너

리츠 투자를 위해 투자제안서를 검토할 때는 리츠 상품을 2가지 측면으로 봐야 합니다. 리츠 투자는 부동산을 대상으로 하니 당연히 부동산적인 특징이 있습니다. 이 리츠가 주식시장에 상장되면 상장리츠가 되고, 이때부터는 부동산+

주식의 특징을 갖게 됩니다. 2부에서는 먼저 부동산으로서의 특성을 검토하는 방법을 알아보겠습니다. 일반적인 리츠 상품에 투자할 때 반드시 알아야 하는 기준이고, 상장리츠 투자의 기초가 되니 여러 번 읽어보길 바랍니다.

1. 자산

가장 먼저 리츠가 어떤 부동산 자산을 보유하고 있는지, 어떤 자산의 어떤 점을 봐야 하는지를 알아봐야 합니다. 지금부터 자세히 살펴보겠지만 건물의 종류부터 시작해 입지, 가격과 면적, 임차인, 계약기간, 계약조건, 투자금 상환 여부는 물론이고, 부동산 자산별로 필수적으로 검토해야 할 여러 가지 것들이 있습니다.

리츠가 소유한 부동산 자산은 오피스, 리테일, 물류창고, 데이터센터, 호텔, 헬스케어 등이 있는데, 해외리츠에 비하면 국내리츠는 종류가 많은 편이 아니라서 여기서는 가장 자주 접하게 되는 오피스, 리테일, 물류창고 등에 대해 자세히 알아보겠습니다. 4차산업과 코로나19의 영향으로 선호되는 리츠 자산도 달라지고 있습니다. 국내에는 아직 데이터센터, 통신 인프라 공모리츠가 없습니다. 데이터센터 같은 리츠는 범국가적이며, 공모 규모가 아주 커야 수익성이 나는 구조이기 때문입니다. 규모의 경제라고도 하지요. 그래서 실제 미국에 상장된 데이터센터, 통신 인프라 리츠는 유럽이나 남미, 아시아 등 투자하지 않는 곳이 없을 정도입니다. 그렇다고 미국 상장리츠가 항상 좋은 것만도 아닙니다. 해외리츠에 대해서는 4부에서 자세히 다루겠습니다.

2. 모르면 속을 수밖에 없는 전문용어

현재 리츠에 투자하는 개인투자자 대부분은 용어에 대해 그다지 신경 쓰지 않을 것입니다. 꼭 검토해야 할 용어의 의미를 모르고 투자한다는 것은 재무제표를 안 읽고 주식 투자를 하는 것과 같습니다. 최소한 이 책에서 짚어주는 몇 가지 용어들은 투자 전, 그리고 투자 중에도 반드시 확인해야 합니다. 우리의 최종 투자목표는 안정성을 기반으로 고배당을 가져가는 것이니까요.

3. 좋은 투자 파트너, 나쁜 투자 파트너: 자산운용사

리츠 투자의 결과는 투자 전 투자검토 70%, 파트너 30%입니다. 어떤 일이든 사람 간의 일이기 때문입니다. 투자 파트너를 잘못 고르면 그것만큼 피곤한 것이 없습니다. 상장리츠를 포함해 투자 전후가 다른 파트너도 있고, 운용단계에서 자산운용을 엉망으로 해서 답답한 순간도 많습니다. 반면 굳이 말하지 않더라도 투자자를 위해 미리 우려사항을 요약해주거나, 알아서 잘 운용하는 좋은 파트너도 있습니다.

자산의 종류	실제 용도
오피스	기업들의 사무 공간
리테일	백화점, 복합 마트, 쇼핑센터, 멀티플렉스 영화관, 식료품점 등의 점포들
물류	냉동창고, 물류센터, 복합물류센터
호텔	호텔, 리조트 등
주거시설	멀티패밀리(고급아파트), 아파트, 주상복합, 오피스텔, 기숙사, 임대형 주택
인프라	도로, 철도, 항만, 터널, 통신 기지국
데이터센터	데이터센터 임대, 클라우드 서비스 제공
헬스케어	요양원 (시니어 하우징), 연구소, 건강센터, 대형병원
특별자산	발전소, 수산시장, 도매시장, 테마파크, 워터파크, 교육시설, 대형병원

2

오피스 자산 검토 방법

　리츠를 선택하기 위해 제일 먼저 검토해야 할 것은 리츠가 가진 부동산 자산이 어떤 상태인가를 보는 것입니다. 개인투자자가 접할 수 있는 리츠 자산 중 가장 대표적인 것이 오피스입니다. 오피스 건물은 대부분 기업이 임차하기 때문에 기본적으로 접근성이 나쁘지 않고, 법인이 임대료를 내니 배당 안정성도 어느 정도 받쳐줍니다. 특히 대기업이 임차할 경우 임대료를 못 낼 가능성이 거의 없고, 임차 시 시설 설비가 많이 들어가니 일단 입주하면 웬만해서는 쉽게 이전하지 않습니다. 기업 브랜드 이미지를 위해서, 또 출퇴근하는 직장인들 편하라고 대부분은 역세권에 자리 잡기 때문에 대체로 자산가치 안정성도 높은 편입니다. 이래저래 리츠 투자 시 가장 무난하고 선호가 많은 자산이라서 오피스를 소유한 리츠투자 상품도 많습니다. 오피스 자산을 보는 방법은 다음과 같습니다.

포인트 1 입지, 한국에서 가장 잘 나가는 오피스 권역은 어디?

강남 아파트가 왜 비쌀까요? 인프라, 학군, 접근성, 치안 등이 국내에서 가장 좋아서 그렇습니다. 오피스도 그렇습니다. 교통이 편하고, 문화생활 등 인프라가 좋으면 그만큼 임차인이 많이 찾고 건물이 비싸지니까요. 하지만 부동산의 특성상 입지가 좋은 물건은 한정되어 있습니다. 부동산의 부증성(증가할 수 없다), 부동성(움직이지 않는다) 때문에 오피스 자산은 '입지가 전부'라고 봐도 무리가 아닙니다. 모든 게 안 좋아도 입지만 좋으면 어떻게든 할 수 있는 것이 많습니다. 연식이 오래되었다면 공사해서 새로 올려 임차인을 채우면 됩니다. 따라서 개인투자자가 고려해야 할 핵심 체크포인트는 자산의 입지가 얼마나 훌륭한가입니다.

극단적으로 보아도 입지가 안 좋은 자산은 저렴하고, 반대로 좋은 자산은 비쌉니다. 현재 연식이 오래된 강남의 은마아파트나 압구정 현대아파트가 지방에 갓 지어진 브랜드 아파트보다 비싸잖아요? 정부기관 등 특별한 장기임차인이 있다면 모를까 건물이 아무리 좋아도 입지가 나쁘다거나 지방에 있는 물건이라면 심각하게 고민해야 합니다. 경험상 입지가 나쁜 곳에 있는 리츠들은 공실률이 쉽게 메워지지 않고, 질이 나쁜 임대계약도 많았습니다. 입지가 나쁜 자산에 투자해 놓고 안정적인 배당수익률을 바라는 것은 투자포인트를 잘못 잡은 것입니다. 돈에 맞춰 타협하지 않는 한 임차인이 입지가 나쁜 곳을 일부러 찾아오지는 않습니다. 다소 비싸더라도 다 그만한 이유가 있다라고 생각하고 투자하는 게 배당 위험을 줄이고, 임차인을 메우느라 생돈을 날리지 않아도 되는 선택입니다.

2021년인 현재 시장 상황만 봐도 쉽게 느낄 수 있습니다. 상업용 부동산시장에서 투자금 유입은 정말 빈익빈, 부익부입니다. 건물이 비싸더라도 입지가 좋은 건물은 물량을 조금이라도 더 얻기 위해 돈이 몰리지만, 인기가 없는 건물은 자금이 쉽게 모이지 않습니다. 미매각 원인이 '입지'라고 판단되면 피하는 게 낫습니다.

지금 가장 잘 나가는 핵심 업무권역은 어디?

접근성과 통근성이 좋고, 공공기관, 문화시설 등의 인프라가 인접한 권역이 오피스에 좋은 입지입니다. 당연히 큰 도로변이 작은 도로변보다 좋습니다. 이 유는 우리의 배당을 성실히 지급해줄 대기업이 선호하기 때문입니다. 일반적으로 리츠시장에서 인정받는 국내 A급 입지는 다음과 같습니다. 이것을 '핵심 업무권역'이라고 부릅니다.

분류	1. CBD(핵심 업무권역)	
범위	① 광화문부터 청계천을 따라 을지로 3가, 시청을 잇는 1권역 ② 을지로 3가부터 남동쪽 명동까지를 2권역 ③ 서울역부터 남대문을 포함하는 3권역	
특징	대기업&정부기관 임차, 지하철 및 도로교통 접근성이 우수, 문화시설 다수 보유	
공실	평균 12%	**수익률** 5~6%
지도	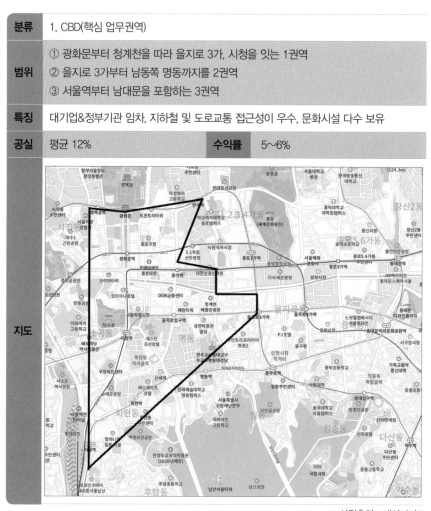	

사진출처 : 네이버지도

분류	2. YBD(여의도 업무권역)
범위	여의도역 인근 금융 업무권역
특징	정부기관, 금융기업 다수 임차, 지하철 및 도로교통 접근성 우수, 한강공원 인접
공실	평균 15~20%(신축 공급 多)	수익률 5~7%
지도	

분류	3. GBD(강남 업무권역)
범위	① 강남역 중심부터 강남대로를 따라 신논현역까지 1권역 ② 테헤란로를 따라 삼성역까지 2권역
특징	대기업 임차, 지하철 및 도로교통 접근성이 우수, 낮은 공실&높은 권역 성장성
공실	평균 10% 이내	**수익률**	5~7%
지도	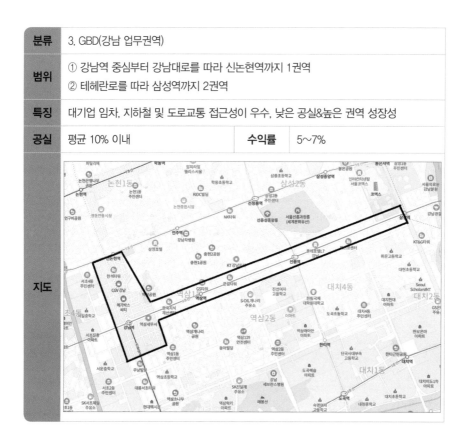

그중에서도 좋은 입지를 찾는 구체적인 방법

하지만 이 권역에 위치한다고 항상 성공적일까요? 접근성 하나로만 본다면 서울 핵심 업무권역 내 모든 오피스는 다 공실이 없고 가격도 비슷해야만 합니다. 여기까지는 리츠 영업직원도 다 설명하는 부분입니다. 우리 같은 개인투자자들은 여기서 한 발자국 더 나가는 것이 중요합니다. 오피스는 결국 사람들이 일하는 공간입니다. 일하는 공간에 맞지 않는 환경이 지속되면 자산가치에도 차이가 생길 수밖에 없습니다. 이것이 바로 물리환경적 요소입니다. 또, 권역 내 신축 경쟁 오피스가 많으면 그것도 문제입니다. 수요보다 공급이 많으니 임차인들이 간을 보고 여러 조건을 요구해 차후 배당에 영향을 주기 때문입니다.

하지만 이런 요소들은 지도상에서는 쉽게 확인하기 힘듭니다. 세부적인 입지 요소가 뭔지 봅시다.

조망권 조망권이 없는 층수는 공실 가능성이 큽니다. 사람이 근무하는 곳에 햇빛이 없으면 우울증에 걸리거나 쉽게 무기력해집니다. 답답하기도 하고, 비라도 오면 우중충한 기분이 배가되지요. 주거지역의 경우 조망권 하나로 소송이 걸릴 정도로 중요한 특성입니다. 실제로 빌딩숲 속 일조권 없는 저층부는 상당히 많은 공실이 존재합니다. 지역 랜드마크급 건물이라도 조망권이 없으면 심각한 기피대상이 됩니다. 대표적인 케이스가 종로 최고의 랜드마크라고 알려진 'ㅇㅇ타워'입니다. 모든 것의 최우선에 사람이 있다는 것을 기억하세요.

고지대&저지대 같은 지형적 특성 비슷한 조건이라면 고지대가 유리합니다. 비가 많이 올 때는 저지대의 배수가 아무리 좋아도 물이 고이기 마련이니까요. 특히 여름철 장마철에는 통행과 근무가 크게 불편해지는 곳들이 있습니다. 저지대는 프라이버시를 침해받기도 하니 충분한 고려가 필요합니다. 이런 이유로 같은 조건이면 청계천 부근 저지대 빌딩들이 종로나 을지로 쪽 빌딩보다 임차인들의 선호가 약간 더 낮은 편입니다.

뷰 위 2가지와 다르게 뷰는 프리미엄 요소로 분류됩니다. 서울의 프리미엄 뷰로는 한강뷰, 시티뷰, 남산뷰, 고궁뷰 등이 있습니다. 창밖의 풍경이 좋으면 임차인의 선호를 증가시켜 공실률을 낮추는 데 큰 도움이 됩니다. 매각 시에도 좋은 뷰를 가진 자산들은 프리미엄이 더 많이 붙습니다. 그 외에도 건물설계에 따라 방음, 방진 등의 요소도 중요하게 작용합니다. 투자 전에 실사를 통해 꼭 확인해야 합니다.

풍수지리 '풍수지리'에 대해 열린 마음으로 받아들일 필요가 있습니다. '요즘 같은 시대에 무슨 말도 안 되는 소리야?'라고 생각할 수 있지만 시간이 지날수록 얼마나 중요한지 알게 됩니다. 많은 부동산 운용사들 사이에서도 암묵적으로 공인하는 투자 검토사항이니 허투루 듣지 마세요. 풍수지리적 필수 확인 요소는 명당 여부입니다. 대기업 사장님들이 임차 지역을 정할 때 중요하게 생각하는 부분이라 그렇습니다. 대기업 사옥들은 대체로 풍수지리적인 명당에 위치합니다. 실제로 국내 잠실에 있는 모 기업을 제외하면 대기업 사옥들은 전부 명당 위치에 있습니다. 피해야 할 곳은 당연히 나쁜 기운이 올라오는 흉당 또는 흉지입니다. 을지로 상단에 있는 모 오피스의 경우 신축에 가까운데도 공실률이 단기적으로 40~50% 수준으로 굉장히 높았습니다. 해당 부지가 풍수지리상 음기로 가득 찼다고 소문이 나는 바람에 임차인들이 입주를 꺼린 결과였습니다.

홍보 문구 홍보 문구를 보면 이곳이 어떤 곳인지 대충 감이 옵니다. 특히 '공격적 마케팅'이라는 말이 보이면 '공급과잉'이라고 해석하고 피하면 됩니다. 입지가 애매한데 임차수요는 부족하고 물건공급이 넘치는 곳은 공짜 임차, 일명 '렌트 프리'가 널려 있습니다. 말이 공격적 마케팅이지 서로 임차인을 뺏어오려고 난리입니다. 보통 이런 애매한 권역에서는 3개월마다 렌트 프리를 할 정도로 후한 임대차계약을 맺기도 하며, 임대기간 역시 1년짜리 단기계약들이 부지기수입니다. 고수익률을 보장한다며 이런 자산을 파는 증권사, P2P 등이 많으니 진짜 안정적인 배당을 생각한다면 되도록 피하는 것이 좋습니다. 다행인 점은 공급과잉의 징조는 바이러스와 같다는 것입니다. 개별자산의 문제가 아니라 주변 지역의 공실률 역시 급상승합니다. 투자 전에 해당 물건과 근처 부동산에 한 번 가보는 것만으로도 공실률이 번지는 지역인지 아닌지를 쉽게 확인할 수 있습니다.

포인트 2 임차인, 집약업종 물건과 정부기관 임차 물건

리츠 배당금의 대부분은 임차인이 내는 임대료에 달렸기 때문에 임차인에 대한 분석은 필수입니다. 임차인의 신용도와 잔여 임차기간은 배당에 미치는 영향이 큽니다. 결론부터 말하면 만기가 짧거나, 무상임대 기간이 길거나, 브랜드 없는 임차인이 있는 자산이라면 피하는 것이 좋습니다. 가장 좋은 임차인은 ① 대기업이나 외국 계통의 장기간 임차구조, ② 정부기관의 장기간 책임임차입니다.

임차인이 강한 자산과 약한 자산

임차인이 누군지를 투자제안서에서 확인합니다. 사실 임차인이 좋은 자산을 확인하는 방법은 간단합니다. 임차인이 강하다면 투자설명서 맨 앞에 강조해서 홍보하니까요. 이 문구를 거꾸로 해석하면 임차인이 약한 자산인지 아닌지를 쉽게 알 수 있습니다. 투자설명서에 '예정, 의향' 같은 애매하고 불확실한 내용이 있다면 확인이 필요합니다. 기업이 계약서에 도장을 찍은 게 아니라면 아직 법적 구속력이 없는 상태라 언제든지 철회할 수 있다는 걸 기억하세요. 마케팅 직원들이 아무리 감언이설로 유혹해도 중요한 것은 계약서입니다. 또 여러 명의 임차인을 가지고 있는 '멀티 태넌트' 임차구조 역시 단일 임차인에 비하면 관리가 복잡해 임차인이 약한 축에 속합니다. 임차인의 신용도는 최대한 높을수록 좋고, 잔여 임차기간은 투자기간 +3년 정도로 꽉 차 있는 것이 좋습니다. 투자 만기일과 임차인의 임차기간이 비슷하면 신규매수자 입장에서는 공실 가능성이 부담스러워 투자를 망설이게 됩니다.

[임차인이 좋은 자산]
– ○○ 대기업의 장기간 다층 임차 확정, 본 물건을 사옥으로 사용할 계획 확정
– 공실 발생 시 기존 임차인의 사업장 확장 우선 계약
– 정부기관 장기 임차 등

급하게 채운 임차인은 무상임대, 단기계약 등 안 좋은 조건들이 많다

리츠는 자산매각 시 다양한 지표를 이용해 가격을 결정합니다. 자산가격의 기준점이 되는 것 중 하나가 '임차인'인데, 공실이 늘수록 자산가격이 떨어집니다. 따라서 최대한 임차인을 꼭꼭 채워야 매각하기 쉽습니다. 하지만 만기를 앞두고 급하게 임차인을 채우려고 하면 불리한 임차계약들이 늘 수밖에 없습니다. 그 대표적인 예시가 무상임대와 단기계약입니다.

집약업종 임차 물건, 한 번 더 고민이 필요하다

임차인이 선호하는 업종이라면 공실률이 낮겠죠? 그래서 집약화를 선호하는 업종인지 아닌지를 필수로 확인해야 하는데, 만약 집약산업으로 구성된 자산이라면 한 번쯤은 고민이 필요합니다. 고등학교 사회 과목에서 '집약산업'이라는 말을 들어봤을 겁니다. 말 그대로 특정 산업이 한곳에 모여 있으면 권역 내 생산성과 효율성이 높아진다는 것입니다. 가장 대표적인 집약업종은 병원, 보험사, 증권사 지점, 그리고 콜센터입니다. 실제로 대로변을 걷다가 주변을 살펴보면 이런 물건들을 쉽게 찾을 수 있습니다.

① A 건물은 1~2층 농협은행, 3~4층 삼성생명, 5~6층 현대해상
② B 건물은 1~2층 신한금융투자, 3~4층 미래에셋대우, 5~6층 삼성증권
③ C 건물은 한 건물에 치과, 소아과, 이비인후과, 피부과 등이 모여 있음

만약 건물이 이런 임차인들로 채워져 있다면, 어떤 장점들과 리스크가 있을

까요? 집약업종 임차인으로 채워진 리츠의 장점은 동일업계 신규 임차수요가 많다는 것입니다. 예비 임차인 중 집약산업을 원하는 임차인의 수요는 높은 편입니다. 장점은 그대로 단점이 됩니다. 대체로 그 산업이 아니면 접근하기 힘드니까요.

또 이런 건물을 나중에 대기업이 들어와 일반적인 오피스로 쓸 거라고 판단하면 안 됩니다. 투자제안서에 '대기업 선호 건물'이라고 써 있더라도, 집약업종으로 채워진 이런 물건에는 일반 사무용 오피스가 들어오기 힘듭니다. 실제로 가보면 바로 알 수 있는데, 이런 물건들에는 공통적인 특징이 있습니다. 접근성이 유리한 도로변에 있지만 CBD 최외각에 위치해 있으며, 면적이 좁아 대기업 오피스로는 부적합합니다.

배당 면에서도 위험이 있습니다. 집약업종은 업계구조에 변화가 있을 때 임차인이 한꺼번에 다 빠질 수 있기 때문입니다. 실례로 2018년부터 보험사 통폐합이 진행되자 많은 물건에서 대다수의 보험사 지점들이 계약만기 때 연장을 거부했고, 해당 물건들은 순식간에 20~40%가 넘는 공실이 생겨 리츠 배당률역시 2% 이상 크게 하락했습니다. 아무리 임차율이 높다고 홍보하더라도, 이런점에서 집약업종 임차인은 대기업보다는 낮은 수준의 임차인입니다. 수익률 자체는 높을지 모르지만, 안정적인 배당을 원하는 투자자라면 좋은 선택지가 아닐 수 있습니다.

필자는 최근 금융사 집약화를 집중적으로 주시하고 있습니다. 상업용 오피스임차인의 30~40%가 금융사라서 리츠 투자자는 금융권의 변화에 많은 관심을가져야 합니다. 금융사의 핵심 변화는 계열사끼리 최대한 입지를 가깝게 하고있다는 것입니다. 4차 산업혁명에 앞서 전문인력을 양성하고, 토털 금융서비스를 제공하기 위해서입니다. 지피지기는 백전백승이라는 말이 있듯이 투자자들도 2~3년을 두고 그룹사들의 입지 변화를 관찰하는 것이 좋습니다.

정부기관 임차, 임대료 신뢰성이 높지만 요구사항이 까다롭다

준정부기관을 포함해 정부기관 임차는 대체로 자산가치에 아주 긍정적입니다. 가장 큰 이유는 임대료 미납이 절대 없다는 점입니다. 사실 이것 하나만으로도 모든 것이 설명됩니다. 배당받는 입장에서 이만큼 좋은 것은 없으니까요. 그러나 주의해야 할 점도 있습니다.

가장 큰 유의점은 정부기관은 정책에 영향을 많이 받고, 계약기간이 끝나면 언제든 이전할 수 있다는 것입니다. 좋은 연장 조건을 제안해도 웬만해선 정말 뒤도 돌아보지 않고 나갑니다. 임대차계약에 대한 임의 연장은 권한 밖의 일이니까요. 또 정부기관은 계약성사까지의 내부절차가 너무 많아서 시간이 정말 오래 걸립니다. 도장 찍고 상부에 여러 차례 보고를 거쳐야 최종적인 결론이 나옵니다. 이 기간이 최소 1~2달 이상 소요됩니다. 마지막으로는 안 좋은 말로 표현하자면 정부기관 특유의 '양아치식' 논리가 있습니다. 몇몇 정부기관은 철면피를 깐 듯 은근히 임대료 압박을 하기도 합니다. 코로나19 시기에 '소상공인 임대료 인하 건' 이슈가 생기자 일부 준정부기관 역시 임대료 인하를 주장했습니다. 정부기관은 소상공인도 아닌데 말이죠. 여담이지만 해외 선진국 정부기관은 계약서에 매우 민감합니다. 국내 부동산업계의 신뢰를 높이기 위해서라도 국내 정부기관 역시 계약서를 중시하는 기본적인 태도가 필요하다고 봅니다. 그러나 정부기관 임차는 자산가치를 올려주고 배당 안정을 보장한다는 점에서 장점이 압도적으로 많습니다. 미리 유의점들을 알고 시작한다는 정도로 보고 넘어가세요.

포인트 3 가격, 싼 건 이유가 있지만 유난히 비싸다면 따져라

같은 조건의 물건이라면 당연히 싼 게 좋겠죠? 그러나 가격은 결과적인 것이라서 가격이 낮은 자산들은 그럴 만한 이유가 있습니다. 오피스 리츠&펀드를 검토할 때는 가격을 참고하되 투자 결정요소 중 3~4순위 정도로 받아들이는 것이 좋습니다. 반대로 비슷한 물건 대비 가격이 지나치게 높은 경우도 투자에 부정적입니다. 이런 경우는 국내보다는 가치평가가 어려운 해외자산 투자 시 종종 발생합니다. 가장 흔한 이유는 증권사가 일단 입찰경쟁에서 이기기 위해 비싸게 써서라도 물량을 확보하고 보는 경우입니다.

2018~2019년 해외부동산 리츠&펀드 투자가 크게 성행했을 때, 증권사들은 하나라도 더 좋은 물건을 잡기 위해 웃돈을 주면서까지 경쟁입찰에 참여했습니다. 당시에는 '국내 1위 해외부동산 전문 증권사'라는 타이틀이 중요했기 때문입니다. 하지만 그들이 산 가격은 너무 비싸서 신규매수자를 찾기 어려웠습니다. 대표적인 해외자산인 프랑스 파리의 라데팡스 권역과 독일 프랑크푸르트, 미국의 수도인 워싱턴 등이 이런 케이스입니다. 이 책을 쓰는 지금도 많은 투자자가 고점에 물려 있으니 신중하세요.

포인트 4 자산의 연식과 면적, 새것이고 넓을수록 좋다

마지막은 자산의 연식과 면적입니다. 당연히 신축일수록 임차수요가 많은데, 보통은 10년 이내에 준공된 자산이 좋습니다. 면적도 마찬가지로 넓을수록 더 좋은 평가를 받습니다. 부지가 넓을수록 수용 가능한 임차인의 폭도 커지니까요. 대기업일수록 넓은 면적을 가진 자산을 선호합니다. 공급이 제한적인 강남, 광화문 등의 권역일수록 더 큰 프리미엄이 붙습니다.

3

리테일 자산 검토 방법

'리테일(retail)'이란 롯데백화점, 홈플러스 등 복합마트를 포함해 멀티플렉스 영화관, 몰(mall), 식료품점, 쇼핑센터 등 임차 목적이 사무용 오피스가 아니라 도소매나 서비스업 등인 점포를 말합니다. 그러나 리테일을 오피스와 따로 떼어 볼 수 없는 것이 대부분의 오피스 저층부에는 GS, CU 같은 편의점이나 스타벅스 같은 리테일이 들어가기 때문입니다. 오피스가 아니라 주상복합 같은 주거지역에서도 2~4층 저층부에는 리테일 매장으로 채워집니다. 하지만 여기서 말하는 리테일은 백화점, 복합마트, 쇼핑센터 등의 전문 리테일 매장들입니다. 홈플러스, 롯데마트 등 단일 임차인으로 된 100% 리테일 매장도 있고, 코엑스, 스타필드, 스타시티처럼 다수의 임차인으로 구성된 문화 쇼핑 클러스트 등도 해당됩니다.

리츠가 소유한 부동산 자산을 검토하는 목표는 '안정적인 배당 수입이 가능한가?'를 판단하기 위해서고, 자산이 리테일인 경우라도 마찬가지입니다. 리테일은 매장의 매출로 배당이 만들어지기 때문에 리테일 투자는 부동산 간접투자

중 가장 많은 주의가 필요합니다. 고객이 안 오면 많게는 매출이 50~70%까지 급감하기 때문에 고객이 자주 방문할 수 있는 모든 요소, 즉 입지, 접근성, 점포의 브랜드, 거시경제 환경, 유동인구 변화 등에 대한 고려가 필요합니다.

포인트 1 입지, 가게는 역시 상권

리테일 역시 입지가 가장 중요합니다. 임차인이야 사고를 치거나 수익이 안 나오면 바꿀 수 있지만 입지는 절대로 바꿀 수가 없어서 아무리 마케팅을 잘해도 매출에 긍정적인 큰 영향을 주지 못합니다. 리테일 자산이라면 처음부터 좋은 상권에 있어야 한다는 거죠. 유동인구는 인기 있는 상권으로 몰립니다. 죽은 상권과 한 번 꺾인 유동인구 추이는 쉽게 돌아오지 않습니다. 경리단길이 이런 경우입니다. 반면 강남, 홍대 등의 상권은 임대료가 비싸더라도 유동인구가 많으니 배당흐름이 일정한 편입니다.

입지가 중요한 또 다른 이유는 업종제한 문제 때문입니다. 예를 들어 인사동 같은 전통문화 거리(특수목적 지역)의 자산을 매입할 경우 정부나 지자체 용도 제한이 걸려 있을 가능성이 큽니다. 인사동은 한식 프랜차이즈는 괜찮지만, 술을 팔거나 요즘 유행하는 프랜차이즈 매장을 입점시킬 수 없어 인기 있는 재화를 팔 수 없습니다. 이런 식으로 제한이 걸리면 가장 구매력이 높은 20~40대 손님들이 자주 방문하지 않고, 외국인마저 등을 돌리면 답이 없어집니다. 더 큰 문제는 바로 옆 동네에는 그런 제약이 없을 경우입니다. 인사동에서 500m도 떨어지지 않은 옆 동네 익선동에서는 술을 포함해 모든 것을 팔 수 있습니다. 자연스럽게 유동인구가 그쪽으로 몰리게 되겠죠. 이런 이유로 유동인구가 적은 비인기지역의 리테일은 모든 상업용 부동산 자산 중 가장 평가가 박합니다.

증권사 직원의 화려한 미사여구와 서류로만 투자를 결정하지 말고, 투자 전에 말고 꼭 해당권역을 방문해 상권의 분위기를 파악해야 합니다. 가장 좋은 방법은 '10~30대가 많이 보이는가?'를 보는 겁니다. 이들은 돈을 버는 만큼 쓰거나 쓰기만 하는 핵심 소비계층이라서 상권의 잠재력을 유추할 수 있습니다.

포인트 2 임차인, 가게라면 이런 임차인

책임 임차인 대기업 위주의 임차와 임차인들의 신용도는 아주 중요합니다. 최대한 초우량 대기업 위주의 임차를 받는 것이 배당 안정성에 좋습니다. 매장 매출 외에도 현금흐름이 풍부하니까요. 3부에서 설명하겠지만 롯데리츠는 롯데마트와 롯데백화점을 가지고 있습니다. 책임 임차인으로 ㈜롯데쇼핑이 없었다면 롯데리츠의 신용등급은 아주 낮을 것입니다.

임차인 브랜드 '스타벅스는 필승카드'라는 말처럼 리테일이 우량 임차 브랜드를 가지고 있으면 매출 역시 증가합니다. 만약 근처에 다수의 오피스가 있다면 직원 복지용으로도 좋으니 일석이조입니다. 매각 시에도 프리미엄이 붙어 브랜드가 없는 임차인으로만 구성된 리테일에 비하면 더 높은 가치가 있습니다. 좋은 임차인 구성은 상권침체에도 어느 정도 버티며, 경기위축 시기에도 배당을 꾸준히 유지할 수 있는 조건이 됩니다. 개인투자자라면 소상공인이나 소규모 의류매장은 피하는 것이 좋습니다. 임대료 연체 확률이 높으며, 자산운용사에서 돈을 달라고 해도 피해자 코스프레와 언론플레이를 진행합니다. 악성 임차인도 많고, 요즘은 임대차 보호법 등으로 미납 임차인을 쉽게 내보낼 수도 없습니다.

매출연동형 계약 또 계약서에 임대차 조건으로 매출연동형이 있다면 절대로 피해야 합니다. '매출연동형' 계약이란 먼저 최소 임대료를 낸 후 매출에 비례해서 최종 임대료&관리비를 납부한다는 뜻입니다. 경기가 좋고 잘 나갈 때야 배당이 잘 나오겠지만 경험상 그런 적은 거의 없었습니다. 오히려 이 조건 때문에 배당 미달이 난 경우가 훨씬 많습니다. 매출연동형 점주들은 매출이 안 나오면 임대료도 감소하기 때문에 경영을 그냥 포기해버립니다. 리테일 임차인이 이런 상황인 리츠라면 코로나19가 극에 달한 시기에는 아마 배당 여력이 거의 없었을 겁니다. 결국 배당이 안 나오니 투자자만 스트레스를 받게 됩니다.

임대면적(SF)	임대비율	임대개시	임대만기	임대료(psf)	임대료(년)	임대료 상승률	비고
56,000	65.6%	2019-04	2039-04	$30.00	$1,680,000	2024년 5월 5%, 이후 매5년 5월 5%	12개월 사전 통지 없을 시, 10회 x 5년 자동 연장
3,000	3.5%	2019-04	2039-04	$10.00	$30,000	2024년 4월 5%, 이후 매5년 4월 5%	12개월 사전 통지 없을 시, 10회 x 5년 자동 연장
9,816	11.5%	2019-02	2034-12	-	-	-	임대료 100% 매출 연동(매출의 7%, 최대 매출 기준 $11mm) 2회 x 5년 연장 옵션(270~360일 사전 통지)
5,500	6.4%	2019-04	2029-12	$50.00	$275,000	2024년 5월 10%	2회 x 5년 연장 옵션(270~360일 사전 통지)
3,551	4.2%	2019-03	2029-03	$52.00	$184,652	2024년 3월 10%	2회 x 5년 연장 옵션(240~365일 사전 통지)
1,275	1.5%	2019-03	2024-02	$44.00	$56,100	매년 3월 3%	1회 x 5년 연장 옵션(2~12개월 사전 통지)
4,130	4.8%	2019-03	2029-02	$50.00	$206,500	매년 3월 2%	2회 x 5년 연장 옵션(9~12개월 사전 통지)
2,103	2.5%	2019-10	2029-12	$54.00	$113,562	매년 10월 3%	
9,816	11.5%	2019-02	2034-12			임대료 100% 매출 연동(매출의 7%, 최대 매출 기준 $11mm) 2회 x 5년 연장 옵션(270~360일 사전 통지)	

이 자산은 무려 11.5%나 되는 임대비율이 전부 '매출연동 임대료'에 걸려 있다. 코로나19로 매출 타격이 컸을 테고, 이 말은 배당손실이 생겼다는 뜻이다. 개인투자자라면 절대 피하자.

임대료

차임 : 월 고정차임(A) + 월 변동차임(B)

월 고정차임(A) : 541,667백만원/월(VAT 별도)

월 변동차임(B) : 차임산정 기준 매출액 × 3.2%(VAT 별도)

관련 서류에 '고정차임, 변동차임' 같은 용어가 있다면 MG(Minimum guarantee, 최소임대료) + 매출연동형 구조다. 모 상장리츠의 실제 자료인데, 코로나19로 인해 배당손실이 발생할 확률이 높았을 것이다.

업종 코로나19 이후 리테일의 옥석을 가른 것은 업종이었습니다. 언택트 문화가 확산되면서 업종별 수익률이 크게 달라졌기 때문입니다. 식료품, 의약품 등 일상에 꼭 필요한 매장의 매출 훼손은 그나마 적었지만, 터미널, 멀티플렉스 영화관, 쇼핑몰, 백화점 및 대형마트들은 매출이 40~99%까지 급감하며 큰 타격을 받았습니다. 대출형 투자기구 역시 예외는 없었습니다. 해외의 모 리츠는 백화점이 1금융권에서 빌린 대출이자도 못 갚아 3개월 치 백화점 전체 매출이 1금융권의 이자 담보로 잡혔던 경우도 있었으니까요. 이러면 투자자 배당은

1금융권 이자를 갚을 때까지 한 푼도 나가지 못합니다. 채권과 주식의 차이죠. 해외에서는 우량 대기업도 임대료 미지급 사례가 많으니 임차인별 업종 확인은 필수입니다.

포인트 3 투자원금 상환 여부, 내 돈 무사히 돌아올까?

'앉아서 빌려주고, 엎드려서 받는다'라는 말이 있습니다. 리테일의 가장 큰 우려점은 투자금 상환입니다. 2018~2019년에는 증권사 자산유동화 부서의 인센티브가 역대 최고로 높았을 정도로, 삼성을 포함한 최고의 대기업들이 앞다투어 자사 건물을 시장에 팔던 시기였습니다. 대다수 대기업이 비상 경영을 외치며 유동화를 위해 현금을 확보하는 것이 우선이었으니까요.

소유한 건물 중 가장 많이 나온 것이 리테일이라서 시중에 너무 많은 물건들이 돌아다녔습니다. 아마 증권사 VIP 중 2019년에 O플러스 물건을 제안받지 못한 고객은 없었을 겁니다. 사실 유통업계의 경우 그 이전에도 '글로벌 사모펀드도 물렸다'라는 흉흉한 소문들이 나돌았고, 이를 반영해 주가 역시 무한정 떨어졌습니다. 시장에 나온 리테일 상품 하나하나의 실제 배당은 목표 배당과 큰 차이가 없었지만, 시장에 깃드는 공포감이 전혀 근거 없는 것은 아니라서 상장하지 않는 한 자산매각은 쉽지 않아 보였습니다.

이런 상황인지라 요즘은 전화위복 마케팅으로 '투자상품이 만기 때 안 팔려도 배당은 계속 들어온다. 또 제로금리니까 오히려 자산을 들고 있는 것이 이득 아니냐? 배당은 계속 성장하고 있다'라는 내용이 담긴 '만기 연장 시 운용 및 Exit 전략'을 투자제안서에 대놓고 써놓곤 합니다. 틀린 말은 아니지만 개인투자자라면 언제 목돈이 필요할지 모르니 투자 전에 유동성 계획을 잘 짜는 것이 중요합니다.

포인트 4 경쟁물건 분석, 옆에 더 좋은 물건이 있다?

다음은 경쟁물건 분석입니다. 리테일은 늘 고객 입장에서 생각해야 합니다. 사람들은 더 큰 매장을 선호하고, 매장이 클수록 입점사의 구성과 다양성, 화장실, 조명 등의 인프라 레벨 차이가 심합니다. 투자 전에 보고 있는 리테일과 경쟁 리테일 둘 다에서 물건도 사보고 밥도 먹어보면서 유동인구가 어느 정도인지 실제로 확인할 필요가 있습니다. 임차인 확보를 위한 주차시설 컨디션도 확인하고, 접근성이 좋은지도 비교해보세요.

4

물류센터 자산 검토 방법

코로나19의 확산으로 비대면 산업이 발전하면서 물류센터 투자가 주목받고 있습니다. 국내 거래사례를 보면 이상하게 외국인 직접투자가 물류센터에 몰리는 경향이 있습니다. 이들이 왜 물류센터에 집중하는지를 알아봅시다. '물류센터'란 쿠팡, CJ 등이 이용하는 물류시설을 말하며 단순 운송, 보관 등 물류와 관련한 4~6가지의 업무를 수행합니다.

부동산 투자자산 중 가격이 낮은 편이며, 무엇보다 입지를 도심에 둘 이유가 없어 투자금에 대한 부담이 줄어든다는 장점이 있습니다. 물류센터의 기대수익률은 연평균 8~10%가 넘을 정도로 높지만 투자 전에 확인해야 할 사항 역시 많습니다.

전반적으로 보면 물류센터는 다른 자산에 비해 까다롭습니다. 일단 도심과 멀리 떨어져 있어서 쉽게 실사를 하기가 힘들죠. 또 물류센터 특성상 자산의 투자 규모가 작고 지방에 소재하고 있으니 자산가치 변동성이 존재하며, 기관 등 우량 투자자를 따라가는 편승 투자를 하기도 어렵습니다. 무엇보다 우량 물류센터 찾기는 전문투자자에게도 쉬운 일이 아닙니다. 이런 이유로 개인투자자라면 단일 물류센터보다는 여러 물류센터를 가지고 있는 법인, 즉 상장리츠에 투자하는 쪽이 유리합니다.

포인트 1 투자구조, 새로 짓는 것 or 원래 있던 것

투자 전에 내가 어떤 투자를 하고 있는지를 알아야 합니다. 물류센터의 투자구조는 보통 둘 중 하나입니다. 하나는 물류센터를 직접 지어 개발하는 PF라고 불리는 대출형 개발투자고, 또 하나는 기존 물류센터 지분을 사오는 양수도 계약입니다.

PF 대출 새로 짓는 경우라면 최종적으로 사업이 어떻게 진행되는지 전반적인 구조를 파악하는 것이 중요합니다. 또 새 물건이라 아직 임차인이 없으니 어떤 임차인이 입주 '확약' 계약서에 도장을 찍어 놓았는지도 확인해야 합니다. 오피스와 마찬가지로 자산매입 의향서, 입주 의향서 등이 있더라고 '의향'만으로는 법적인 효력이 없으니 맹목적으로 믿지 않는 것이 좋습니다.

양수도 계약 기존에 있던 것을 사는 경우라면 연식이나 면적 등의 상태를 다른 물류센터와 비교해보고, 임차인들의 잔여 임대계약 만기가 투자기간 +3년은 되는지를 체크합니다. 주변의 경쟁물건에 비해 입점사 브랜드가 우월한지, 시설 사고경력은 없는지 등 충분한 확인이 필요합니다. 또 건물 내부적으로 전기, 수도 등이 원활한지, 시설 유지비나 보증금은 얼마나 저렴한지, 내부는 몇 층으로 이루어져 있는지 등을 담당 직원에게 구체적으로 물어봅니다.

입지 물류센터는 부동산 투자의 핵심요소인 입지 프리미엄을 거의 받지 않기 때문에, 땅값이 너무 비싸다 싶으면 저렴한 수도권 풀밭 위에 새로 하나 지으면 됩니다. 그만큼 물류센터가 가지는 지리적 특수성은 크지 않습니다. 과잉 공급 위험이 늘자 일부 물류센터들은 자산 입지 희소성을 위해 지자체와 계약해 물류 유통과정을 줄이는 방식으로 자산가치를 높이기도 합니다. 예를 들면 인천광역시 경제자유구역청에 소재한 물류센터의 경우 통관 및 검역절차를 몇 단계 생략할 수 있어 빠른 물류 이동이 가능합니다. 국내 물류창고는 대부분 서울 외곽에 있습니다. 서쪽으로는 인천부터 김포, 동쪽으로는 여주, 이천에서 용인까지입니다. 접근성은 도로교통이 좋을수록, 아무래도 서울에 가까울수록 좋습니다. 운송비, 적시성 등은 물류에 중요하니 사업자 입장에 서서 왜 이 물류를 써야 하는지 타당도를 분석해보는 것도 좋은 전략입니다.

포인트 2 임차인, 대기업이나 전문 물류업체가 좋다

대기업 장기임차라면 당연히 좋습니다. 보통 높게 쳐주는 임차인은 CJ대한통운 같은 대기업이나 쿠팡 등의 전문 물류업체입니다. 책임임차인의 수입을 알아야 하는데 보통은 '운송료, 보관료, 대행료' 등을 확인하면 됩니다. 운송료란 상품 전체의 운송비, 보관료는 재고 보관, 대행료는 수출입 물건이나 법률적 통과과정들을 대신해 처리해주는 비용을 말합니다. 물류창고별로 전문적으로 처리하는 일이 다르지만, 요즘은 해외 직구와 비대면 산업의 활성화로 대체로 모든 부문이 각광받고 있습니다.

포인트 3 인프라, 다양한 물류를 처리할수록 좋다

보통은 일반 물류센터와 냉동창고가 있는데, 냉동창고+물류센터도 있습니다. 최대한 다양한 물류를 받을 수 있는 시설이 좋습니다. 임차인 입장에서 하나의 물류센터에서 다 처리할 수 있으면 물류를 종류별로 나눠 여기저기 분산시키지 않아도 되니 임대료 부담이 줄어듭니다. 또 면적이 넓을수록 좋고, 물류센터 내 교통도 편해야 합니다. 입주사끼리 물량을 실어 나르는 과정에서 서로 방해가 되면 안 되니까요. 최대한 대기업에 적합한 구조로 되어 있다는 것이 중요합니다.

5
—
개인투자자라면 독사과,
높은 수익률과 특수목적 자산

지금까지 국내 리츠 투자에서 주로 다루는 부동산 자산의 특징과 투자 검토 사항에 대해 알아봤습니다. 전문가가 아닌 개인투자자, 특히 이제 막 리츠에 관심을 두면서 이 책을 읽고 있다면 구체적으로 뭘 어떻게 해야 할지 아직 애매할 수 있습니다. 적어도 이번에 얘기하는 이런 자산만 피해도 큰 손해는 보지 않습니다. 개인투자자가 반드시 걸러야 할 리츠에 대해 알아보겠습니다.

연 10%가 넘는 높은 수익률

연 10% 이상의 배당수익률을 가진 리츠는 기관투자자도 손대지 않는다는 걸 기억하세요. 개인투자자에게 가장 비추천하는 것은 배당 목표수익률이 비정상적으로 높은 자산들입니다. 자산의 종류에 대해 설명하다가 갑자기 수익률이 나오니 당황스럽겠지만 어떤 자산이든 통용되는 것이라 먼저 다룹니다. 현재 리츠시장 연평균 목표수익률은 국내 4~8%, 해외 6~9% 수준입니다. 리츠 투자에서 배당수익률이 10%가 넘어가는 자산이라면 반드시 경계해야 합니다. 수익률의 반대쪽에는 위험 노출 정도가 있습니다. 헷갈린다면 리츠 투자의 목적을 떠올려보면 됩니다. 리츠 투자란 원금 안정성을 우선으로 두고, 4~9%의 연 배당수익률을 목표로 전문 자산운용사에게 부동산 매입, 운용, 매각 등을 위탁하는 것입니다.

국내리츠 연평균 목표수익률: 4~8%
해외리츠 연평균 목표수익률: 6~9%

우리는 임차인이 80% 이상 차 있으며, 도심 중심부 입지 등 시작부터 최상급인 자산을 가진 리츠에 투자해야 합니다. 전문용어로 '프라임 자산 또는 코어 자산'이라고 부르는데, 비상장 한정으로 국내 코어 자산을 담은 리츠에 투자한 후 원금손실이 난 사례는 보지 못했습니다. 따라서 자산이 비싸더라도 누구나 임차하고 싶은 자산을 골라 최대한 안전하게 수익을 가져가는 것이 개인투자자를 위한 최고의 리츠 투자입니다. 경매나 분양 덕분에 현재 부동산시장은 인생 역전의 기회 같은 분위기가 지배적입니다. 오직 고수익률만이 목표라면 리츠가 아니라 주식이나 경매, 청약시장으로 가는 게 훨씬 낫습니다. 그러나 현실적으로 분양시장은 당첨되기 어렵고, 경매시장 역시 날고 기는 프로들의 세계입니다. 주식은 안전마진이 아니라 변동마진에 가깝죠. 기관들이 괜히 부동산 간접투자를 확대하는 것이 아닙니다.

"그러면 리츠 같은 부동산 간접투자로 고수익을 얻을 방법은 진짜 없을까요?" 있긴 합니다. 다음 표는 오직 수익률이 목표인 투자자를 위해 리츠 한정 위험도를 분류한 것입니다. 앞에서 설명한 코어 외에 '코어 플러스, 어폴튜니스틱' 자산투자라는 것이 있습니다.

대분류	소분류	기대수익률	위험도
Core(코어)	리츠	저	저
Core plus+(코어 플러스)	리츠	중~고	중~고
Opportunistic(어폴튜니스틱)	리츠, 개발	고	고
Value-add(밸류 애드)	개발	고	고

코어 플러스급 자산은 핵심 업무권역이 아니라 서브마켓에 위치한 자산을 말합니다. 이름에 '플러스'가 붙어 오해할 수 있는데 더 좋다는 게 아닙니다. 수익률에 치중된 자산이라 상대적으로 더 위험한 상품입니다. 어폴튜니스틱 자산은 개발 예정 또는 신도시에 공실률이 아주 높은 자산을 집중관리하는 리츠라고 생각하면 됩니다.

리츠 자산운용사의 중장기적 시장진출 방안은 코어 플러스, 어폴튜니스틱 운용을 늘리는 것입니다. 지금까지 쌓인 운용 경험과 도전적인 마인드로 새로운 투자를 시도하는 것이지요. 그러나 그건 자산운용사의 대안일 뿐 기관투자자 대부분은 위험도가 코어 플러스급만 돼도 쉽게 투자하지 않습니다. 개인투자자라면 말할 것이 안전한 코어급에 투자해야 합니다. 10% 이상의 수익률이라면 고개도 돌리지 마세요.

코어급에서 연평균 40% 수익률을 달성한 리츠 투자를 직접 본 적이 있습니다. 배당수익이 아니라 매각차익에서 운 좋게 잭팟이 터진 사례였는데, 투자자산 시세가 급격히 상승하여 투자 만기 때 매각차익으로 대박이 난 경우였습니다. 상품 자체는 7% 수준의 코어 리츠였는데, 시기도 좋고 투자검토도 좋았던 것이 좋은 결과를 가져왔습니다. 흔치는 않지만 말이죠. 안전하게 배당받다가 운이 좋으면, 그때그때 시장 환경에 따라 매각차익 수익률이 보너스로 들어올 수도 있으니 처음부터 굳이 위험도가 높은 자산에 투자할 필요가 없다는 말을 하고 싶었습니다. 더구나 요즘은 해외 코어 자산의 잭팟 확률이 높은 편입니다.

특수목적 자산

특수목적 건물들은 전문가도 알기 어려운 숨겨진 규제가 있으며, 대출한도도 낮습니다. 상장리츠는 편입자산이 많아 위험 분산이라도 되지만 일반리츠라면 위험도가 더 높은 편입니다. 시중 리츠 자산의 70% 이상은 주거시설, 오피스, 리테일, 물류창고입니다. 요즘은 해외 상장리츠를 통해 데이터센터, 인프라, 헬스케어 등의 자산을 가진 리츠에 투자하기도 하죠. 국내에도 주유소나 해외 오피스 등 다양한 자산을 가진 리츠가 늘고 있지만 아직 갈 길이 멉니다. 얼른 요즘 인기 있는 데이터센터 등의 공모리츠가 생기면 좋겠습니다.

여기까지가 우리가 알고 있는 일반적인 리츠 투자입니다. 그런데 간혹 병원, 수산시장, 테마파크 등 건물이 특수목적을 띄고 있는 투자상품을 만나게 됩니다. 보통 이런 상품들은 리츠보다 펀드 형태로 투자가 이루어지는데 알맹이는 거의 비슷합니다. 비슷해 보이니 수많은 개인투자자가 이런 투자에 접근하게 되고 문제도 시작됩니다. 특수목적 자산의 가장 큰 문제는 2가지입니다.

첫 번째는 알고 보니 개발투자인 경우입니다. 사진으로 완성 조감도를 보여주니 이미 완성된 건물이라고 착각하지만, 실제로는 아직 실체가 없는 계획에 투자하는 것입니다. 아쉽게도 투자설명서를 제대로 검토하지 못하면 차이를 쉽게 구분하기가 힘듭니다. 판매직원도 리츠와 비슷하다는 정도로만 말해줍니다. 특수목적 자산 개발투자의 가장 큰 문제는 생각보다 전문가도 알기 힘든 규제가 많으며, 대출한도도 일반적인 리츠보다 낮다는 것입니다. 담보대출로 원리금을 회수하기도 쉽지 않고, 환경에 따라 운영이 제대로 안 되어 수익금이 계속 적자일 수도 있습니다. 실제로 이런 특수목적 자산 개발투자에서 원리금이 깨지는 것을 많이 봤으니 정말 주의해야 합니다.

두 번째는 수입과 투자금 회수가 지연될 수 있다는 것입니다. 먼저 수입 확보 측면을 볼까요? 만약 대형병원이 리츠로 나왔다고 가정해보겠습니다. 조금만 생각해보면 병동이 리츠로 나왔다는 것은 재단의 신용등급에 문제가 있다는 것을 알 수 있습니다. 즉 병원이 돈이 없어서 건물까지 팔고 있다는 뜻입니다. 적자가 지속되거나 쇠퇴하는 의료업종이 메인인 재단일 확률이 높습니다. 자산운용사가 잘 운용해 마른오징어 물 짜내듯이 수익을 낼 수도 있지만, 애초에 좋은 투자물건은 아니라는 게 문제입니다. 투자제안서에는 병원의 매출액이나 영업이익에 대해 자세히 써놓았을 테지만, 이 수치를 믿을 수 있을까요? 흑자가 지속된다면 건물까지 팔 이유가 없습니다.

투자금 회수 면에서 봐도 마찬가지입니다. 병원의 임차인은 신규매수자가 나타나면 어떻게든 지금보다 임차료를 내리고 싶어 할 것입니다. 애초에 재정상태가 안 좋아서 건물을 팔았으니 임차 부담을 조금이라도 줄이고 싶겠지요. 반면 이 자산을 사줄 신규매수자는 오히려 임차료를 늘려야 합니다. 본전을 빠르게 찾으려면 임차료를 높여야만 하니까요. 따라서 투자만기 때 서로 이해가 부딪칠 수 있습니다. 물론 모든 병원이나 특별자산이 그런 건 아니겠지만 개인투자자라면 적합한 상품이 아니니 참고하세요.

6

꾼들의 감언이설, 숫자와 용어

　세상에 숫자 없는 투자가 있을까요? 주식만 하더라도 PER이니 EPS니 하는 다양한 평가지표가 있습니다. 리츠 역시 재무제표에 수많은 숫자와 공식들이 담겨 있습니다. 우리가 경제 전문가는 아니지만 삼성전자 주식을 사기 전에 재무제표 한 번은 보듯이, 리츠 역시 투자 전에 숫자와 공식들이 하는 말을 대충이라도 이해할 수 있어야 합니다.

　물론 투자 전에 검토도 하고, 전문가들의 우수한 위탁운용까지 받으니 대다수의 리츠 투자 결과는 좋습니다. 그러다 보니 많은 투자자가 숫자에 대해 크게 신경 쓰지 않는 경향이 있습니다. 증권사 직원들도 투자자가 묻지 않는 한 자산의 유용성에 대해서만 말하지 굳이 숫자에 대해 언급하지 않습니다. 상장리츠도 마찬가지입니다. 숫자가 원인이 되어 주가가 계속해서 빠지는데, 네이버 토론방을 보면 그 이유를 모르는 투자자가 대부분입니다. 아무리 좋은 자산이어도 공부하지 않는다면 좋은 투자결과를 얻을 수 없습니다.

　리츠 투자에 있어 용어 역시 아주 중요합니다. 차이점이 있다면 숫자는 의미를 볼 줄 아는 사람에게만 보이지만, 용어는 누구나 쉽게 읽을 수 있으니 투자자에게 불리하면 바로 티가 난다는 것입니다. 그래서 투사사에게 불리한 용어가 있으면 아예 이야기도 안 꺼내거나, 악재를 호재처럼 돌려 말하곤 하죠. 다른 업종이긴 하지만 지인 중 영업으로 연봉 5억을 달성한 영업인이 있었습니다. 그분이 해준 말이 아직도 기억납니다. "A급 상품을 팔 때는 좋은 점을 전면에 내세워 언급해라. 하지만 누가 봐도 B급 상품을 팔아야 할 때는 어떻게 해야 할까? 단점을 아예 말하지 말거나 관점부터 단점을 장점인 것처럼 언급해라."

따라서 리츠 투자를 하려면 몇몇 숫자와 용어에는 반드시 익숙해져야 합니다. 적어도 이 정도는 알아두고 시작합시다.

Cap rate(자본환원율), 지금 살까 말까?

주식이든 부동산이든 리츠든 어떤 시장이든 올라갔다 내려가길 반복합니다. 투자하고 싶은 리츠가 성장 중인지 내리박고 있는지, 내가 어떤 수준에서 샀는지, 투자한 리츠가 순항 중인지 등을 알 수 있다면 훨씬 쉽게 매수& 매도타이밍을 잡겠죠? 이런 부동산시장 추세를 보려면 캡 레이트 확인이 답입니다.

리츠 투자를 해본 사람이라도 이 용어에 대해 제대로 알고 있는 사람은 드뭅니다. 직원들에게 물어도 정확히 설명하지 않고 대충 넘어가는 경우가 많을 텐데, Cap rate(캡 레이트)는 부동산 가격 추세를 알 수 있는 핵심지표입니다. 모든 투자의 핵심은 싸게 사서 비싸게 팔아 보다 많은 수익을 얻는 것이니까요. 주식은 증권사 앱에 들어가기만 하면 나의 평균단가와 현재 주가흐름을 그래프로 쫙 보여주니 엄청 편합니다. 내가 투자손실을 보고 있는지, 이득을 보고 있는지 금방 알 수 있죠. 그렇다면 부동산은 어떨까요? 내가 부동산을 고점에서 샀을까요? 저점에서 샀을까요? 앞으로는 가격은 어떻게 되며, 대략 몇 %나 오를까요? '공인중개사를 찾아가면 된다'라고 말할 수 있지만 2,000억 원짜리 빌딩 호가를 과연 그들이 알까요?

Cap rate를 보면 내가 자산을 산 단가 수준, 앞으로의 자산가격 추세를 전부 알 수 있습니다. 매년 5% 배당을 받으면 뭐합니까? 자산을 최고가에 사서 차후에 안 팔리면 돈이 장기로 묶이는데 말이죠. 리츠가 상장하더라도 자산가격이 떨어져 당해 평가손익이 −5%를 찍으면 그해 배당은 세후 손실입니다. 이렇게 물리지 않으려면 반드시 확인해야 하는 게 Cap rate입니다.

$$\text{Cap rate} = \frac{\text{순 영업이익}}{\text{자산가격}}$$

> 시험볼 것도 아닌데 이 공식을 정확히 아는 건 하나도 중요하지 않다. 중요한 건 Cap rate가 올라가면 내 부동산이 싸지고, Cap rate가 내려가면 비싸진다는 걸 아는 것이다.

분자인 순영업이익, 즉 임대료 및 관리비 수입은 2~4%씩 매년 향상하는 거라서 사실상 고정값입니다. 따라서 분모인 자산가격이 이 지표의 핵심입니다. 결과부터 말하면 자산가격, 즉 건물가격이 오르면 Cap rate가 낮아지고, 건물가격이 내리면 Cap rate가 올라갑니다. 예를 들어보겠습니다. 순 영업이익을 1로 잡고, Cap rate가 4 → 5%로 오르면 자산가격은 어떻게 될까요? 자산가격이 25에서 20으로 바뀝니다. 변화율로 치면 (20−25)/25=−20%입니다. Cap rate가 단 1%만 올라갔을 뿐인데, 부동산 가격이 −20%가 되었습니다. 반대로 Cap rate가 5 → 4%로 떨어진다면 어떻게 될까요? (25−20)/20=25%, 부동산 가격이 무려 25%나 오른 겁니다.

Cap rate를 볼 수 있는 2가지 방법 − 글로벌 추이와 금리

Cap rate의 추세를 잘 파악해 매도나 매수타이밍을 잡으면 배당을 제외하고도 엄청난 매각차익 실현이 가능합니다. 따라서 기관투자자들이 리츠 투자를 검토할 때 가장 먼저 나오는 용어가 매수 캡과 매도 예상 캡입니다. 얼마 주고 사고, 얼마에 팔 예정인지를 파악하는 거죠. 개인투자자 역시 마찬가지입니다. 하지만 정확한 Cap rate 추이를 예상하기란 그 누구도 쉽지 않습니다. 현업에서는 2가지 방법으로 Cap rate를 추론합니다.

첫 번째는 글로벌 추이를 파악하는 것입니다. 주식도 미국 나스닥이 오르면 다음날 코스피도 오르듯이, 한 국가의 Cap rate 추이만 알면 전 세계 모든 리츠 추세를 유추할 수 있습니다. CBRE 사이트에 들어가면 부동산 자산별 Cap rate를 볼 수 있습니다. Cap rate 그래프가 올라가면 자산가격이 싸지고, 내려가면 비싸진다는 뜻입니다. 이 그래프를 보면 다른 자산에 비해 아파트의 가격이 맨 아래 있으니 가장 비싼 상태고, 상업용 건물인 리테일은 가격이 큰 폭으로 떨어졌다가 다시 오르는 추세라는 걸 알 수 있죠? 당시 상업용 부동산들이 코로나19로 생각보다 많이 흔들렸으며, 회복기인 지금이 최적의 투자기회라는 것을 확인할 수 있습니다.

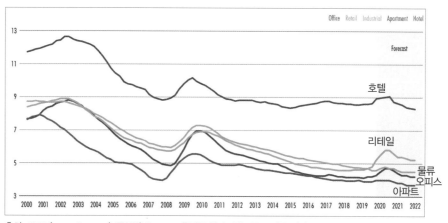

출처: CBRE(www.cbre.com). 글로벌 Cap rate 추이를 알 수 있는 무료 미국 사이트

두 번째는 금리를 이용합니다. 다음 그래프를 보면 금리와 Cap rate와의 관계를 대략 알 수 있습니다. 금리와 Cap rate가 유사하게 따라가죠? 다른 변수가 없다면 금리인하 시기에는 가만히 있어도 부동산 가격이 오르는 이유가 이것 때문입니다. 따라서 부동산 투자를 하려면 반드시 금리의 흐름을 알아야 합니다. 괜히 금리가 모든 리츠 서적의 검토 1순위인 것이 아니거든요. (금리와 부동산의 관계 5부 참고)

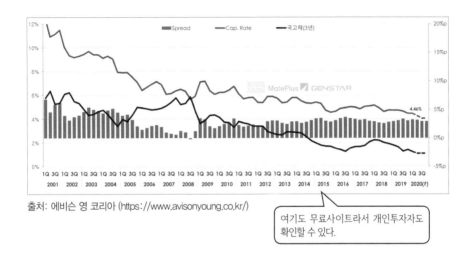

출처: 에비슨 영 코리아 (https://www.avisonyoung.co.kr/)

여기도 무료사이트라서 개인투자자도 확인할 수 있다.

Cap rate가 너무 낮을 때 부동산 투자를 하면 매각차익을 기대하기 어렵습니다. 한껏 비쌀 때 산 것이니까요. 누군가가 나의 자산을 사줘야 하는데, 부담스러운 가격 때문에 매수자를 구하기 어렵습니다. 그래서 요즘은 부동산 가격 매입가와 비슷한 수준으로 거래하고, 순수 배당 목적의 리츠 투자가 늘고 있습니다. 차익을 노리려면 해외투자로 나가거나 개발, 경매, 분양시장으로 가는 추세입니다.

일부 자산들은 Cap rate 상승으로 인한 차익손실을 조심해야 합니다. 예를 들어 2019년 미국의 수도인 워싱턴, 프랑스 파리 라데팡스 지역의 부동산은 공실률이 제법 있는 데다가 너무 비싸게 사서 매각 시 해외부동산 상품의 투자손실이 발생하기도 했습니다. 그 상품을 구입했다면 2021년인 지금은 코로나로 부동산 가격이 더 떨어져 타격이 더 클 것입니다. 미국 동북부 자산을 많이 들고 있는 상장리츠 보스턴 프로퍼티(BXP)의 경우 동종업계의 다른 리츠들보다 주가에 타격이 큰 것을 확인할 수 있습니다. 단, 주식도 가끔 적정주가를 넘어 상한가를 연일 기록하는 의외의 경우가 있듯이, 이런 비정상적인 상황이 부동산에서도 똑같이 일어납니다. 적정 Cap rate 수준을 넘어도 자산의 입지나 임차인 등이 너무 좋아 시장수요가 많다면 추세와 상관없이 그 매물은 더 비싸게 거래될 수 있다는 걸 알아두세요.

지금까지 배운 정보를 바탕으로, 실사례에 적용해보겠습니다. 옆 그림은 미국 뉴욕의 리츠 투자제안서 내용 중 일부입니다. 매입 Cap rate는 4.6%인데, 매도 추정 Cap rate는 5.25%입니다. 가격 자체는 더 높아졌지만

Cap rate는 그렇지 않으니 똑똑한 투자자라면 이렇게 질문해야 합니다.

"왜 매입 캡보다 매도 캡이 더 높은가요? 이거 만기 때 제때 원금 회수가 가능한가요?"

___

IRR 수익률, 통장에 찍힌 배당금이 고시된 수익률과 다르다

투자자라면 수익률 확인이 최우선이죠. 그런데 계약 시 알고 있던 수익률과 통장에 찍힌 금액이 다르다면 어떨까요? 이런 경우에 대비하기 위해 상장이든 비상장이든 모든 리츠투자자가 반드시 봐야 할 지표가 바로 IRR 수익률입니다.

'IRR 수익률'이란 수익률에 시간가치를 반영한 수익률입니다. 만기 전에 중간 중간 이자나 배당을 받으면 만기 때 한꺼번에 받은 것보다 더 가치가 있다고 보고 계산한 결과입니다. 중간에 받은 돈으로 재투자하거나 다른 곳에 사용할 수도 있으니까 전체 수익률도 더 높게 쳐주겠다는 거죠. 그 결과 IRR로 수익률을 계산하면 무조건 실제보다 수익률이 커집니다. 리츠 투자자는 배당을 받으니까요.

기수	0	1	2	3	4	5	6	단순수익률	IRR 수익률
현금흐름	-1,000	0	0	0	0	0	1,300	5%	4.89%

기수	0	1	2	3	4	5	6	단순수익률	IRR 수익률
현금흐름	-1,000	50	50	50	50	50	1,050	5%	5.49%

IRR 수익률로 수익 부풀리기

위의 표를 보세요. 처음에 1,000만 원을 투자했습니다. 6년 후 한 번에 1,300만 원을 받는 것과 6년간 매년 50만 원씩 총 300만 원을 배당받은 것을 단순히 비교하면 둘 다 5% 수익률입니다. 그러나 IRR 수익률로 계산하면 매년 배당하는 수익률이 더 높게 나옵니다. 이것이 IRR 수익률의 가장 큰 문제점입니다. 상장리츠를 포함해 거의 모든 리츠, 펀드에서는 수익률 표기에 이 IRR 수익률을 이용합니다. IRR 수익률이 국내의 회계적 수익률이기 때문인데, 법인투자자의 회계 처리를 돕기 위해 나온 수익률을 수익률 부풀리기로 남용하고 있는 것이죠.

IRR 기준으로 연 7% 수익률이면 평균보다 높다고 생각할 수 있지만, 통장에 찍히는 단순수익률로 계산하면 6% 수준일 것입니다. 투자기간이 길수록 시간가치의 힘이 강해지기 때문에 투자수익률 왜곡이 심해질 수 있습니다. 따라서 반드시 기수별로 얼마의 배당금이 찍히는지, 단순수익률은 얼마인지를 투자 전에 꼭 확인해야 합니다.

예상 IRR / 배당수익률	• IRR 9% (환헤지 후 원화 기준)

5년 보유 후 매각 시, 평균 배당수익률 7.3% / IRR 7.8% 예상

> 실제 투자제안서 일부를 캡처한 건데, 이렇게 리츠는 기본적으로 IRR 수익률을 사용한다. 실제 받을 배당보다 더 수익률이 높아 보인다는 게 문제!

또 다른 말장난도 있습니다. 항공편에 오버부킹이 있듯이 투자금 모집 시에도 오버부킹이 생길 수 있습니다. 말 그대로 일단 투자금을 모으고 봤더니 필요 금액보다 많이 모은 상황인 거죠. 모집금액을 초과한 투자금은 당연히 상환합니다. 투자금 오버부킹은 금융투자업계 관례상 투자자의 유동성을 쓸데없이 묶고, 자금의 무수익 기간을 만드는 굉장히 안 좋은 운용 사례입니다. 문제는 이것이 IRR 기준으로 봤을 때 수익률을 오르게 한다는 것입니다. 일단 투자자를 향해 초과분이 반환되어 큰 현금흐름이 발생했으니까요. 일부 자산운용사에서는 단순히 오버부킹된 금액을 돌려준 것뿐인데, 이것을 IRR 수익률로 계산해서 수익률이 높아졌다고 포장합니다. 투자자에게 손해를 끼쳐 놓고 이득이라고 표현하니 말도 안 되죠. 이런 짓으로 투자자를 기만하는 자산운용사가 있다면 거래를 끊는 것이 좋습니다.

DSCR(부채상환계수), 순이익이 없는데 배당? 깡통리츠 구별법

너무 당연하게도 순이익이 없는 법인은 배당할 수 없습니다. 부동산은 어떨까요? 부동산 역시 영업수익(임대관리비)이 없으면 배당할 수 없습니다. 그것을 한눈에 알기 쉬운 지표가 바로 '부채상환계수'입니다. 이것 하나로 깡통리츠를 구별할 수 있습니다.

'DSCR(부채상환계수)'은 총수익으로 대출을 갚을 수 있는지를 확인하는 지표입니다. 지표의 기준점은 1이며, 1보다 낮으면 대출 원리금도 못 갚는다는 소리입니다. 최소 2 이상은 돼야 문제도 적고, 배당도 좋습니다. 그러니 투자 전에 지금까지의 데이터를 확인하고 자산의 DSCR이 1에 가까울 때가 있었다면 재고하는 것이 좋습니다. 이 자산은 추후 코로나19 사태처럼 심각한 충격이 생겼을 때 배당은커녕 은행 이자도 못 갚는 자산이 될 가능성이 크다는 뜻이기 때문입니다.

$$DSCR = \frac{\text{기수별 총수익}}{\text{기수별 대출 원리금}}$$

DSCR이 1보다 높으면 대출보다 더 많이 번다는 뜻이고,
DSCR이 1이면 번 돈으로 대출은 갚을 수 있다는 뜻이고(남는 건 없음),
DSCR이 1보다 낮으면 대출원금도 못 갚는다는 뜻이다.

특히 리테일 투자를 생각한다면 반드시 확인해야 합니다. 대체로 DSCR은 리테일, 호텔 자산 등과 관계가 있습니다. 두 자산 다 임차수입 변동성이 높으니까요. 지금처럼 코로나19로 소비가 급감하면 임차인 매출 역시 급감해 DSCR 1이 깨질 위기가 올 수 있습니다. 영화관도 마찬가지입니다. 실제로 영화관은 국내 50% 이상, 미국의 경우 99% 매출 감소가 발생했습니다. 이렇게 DSCR은 수입 변동성이 큰 리테일 투자를 검토할 때 반드시 봐야 할 지표입니다.

그럼 DSCR이 1보다 작아지면 어떻게 될까요? 이때가 가장 큰 문제입니다. 대주단(채권단)도 바보가 아니라서 DSCR<1면 '기한이익상실'이라는 항목으로 대출금 보호절차에 들어갑니다. '기한이익상실'이란 채무불이행이 발생했으니 은행도 원리금 상환 기일을 지키지 않겠다는 뜻입니다. 그렇게 되면 보통 몇 달간의 배당 재원이 대출 원리금 보증금으로 묶이는 등의 큰 악재가 발생합니다. 단기간 배당이 회복될 가능성이 없다고 판단하는 최악의 경우에는, 담보가 넘어가거나 대출금 일시상환 요청이 들어가기도 합니다. 투자자 입장에서는 당기수 배당금은 다 날아갔다고 봐야 합니다.

문제는 이러한 조약을 상장리츠를 포함해 어느 리츠 투자제안서에서도 확인할 수 없다는 데 있습니다. 투자상품을 판매하는 증권사도 이 사실을 모를 확률

이 높은데, 이것은 자산운용사와 금융기관 간의 대출 계약상의 내용이기 때문입니다. 우리가 보는 투자제안서는 금융기관이 아니라 리츠 예비주주에게 보여주는 제안서라는 점을 잊으면 안 됩니다.

순 운영이익(NOI)	19,402	20,599	21,293	21,651	22,072
TI/LC/CapEx	715	(51)	(52)	(54)	(186)
대출이자	(8,258)	(8,258)	(8,258)	(8,258)	(8,258)
DSCR	2.35x	2.49x	2.58x	2.62x	2.67x
대출이자 지급 후 배당 가능 현금흐름	11,859	12,290	12,982	13,339	13,628
현지 SPC 및 자산관리회사 비용 등	(300)	(300)	(300)	(300)	(300)
배당 가능 현금흐름	11,559	11,990	12,682	13,039	13,328
배당수익률	7.0%	7.3%	7.7%	7.9%	8.1%

위 리츠의 경우 기수별 DSCR〉2 이상으로, 평균적인 부채상환계수를 가지고 있다. 사실 3 정도는 되어야 우수한 편이다.

구분(단위: 100만 원)	전기누적	2020-08-31	2020-09-30	2020-10-31	2020-11-30
DSCR 산정금액(=총수입)	1,053	120	100	50	53
이자비용	747	127	123	127	123
DSCR(*)	1.41	0.94	0.81	0.39	0.43

코로나19 사태로 실제로 DSCR〈1이 된 케이스, 8월 이후. 매월 나가는 이자가 매월 총수입을 넘고 있다. 이러면 배당 걱정을 넘어 원금에 문제가 생길 수 있다. 즉 '깡통리츠!' 코로나19 이후 일부 리테일, 호텔 상장리츠에서 이런 일들이 발생했다.

> DSCR〈1이면 깡통리츠! 회복되기 전에는 투자하지 말자!

WALE/WALB(잔여 임차기간), 임차기간이 내 배당금

리츠 투자의 첫 번째 목적은 안정적인 배당금이고, 배당금의 핵심은 임대차계약이 얼마나 튼튼한가에 달렸습니다. 임차인이 계약연장을 하지 않거나 갑작스럽게 임차계약을 이탈하면 우리에겐 그대로 손해니까요. 그래서 투자 전에 잔여 임차기간을 꼭 확인해야 합니다.

배당금의 핵심은 임대차계약이 얼마나 튼튼한가에 달렸습니다. 임차인이 계약연장을 하지 않거나 갑작스럽게 임차계약을 이탈하면 투자자 입장에서는 큰 문제가 생깁니다. 단순히 배당금이 적어지는 게 아니라 신규 임차인을 구하기까지 마케팅 아웃소싱 비용이 발생하고, 이렇게 마케팅하더라도 좋은 임차인을 단기간에 구하기 힘들기 때문입니다. 그렇다고 임차인을 급하게 채워 넣으려면 N개월 무상임대, 1년 단기계약처럼 임차인에게 유리한 조건들을 내주게 됩니다. 따라서 리츠를 사기 전에 임차인들의 잔여 임차기간을 확인하는 것이 좋습니다. 이런 문제는 상장리츠에서 자주 발생합니다. 여러 건물의 지분을 가져오니 임차인 위험이 높아지는 것이죠. 특히 '랜드마크'임을 강조하는 리츠일수록 임차인은 의외로 약할 수 있으니 꼭 확인해야 합니다. WALE, WALB, BO는 임차인의 잔여 임대차 기간을 확인할 때 사용하는 용어들입니다.

WALE, WALT(잔여 임차기간)

WALE이나 WALT는 가중평균 잔여 임차기간을 말합니다. 쉽게 말해 '각 임차인이 차지하는 면적에 대한 가중치'를 부여해 건물 전체 임차인들의 '잔여 임차기간'을 평균한 지표입니다. 당연히 길수록 안정적 배당이 가능하며, 매각이 수월합니다.

다음 예를 보세요. B 상사는 A 물산의 3배가 되는 공간을 차지하고 있습니다. 이 경우 해당 자산의 가중평균 임차기간은 5.5년이 됩니다. 많은 평수를 임대하는 임차인이 있으면 작은 평수 임차인의 임차기간은 눈에 안 띈다는 단점이 있습니다.

A 물산	B 상사
잔여만기 4년	잔여만기 6년

가중평균임차기간(WALE): 5.5년

WALB(중도해지 가능일까지의 잔여 임차기간), BO(중도해지 옵션)

WALB는 '임차인의 계약 중도해지 가능일'까지 임차기간이 얼마나 남았는지를 가중평균 낸 지표입니다. 대부분의 임대차계약에서는 임차인이 임대차계약 중 자유롭게 나갈 수 있는 기간이 정해져 있습니다. 예를 들어 10년 임대차계약을 맺었으면 7년 차부터는 특정 조건하에서 임차를 이탈할 수 있다는 내용이죠. 임차인이 중도해지 옵션을 행사하면 잔여 임차기간이 남았어도 붙잡을 수 없습니다. 이때 중도해지 가능일을 '브레이크 옵션(BO)' 행사 가능일이라고 부릅니다. 임차인이 중간에 나가려면 잔여 임차기간 임대료의 절반을 내야 한다는 등의 특수조건이 있지만 처음부터 아예 그럴 가능성이 없는 투자처가 좋겠죠?

FFO/AFFO, P/FFO, 실적과 기대감 사이

상장리츠 투자 여부를 검토할 때 쓰이는 용어입니다. 실제가치, 그리고 실제가치와 별개로 이 기업이 잘 될 것 같다는 기대감을 수치로 표현한 것이죠. 값이 높을수록 현재 주가에 기대감이 많이 들어가 있다고 보면 됩니다. 하지만 '기대'는 실제가 아니잖아요? 그래서 고민이 시작됩니다.

앞에서 삼성전자 같은 일반 주식의 주가는 PER과 EPS로 결정된다고 설명했었습니다. 즉 기대감과 실적이죠. 그렇다면 리츠의 기대감과 실적은 어떻게 표현이 될까요? 바로 P/FFO와 FFO(또는 AFFO)입니다. P/FFO는 리츠에 대한 기대감, FFO는 리츠의 실적입니다. 용어들이 낯설긴 하지만 결국 리츠도 주식이니 기대와 실적에 따라 주가가 많이 좌우됩니다. 리츠는 실적이 잘 나올수록 배당도 잘 나오니 더 중요하다고 할 수 있습니다. 특히 상장리츠의 경우 주가의 빨간불과 파란불이 크게 영향을 받기 때문에 반드시 알아둬야 합니다.

> 일반회사의 당기순이익 = 매출액 - 영업비용 - 영업 외 비용 - 감가상각 - 세금

우리가 투자한 리츠는 건물 자체가 아니라 여러 건물을 가진 부동산 투자회사입니다. 그래서 엄밀히 말하면 우리가 받는 배당은 직접적인 임대차 수입이 아니라 부동산 투자회사의 당기순이익입니다. 일반적인 회사의 당기순이익은 위와 같은 공식으로 구합니다. 그러나 리츠가 이 공식을 따르면 리츠의 당기순이익에는 심각한 오류가 발생합니다. 가장 큰 문제는 감가상각입니다. 리츠는 99%의 자산이 건물이기 때문에 엄청난 감가상각비가 들기 때문이죠. 감가상각 금액이 너무 높아 당기순이익이 왜곡되면 리츠 배당성향이 100%가 넘게 됩니다. 100%가 넘는다는 말은 당기순이익보다 지급하는 배당금이 더 많다는 것이니 말도 안 되죠? 참고로 '배당성향'이란 1주당 '당기순이익'의 몇 %를 배당해줄 것인지 나타내는 지표를 말합니다.

FFO(계속사업이익)

이런 문제를 보완하기 위해 간접투자기구들은 FFO와 AFFO라는 보조지표를 사용합니다. 먼저 FFO는 당기순이익에 감가상각비를 다시 환입하고 부동산 매각 등 일회성 수입을 제거한 지표입니다. 순수 당기순이익을 알기 위해 OUTLIER(극단값)를 제거하는 거죠. 감가상각비는 실제로 발생하는 현금지출 없이 임의로 추정하는 비용이라 다시 환입하는 것은 문제가 되지 않습니다. 일회성 수입이란 건물 매각으로 발생한 시세차익 등을 의미합니다. 이 역시 배당성향과 순이익을 왜곡시키는 역할을 하기 때문에 제거해야 합니다.

> FFO(계속사업이익) = 당기순이익 + 감가상각비용 - 일회성 수입(건물 매각차익)

AFFO(보정 계속사업이익)

AFFO는 FFO에 '제세공과금, 유지관리비, 화재보험료' 등을 추가한 것입니다. 이 지표가 필요한 가장 큰 이유는 대다수의 리츠가 '트리플넷' 구조이기 때문인데, 임차인이 제세공과금, 화재보험료, 유지관리비를 다 부담하는 구조를 말합니다. 그래서 임대인인 리츠의 손익계산서 중 판매관리비로 빠진 제세공과금, 유지관리비 및 보험료를 다시 더해주는 것이죠. 실제로 나가지 않은 비용을 추가해 순이익을 더 정밀하게 보정하는 겁니다.

AFFO(보정 계속사업이익) = FFO+제세공과금+화재보험료+유지관리비

P/FFO(주가 순이익 배수)

P/FFO는 주식으로 치면 PER과 비슷합니다. 즉 기대감인데, 리츠의 기대감이란 리츠의 성장 가능성을 나타냅니다. 이 회사가 튼튼하니 앞으로 자산을 더 많이 편입할 것 같다거나, 데이터센터처럼 4차산업과 많이 연관되어 있다면 시장에서 더 높은 기대를 받게 됩니다. PER이 높아지면 주가도 오르니 좋습니다. 실제로 테슬라 같은 기술주의 PER도 매우 높지요. 그러나 PER이 높은 주식들의 주가는 떨어질 때도 크게 떨어집니다. 테슬라도 한 번 하락하면 −5%는 쉽게 갑니다. 리츠도 마찬가지입니다. P/FFO가 높은 리츠들 역시 주가변동성이 상대적으로 높은 편입니다. 실제로 실적이 좋아진 것이 아니라 기대감이 높아진 결과입니다.

리츠의 P/FFO = 주식의 PER = 기대감

LTV(자산 대비 대출비율), 대출은 방패일까 칼일까?

말 그대로 대출입니다. 내가 가진 것에 비해 대출을 얼마나 받은 것인가를 알 수 있는 수치니까 당연히 적을수록 좋습니다. 빚이 많으면 이자도 많이 내야 하는데, 리츠에서는 배당금에서 이자 등의 비용을 처리하니 처음부터 빚이 적은 곳에 투자하는 게 좋습니다.

LTV(Loan to Value Ratio)란 자산가치 대비 대출을 얼마나 받았는지를 나타내는 지표입니다. '신용담보대출, 영끌(영혼까지 끌어 모은)투자'라는 말을 들어봤을 겁니다. 한때 20~30대 젊은 세대가 아파트나 오피스텔 등을 구입하기 위해 부족한 현금을 LTV를 최고로 끌어올려 대출을 받은 후 갭 투자에 나섰습니다. 구입한 자산의 가격이 크게 상승하면 이자비용보다 수익이 크게 나니까 대출을 갚고도 남는다고 판단한 것이죠.

반면 일반적인 리츠 투자에서는 LTV 비율이 낮을수록 유리합니다. 리츠는 배당이 주요 목적이고, LTV가 높으면 대출이자 비용이 커져 배당금액이 줄어듭니다. 대출이자는 지분투자보다 우선적으로 지출되기 때문에 배당수익률에 큰 영향을 미칩니다.

하지만 상장리츠라면 다른 관점으로 볼 수도 있습니다. 상장리츠 회사는 신규 자산편입에 공을 들이는데, 상장리츠는 주식이고, 주식은 시가총액이 중요하기 때문입니다. 삼성전자 주식이 다른 전자회사보다 시장에서 더 인정받는 이유가 무엇일까요? 금융을 잘 모르는 사람이라도 '시총 1위이자 대한민국 제1의 기업인 삼성전자'라는 이미지 덕분에 다른 곳보다 더 신뢰할 수 있는 겁니다. 상장리츠도 마찬가지로 시가총액이 큰 리츠일수록 더 좋은 평가를 받습니다. 좋은 리츠라고 인정받아야 기관들이 더 많이 투자하고, 호가가 생겨 투자자 유동성이 확보됩니다. 굳이 시장에서 소외된 리츠를 선택하는 투자자는 없으니까요. 이런 이유로 최근 저금리 추세에 따라 레버리지 비율을 극대화해 자산을 공격적으로 매입하는 리츠가 늘고 있습니다. 상장리츠가 대출금으로 자산을 구입하면 좋은 점이 또 있는데, 바로 주식가치가 커진다는 것입니다. 빌딩의 주인은 은행이 아니라 주주이기 때문입니다.

1주 액면가	5,000원
기발행주식수	20만주
리츠 총 가치	10억원

신규빌딩 매입가 : 1억원

Case 1	LTV 40%	Case 2	LTV 70%
대출금	4천만원	대출금	7천만원
신규발행주식수	1.2만주	신규발행주식수	0.6만주
총 주식수	21.2만주	총 주식수	20.6만주
총 자산가치	11억원	총 자산가치	11억원
1주당 가격	5,189원	1주당 가격	5,340원

   예를 들어 위 표를 보면 주식 수를 늘리는 CASE 1보다 대출금을 많이 당겨 부동산을 산 CASE 2의 주식 가치가 높아지는 것을 알 수 있습니다. 보통은 자산편입 자체로도 시장은 호재라고 받아들이니 대출을 잘 이용한다면 1+1 효과가 있습니다. 이런 이유로 현재 대부분의 리츠가 대출금을 이용해 부동산을 편입하고 있습니다. 자산편입 공시가 뜨면 리츠의 주가 움직임을 확인해보세요.

   그러나 금리인상 조짐이 보이면 많은 부동산을 가진 리츠일수록 조심해야 합니다. 많은 자산을 가지고 있는 상장리츠 투자자라면 더 조심해야겠지요? 대출을 많이 받으면 금리에 민감해질 수밖에 없습니다. 대출원금이 많으니 금리가 살짝만 튀어도 변동금리 때문에 이자비용이 훨씬 커집니다. 코로나19 사태가 지속되면서 현재의 금리는 제로 수준이지만 3~4년 뒤에는 또 어떻게 될지 모릅니다. 코로나를 극복하고 경기가 좋아지기 시작하면 다시 기준금리 인상에 들어갈 수도 있습니다. 특히 국내에서는 부동산 가격을 잡기 위해 정부에서 온갖 방법을 찾고 있으니까요. LTV에는 장단점이 있고, 어떤 투자전략을 가진 리츠를 선택할지는 투자자의 몫입니다. 배당에 관심이 많다면 평균 40~60% 수준의 저 LTV 투자가 유리합니다. 반면 상장리츠에 단기적으로 투자하거나 시세차익에 관심이 많다면 고 LTV가 유리합니다. 고 LTV는 일시적이지만 자산별로 90~100% 수준까지 가는 경우도 있습니다.

LTV와 늘 함께 가는 리파이낸싱(대환대출)

'리파이낸싱'이란 대출을 대환하여 리츠의 이자비용을 낮추는 것을 말합니다. LTV가 높을수록 이자비용이 많이 나가니 요즘 같은 초저금리 시기라면 리파이낸싱이 필수입니다.

다음에 예로 든 것은 코로나19 이전에 출시된 실제 상품으로, 고정금리로 대출금을 조달하고 있습니다. 현재 기준으로 보면 상대적으로 비싼 이자를 내고 있을 확률이 높죠. 실제로 3.7%면 살짝 높은 편이긴 합니다. 이를 낮추려면 리파이낸싱이 필요합니다. 대환과정에서 조기상환 등 대환수수료가 발생하며, 조건이 맞는 금융기관도 발굴해야 하니 미미하게나마 당기 배당수입이 하락할 수 있습니다. 아직 투자 전이라면 리파이낸싱이 완료되었거나, 저이자로 대출을 받을 확률이 높은 신규 리츠를 사는 것이 유리합니다. 그만큼 이자비용을 줄일 수 있으니까요.

> • 담보대출: US$222.0mn(한화 약 2,664억 원), LTV: 57.4%(전체 매입비용 대비), 이자율: Interest Only 연 3.72% 고정 예상

연 3.72%면 요즘에는 꽤 높은 이자다. 현 수준은 2% 후반이면 적당하다. 대환대출로 리파이낸싱이 끝난 리츠를 찾는 게 유리하다.

재간접리츠, 이 용어가 보이면 그냥 접어라

다른 리츠 지분을 여기저기서 조금씩 가져와 짜깁기 해서 판매하는 리츠입니다. 수수료도 이중으로 나가고, 설명도 들을 수 없고, 세금도 2번 붙고, 성장 가능성은 더 적어서 개인투자자라면 권하고 싶지 않습니다. 문제는 이러한 재간접리츠의 단점을 어디에서든 너무 축소해서 말하고 있다는 것입니다.

혹시 이 용어를 들어본 적이 있을까요? 그렇다면 지금부터 여러분이 알고 있는 내용과 다른 말을 할 참입니다. 언론에서 '재간접리츠는 다양한 우량 자산에 간접투자할 수 있는 좋은 대안 투자처'라고 말합니다. 또 '개인도 재간접리츠로 글로벌 A급 프라임 자산을 담을 수 있다'라고도 하지요. 하지만 재간접리츠는 언론에서 뭐라고 말하든 실제로는 장점은 거의 없고, 단점만 가득한 리츠입니다. 어떤 분야든 브로커가 끼면 그만큼 수익률이 줄어드는 게 상식입니다. 그런데 투자자가 그 브로커의 존재조차 모른다면 어떨까요? 재간접리츠가 바로 그런 경우입니다. 재간접리츠란 우량 건물들을 가진 리츠의 지분을 조금씩 여기저기서 모아와 세운 리츠입니다. 생각보다 많은 리츠들이 이런 재간접리츠 형태를 가지고 있습니다. 심지어는 상장리츠마저 그렇습니다. 투자자들은 정말 많은 문제를 마주하게 됩니다.

> 재간접리츠 = A 리츠 지분 + B 리츠 지분 + C 리츠 지분 + …

1) 전체 세금과 수수료가 2번이나 나간다

위 재간접리츠에 투자했을 때 나에게 배당이 오기까지의 구조를 생각해봅시다. 먼저 해당 리츠에 운용수수료와 세금이 나갑니다. 여기까지는 정상입니다. 문제는 A, B, C 리츠에도 운용수수료와 세금이 또 나간다는 겁니다. 운용되고 있는 A, B, C 각 리츠의 지분을 가져오니까요. 상장리츠를 포함한 어떤 재간접리츠 투자설명서에도 이런 내용이 없습니다. 그들은 이 2번의 수수료를 하나의 수수료로 녹여서 표현합니다. 그렇다면 이런 점들을 감안해 재간접리츠에 수수료 할인 같은 게 있지 않을까? 그런 거 없습니다! 동일한 수수료가 2번 발생하며, 그 결과 재간접리츠의 투자수익률은 투자위험률 대비 낮습니다.

2) 재간접리츠 자산운용역들은 하는 일도 없고, 쓸모도 없다

하는 일도 없이 돈을 받는다면 어떤 기분일까요? 극단적으로 말하면 재간접리츠의 자산운용역들은 1년에 2번 이내인 배당금 분배, 자산매입/매각할 때를 제외하면 온종일 신문만 읽어도 됩니다. 잘 생각해보면 재간접리츠는 A, B, C 리츠의 지분을 가진 고객이며, 주주입니다. 일하는 고객을 본 적이 있나요? 공실 관리, 배당금 선정 등 실제 운용에 관한 모든 일은 A, B, C 리츠에 속한 운용역들이 합니다. 재간접리츠 자산운용역들은 그저 보고를 받고, 그 내용을 전달해주는 일을 합니다. 투자자산에 관해 물어도 자세히 알지 못하고, A, B, C 리츠 자산운용사에 다시 물어 전달받은 내용을 그대로 답하게 됩니다.

더 심각한 문제는 지분을 가진 A, B, C 리츠가 사모 부동산 펀드/리츠일 경우입니다. 사모 간접투자기구들은 운용에 대한 별도공시 의무가 없습니다. 특히 사모 부동산 펀드는 정보공개가 거의 없다고 보면 됩니다. 이 경우 재간접리츠 자산운용역은 고객들을 위한 자산 정보를 얻을 방법이 매우 제한적입니다.

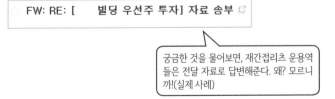

FW: RE: [빌딩 우선주 투자] 자료 송부

궁금한 것을 물어보면, 재간접리츠 운용역들은 전달 자료로 답변해준다. 왜? 모르니까!(실제 사례)

3) 투자원금 상환 시 원금이 배당소득으로 간주되어 세금이 붙을 수 있다

원래는 리츠 투자원금과 투자자산의 매각차익에 대해선 세금이 1원도 부과되

지 않습니다. 우리가 투자하는 리츠는 주식이기 때문입니다. 주식 투자 시 대주주가 아닌 이상 양도세가 발생하지 않죠? 삼성전자 주식을 팔 때 증권거래세는 내도 따로 양도세를 내지는 않는 것과 같습니다. 문제는 A, B, C 리츠에서 투자 원금과 매각차익을 비과세로 처리해도, 재간접리츠가 고객들에게 분배하는 과정에서 과세가 발생할 수 있다는 겁니다. 이것은 과세 대상인 배당코드를 이용하여 고객에게 돈을 분배하기 때문입니다. 원금과 차익 모두를 배당으로 간주한다는 뜻입니다. 자산운용사의 실력에 따라 비과세 방안을 찾을 수 있으나 운용경험이 적은 자산운용사가 이 업무를 맡으면 매각차익이 있어도, 세금 때문에 원금손실이 발생할 수 있습니다. 실력 있는 자산운용사라고 하더라도 밑돌 빼서 윗돌 고이기 식의 눈속임을 할 뿐입니다.

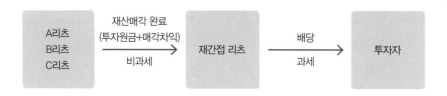

다음은 재간접리츠가 답이 없다는 걸 보여주는 예입니다. 이런 식으로 재간접리츠는 원금상환, 즉 내가 빌려준 돈을 돌려받는 데까지 세금이 붙게 하고 숫자 놀음을 하기도 합니다.

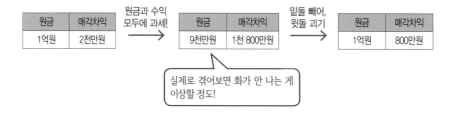

4) 지분율이 낮아서 각 건물에 대한 의사결정권이 적다

재간접리츠는 A, B, C 리츠의 지분을 일부 가져오는 것이기 때문에 각 리츠에 대한 통제력이 없습니다. 자산에 대한 지분이 100%가 아니라서 발생하는 문제입니다. 현행법상 재간접리츠는 다른 리츠의 지분을 최대 50%까지밖에 가져올 수 없습니다. 만약 A, B, C 리츠 중 대주주가 독자적인 의견을 낼 경우 재간접리츠 주주는 반대할 수 없습니다. 리츠 주주 간에 다툼이 있는 경우가 많지 않은 게 다행이죠.

5) 재간접리츠는 또 다른 리츠, 펀드, ETF에 편입 제한이 있다

최악의 단점 중 하나입니다. 리츠가 다른 리츠나 ETF에 편입된다면 굉장한 호재로 작용합니다. 테슬라가 S&P500 지수에 편입되었을 때 왜 주가가 상승했을까요? 바로 S&P500 지수를 추종하는 펀드들이 의무적으로 테슬라의 주식을 담아야 했기 때문입니다. 이렇게 되면 해당 주식에 강한 매수세가 발생하며, 거래량이 증가해 유동성이 높아지는 효과가 있습니다.

그러나 재간접리츠는 다른 리츠나 ETF에 편입하는 것이 아예 불가능하며, 펀드의 경우 30% 정도만 편입할 수 있습니다. 특히 후자 쪽은 더 치명적입니다. 이것이 왜 문제가 되냐면 많은 자산운용사가 펀드를 이용해 주식을 운용하기 때문입니다. 이것을 'Vehicle 투자'라고 합니다. 삼성자산운용, 미래에셋자산운용 등 대형 자산운용사뿐만 아니라 소형 자산운용사도 주식형 펀드를 운용해 주식을 삽니다. 재간접이 아닌 리츠는 펀드만으로 지분 100%를 다 살 수 있으나, 재간접리츠는 국내 모든 펀드가 다 담아도 리츠 지분의 최대 30%만 살 수 있습니다. 나머지 리츠 지분 70%을 개인과 외국인이 담아야 하는데, 과연 외국인이 담을까요?

6) 유일한 장점! 위험분산 효과와 우량자산 투자기회

그럼 장점은 없느냐고 묻는다면 있긴 합니다. 하나의 건물이 아니라 여러 건물의 지분을 조금씩 가지고 있으니 위험도 분산 효과가 있습니다. 또 개인투자자가 접근하기 어려운 랜드마크에 간접투자가 가능합니다. 랜드마크 자산의 지분을 가져오는 일 자체는 사실 몹시 어렵습니다. 현재 국내 재간접리츠시장의 분위기는 일단 물건을 확보하고 보자는 생각이 앞선 것 같습니다. 건물만 좋으면 마케팅이 쉽고 잘 팔린다는 생각이 강해서인지 내부가 부실한 부분이 많다고 판단합니다. 임차기간 만료가 임박한 앵커 임차인(주요 임차인)이 있어도 일단 랜드마크 건물이라면 사오는 경우가 꽤 많습니다. 현실이 이러니 결과적으로 좋은 평가를 주기는 어렵습니다.

그래서 꼭 알아야 할 재간접리츠 확인 방법

재간접리츠는 스스로 재간접이라고 홍보하지 않습니다. 그러나 확인하는 방법은 의외로 간단합니다. 먼저 재간접리츠의 80% 이상은 '글로벌 탑티어, S급 권역 프라임 오피스에 투자할 기회' 등 랜드마크나 거대 글로벌 상품을 마치 직접 운용하는 것처럼 마케팅합니다. 그러나 실제로 증권신고서나 투자제안서를 자세히 보면 그 자산을 담고 있는 펀드나 리츠에 '간접투자한다'라는 글귀를 확인할 수 있습니다. 다음처럼 'A 자산을 담고 있는 (펀드나 리츠)에 투자'라는 문구가 있으면 재간접리츠입니다.

주요투자대상	· 자산총액의 90% 이상을 ▨▨ ▨▨▨▨▨ ▨▨ 부동산 펀드에 투자
	· 자산총액의 5% 내외를 MMF 또는 유동성으로 운용

투자대상을 자세히 확인하면 재간접리츠 여부를 알 수 있다. 부동산이 아니라 '부동산 펀드'에 투자라니?

보통주와 우선매수권, 내 배당금으로 수리하고, 팔면 네가 갖는다고?

주식시장에도 우선주와 보통주가 있죠? 리츠도 그렇습니다. 각각 권한과 목적이 다르니 투자 전에 알아두고 시작하세요. 리츠투자의 우선주는 배당금이 목적일 때, 보통주는 차익이나 건물을 싸게 사는 것이 목적일 때 선택하면 됩니다.

보통주가 존재하는 리츠라면 투자 고려사항이 많아집니다. 주식은 우선주와 보통주로 나뉩니다. 우선주는 의결권이 없거나 적은 대신 배당에 대한 우선적 권리를 가지고 있습니다. 반면 보통주는 그 반대로 의결권이 월등하나 우선주 배당 후 남는 재원으로 배당을 받습니다. 주식시장에서 갑자기 특별배당이 발생할 것 같을 때 늘 우선주가 먼저 상한가를 쳤다는 점을 생각하면 좋을 것 같습니다. 한진칼우, 삼성물산우 등이 대표적인 예시입니다.

구분	배당	의결권
우선주	↑	↓
보통주	↓	↑

우선주: 배당
보통주: 의결권

리츠 역시 '부동산 회사의 주식'에 투자하는 것이기 때문에 2가지로 나뉩니다. 리츠의 우선주는 '종류주'라고 불리기도 합니다. 리츠는 배당이 목적이라 99%의 개인투자자는 우선주에 투자하며, 별도 고지가 없다면 개인투자자가 투자하는 전부가 우선주라고 생각해도 됩니다. 그래서 대부분의 리츠는 '우선주 단일 종류'로 발행됩니다.

문제는 리츠 종류에 따라 우선주, 보통주로 나눠 발행될 때가 있다는 것입니다. 보통주는 우선주에게 먼저 다 준 후 남은 금액을 배당받기 때문에 배당을 거의 못 받을 수도 있습니다. 실제로 우선주 배당을 다 주고 나면 보통주에게 떨어지는 배당수익률은 1~2% 수준에도 못 미치는 경우가 많습니다. 상황이 이런 걸 알면서도 왜 보통주에 투자하는 사람이 있는 걸까요? 보통주는 매 기수 배당을 거의 포기하는 대신 2가지의 큰 권리를 갖게 됩니다.

> **보통주가 가진 특별한 권리 2가지**
> ① 자산매각차익에 대한 높은 배당률 = 매각차익 극대화
> ② 리츠 만기 시 자산을 싸게 살 수 있는 권리 = 우선매수권

자산매각차익 먼저 자산매각차익을 볼까요? 매각차익은 자산을 팔 때만 생기니 건물당 단 한 번만 발생합니다. 보통주 주주가 관심을 가지는 첫 번째 목적은 매각차익의 극대화입니다. 그들은 1~2% 푼돈 배당에는 전혀 관심이 없습니다. 오랜 기간을 기다린 만큼 매각차익 극대화에 모든 노력을 다합니다. 건물의 매각차익을 극대화하는 방법은 딱 하나, 공사와 수선, 리노베이션으로 건물의 가치를 올리는(value-add 밸류애드) 것입니다. 문제는 이 과정에서 발생하는 비용이 리츠의 영업이익 재원에서 나간다는 점입니다. 즉 우선주 배당금 재원으로 공사를 하니, 고배당을 위해 투자한 개인투자자는 당연히 기가 찰 노릇입니다. 그러나 막을 방법은 없습니다. 앞에서 말한 것처럼 보통주 주주의 의결권이 더 높으니까요.

그러니 보통주, 우선주로 나뉜 리츠에 투자했는데, 주주총회 등에서 건물 리노베이션 사항이 자주 생기면 주의 깊게 보면서 상장 후 지분 매각 타이밍을 준비해야 합니다. 우선주 주주의 배당금을 호구로 보고 있는 보통주 주주의 윤곽이 대충 보이니까요. 정기공시로 나오니 단어가 어렵고 귀찮다고 그냥 넘기지 말고 꼭 확인합시다.

우선매수권 우선매수권은 자산을 매각하는 게 아니라, 리츠 만기 시 해당 건물을 우선적으로 살 수 있는 권리입니다. 보통은 그 자산을 사옥으로 만들고 싶은 회사가 매수자인 경우가 많습니다. 우선매수권에는 시가보다 싸게 자산을

살 수 있다는 조항이 있습니다. 당장의 배당이 없더라도 나중에 사옥을 저렴하게 구하기 위해 보통주 주주의 지위로 버티는 거죠. 문제는 우선매수권으로 보통주 주주가 자산을 싸게 사버리면, 매각차익이 거의 발생하지 않아 우선주를 가진 개인투자자가 가져갈 매각차익이 아주 적어진다는 것입니다. 우선매수권리가 실행될 확률은 거의 100%입니다. 우선주의 권리에 따라 시가 대비 우선매수 금액이 현저히 낮으니까요. 100% 보통주 주주에게 건물이 팔린다고 생각하면 됩니다.

심지어 투자 전에 '주주간 협의서' 같은 근거조항도 작성하기 때문에 우선주 주주는 위 두 조항에 대해 더욱 반항할 수 없습니다. 국내에서 우선주, 보통주를 구분하는 것은 일반리츠입니다. 상장리츠에서는 미국증시에서만 볼 수 있습니다. 만약 투자 전에 보통주가 따로 있는 리츠라는 게 확인되면 투자하더라도 매각차익에 대한 기대는 안 하는 것이 좋습니다.

앞의 내용으로 보통주가 너무 안 좋아 보이나요? 그렇게 볼 것도 없는 게 자산운용사는 이 모든 점을 고려해 보통주를 우선주의 방패막이로 사용합니다. 다음 그림을 보면 쉽게 이해가 될 것입니다. 만약 투자위험이 생겨 자산 손실이 발생하면 보통주의 원금부터 갈려 나갑니다. 우선주 입장에서는 투자원금에 방어막 효과가 생기는 셈이지요. 위험이 생기더라도 안정적인 배당을 확보할 수 있는 방패가 있는 것입니다. 요즘은 이런 불확실성을 없애기 위해 동일한 주식 지위 투자가 대부분입니다. 국내 상장리츠의 경우 거의 모든 주주가 동일한 우선주 주주이며, 동일한 배당, 동일한 위험도를 가집니다. 재밌게도 리츠에 투자하는 사람은 대체로 원금 안정 지향이라서 보통주 방패막이 있는 투자처를 선택하는 사람도 많습니다.

구분	금융권 대출	우선주 투자	보통주 투자
현금흐름 순위	1위	2위	3위
위험 회피율	1위	2위	3위
투자목적	이자	배당	매각차익, 우선매수권
자산의결권	없음	낮음	높음
목표수익률	2~3%	4~9%	측정 불가
투자자 구성	은행, 보험사	기관투자자 개인투자자 펀드	증권사 자기자본 건물매수 예정자 펀드, 기관투자자 등

경우에 따라 보통주가 없을 수도 있다.
그럴 땐 오른쪽 둘을 합쳐서 생각하자.

그 외 한 번쯤 읽어두면 투자가 만만해지는 용어들

시중에 잘못 알려진 용어의 속사정과 개인투자자에게 불리할 수 있는 치명적인 것들은 앞에서 꼼꼼히 설명했습니다. 여기에 풀어놓은 용어들은 딱히 어렵지 않지만 리츠 투자를 할 때 여기저기서 자주 만나게 되는 것들이니 궁금하거나 심심할 때 쓱 훑어보면 됩니다.

1) 자주 보는 공통용어

구분	중요도	설명
렌트 프리	★★★	무상 임대기간. 공짜로 주는 기간이 길수록 배당률에 치명적이다.
트리플넷	★★★	제세공과금, 보험, 유지관리비용을 임차인이 다 부담하는 구조 – 싱글넷: 제세공과금만 임차인 부담 – 더블넷: 제세공과금, 보험료만 임차인 부담
마스터리스	★★☆	임차인 하나가 건물을 통째로 임대

멀티태넌트	★★☆	다수의 임차인이 임대
앵커 임차인	★★☆	여럿 중 대표적인 임차인 (가장 넓은 평수, 긴 계약기간, 큰 비용)
자연공실률	★★☆	5% 수준의 공실. 자연적으로 발생하는 공실로 간주
앵커투자자	★★☆	투자 지분율이 가장 높은 투자자, 주로 기관투자자
마케팅 비용	★★☆	공실 해소를 위해 쓰는 판관비. 배당할 돈에서 지출
리파이낸싱	★★☆	이자를 줄이기 위한 저이자 대환대출
CBD, YBD, GBD	★★★	서울 내 핵심업무구역(종로~중구, 여의도, 강남)
프라임 오피스	★★★	A급 입지, 접근성, 임차인, 면적, 연식을 가진 오피스 빌딩
서브 마켓	★★☆	핵심업무구역을 제외한 권역
렌트 롤	★★★	자산 내 임차인과 임차기간을 알 수 있는 핵심지표
실질 임대료	★☆☆	렌트 프리 포함해 임차인이 지불하는 실제 금액
SPC(또는 SPV)	★☆☆	페이퍼 컴퍼니. 세금감면, 부채 분리를 위한 특수목적법인
Peer 그룹	★★☆	자산의 임대료&가격수준 확인을 위한 비교 물건
Due diligence(DD)	★☆☆	자산실사계획

2) 특정자산 한정 용어

해외자산 용어	중요도	설명
공동투자자(GP)	★★★	현지 운용사와 함께 투자하는 것을 의미 – 공동투자를 통한 투자 책임감 부여 – 현지 조세법, 기타 법규, 다수 리츠 운용 경험 보유
EOD	★★☆	Event of Defaults, 투자에 대한 중대한 위험 발생
조세협약	★☆☆	국가 간 협약, 배당 이중과세 방지목적으로 이용
SPV, SPPICAV 등	★☆☆	SPC(특수목적법인)의 미국, 프랑스 등 현지의 다른 이름
LEED 등급	★★☆	글로벌 공인 건물 친환경성 평가. 총 4단계로 이루어짐 – 투자 최우수 등급은 플래티넘과 골드 등급
셀다운	★★★	증권사가 해외 건물을 먼저 사 와서 투자자에게 재매각 – 건물가격이 비싸지는 근본적인 악성 원인(경쟁입찰) – 과거 해외리츠 투자의 대부분이 해당

구분	중요도	설명
환헤지	★★★	현지 환율을 고정해 배당. 원금의 환율 변동성 제거 - 원금 100%, 배당 80% 헤지가 기본
스왑거래	★☆☆	환헤지를 위해 국내외 은행과 체결하는 통화 교환 계약
캐피털 콜	★★☆	펀드에서 돈이 더 필요할 때 투자자에게 요청하는 것(강제) - 리츠는 유상증자로 추가자금 조달(투자자 부담 없음)

3) 투자관계사 총정리

구분	중요도	설명
자산운용사	★★★	자산에 대한 총 책임을 지고 운용하는 회사 - 배당 확보 및 자산매각 책임 - 수익 극대화를 위한 전략 운용
증권사	★★★	투자상품 판매, 투자관계자 간의 모든 중재를 책임 - 배당 및 투자원금 지급, 원천징수세액 송부 등 담당 - 월말 투자 평가액 등 투자자 공시
사무수탁회사	★☆☆	운용사가 일일이 담당하기 힘든 사무업무를 위탁 - 투자자에게 수익자 동의서 등을 대신 요청함
자산 신탁사	★☆☆	실제 현금, 자산 증서를 보관하는 기관
자산 관리회사(PM)	★☆☆	임차 클레임 해결, 임대차계약서 작성&갱신 등을 담당
시설 관리회사(FM)	★☆☆	청소, 누수 및 크랙 관리 등 자산 유지보수를 담당
대출 금융기관	★★☆	은행, 보험사 등 자산매입을 위한 대출 담당
마케팅 회사(LM)	★★☆	운용사의 마케팅 업무를 위탁 수행, 신규 임차인 모집
감정평가사	★☆☆	자산의 가치평가를 진행
물리, 환경평가사	★☆☆	자산 내부의 누수, 균열, 소음, 미세먼지 등을 평가

7

일 잘하는 투자 파트너 고르기
- 자산운용사와 증권사

　부동산 리츠 투자는 간접투자입니다. 주식처럼 내가 직접 운용하는 것이 아니라 일 잘하는 사람들에게 나의 부동산을 맡기는 투자죠. 믿고 일을 맡겼는데 그 사람들이 일을 너무 못하거나 혹은 투자 전후로 너무 다른 태도를 보인다면 기분이 어떨까요? 하지만 투자에 대해 잘 모르면 질문조차 할 수 없고, 따질 수도 없고, 파트너사에 끌려다니게 됩니다. 모든 투자의 중심에는 투자자가 있고, 투자자는 그 지위를 잊으면 안 됩니다. 그러니 투자자로서의 권리에 대해 알아봅시다. 무턱대고 갑질하라는 게 아니라 반드시 요구가 필요한 상황이라면 당당히 요구할 수 있어야 된다는 뜻입니다. 개인투자자로서 최고의 권리는 투자 상품과 투자종목을 선택할 권리입니다. 따라서 투자를 결심했다면 이 권리를 최대한 활용해야 합니다. 리츠 투자에서는 자산운용사와 판매사(증권사)를 선택하는 것이 매우 중요합니다. 자산운용사는 부동산 운용지시로 배당, 원금, 매각차익의 모든 것에 관여하며, 판매사(증권사)는 투자에 관련된 모든 소통의 창구이자 실제 현금을 입출금시켜 줍니다.

좋은 자산운용사

리츠 투자를 결심했다면 반드시 담당 자산운용사를 확인하세요. 운용사의 운용역량이 대부분의 투자 결과를 만듭니다. 하지만 부동산 자산운용사의 수는 너무 많고, 전문적으로 다루는 자산들도 국내외로 다양하기 때문에 처음 접하는 고객들은 정보 부족의 위험에 놓이게 됩니다. 그렇다고 '뭐, 다 똑같은 운용사 아니겠어?'라고 생각하면 곤란합니다. 신생 운용사부터 글로벌 운용사까지 있는 만큼 자산운용사의 운용능력은 정말 많은 차이가 있습니다. 모든 운용사의 월급은 투자자의 투자원금에서 나온다는 것을 잊으면 안 됩니다. 운용도 못하는데 수수료만 뜯기면 억울하니까요. 개인투자자 입장에서는 실제로 투자해보기 전까지는 어느 운용사가 잘하는지 알기가 쉽지 않죠. '경험상' 좋은 운용사와 안 좋은 운용사의 특징을 전해보겠습니다.

투자 전 투자 전부터 새는 바가지는 운용단계에서도 샌다

거래기간과 경험 필자는 운용사가 연기금, 보험사 등 기관의 자금을 운용한 경험이 있는지를 중요하게 생각합니다. 기관으로부터 운용위탁을 얻을 정도면 기초검증은 어느 정도 됐다는 뜻이기 때문입니다. 또 기관과 얼마나 오래 거래했는지 거래기간 역시 살펴보세요. 기관 자금을 까먹은 전적이 있다면 그다음 거래는 없으니까요. 따라서 기관 자금 운용 이력이 있는지, 있다면 얼마나 오래 전담했는지를 확인하는 게 첫 번째 기준입니다. 기관 자금을 오래 운용했다면 알아보고 말 것도 없이 먼저 마케팅 차원에서 자랑스럽게 명함과 홈페이지에 기재하니 쉽게 알 수 있습니다.

부동산 전문성 운용사 홈페이지에 들어가 부동산에 강한 운용사인지를 확인해보는 것입니다. 대체투자가 크게 성장했던 2018~2019년에는 너 나 할 것 없이, 심지어 주식 전문 운용사에서도 리츠 사업부를 만들었습니다. 그 결과 몸집

대비 운용경험이 떨어지는 운용사들이 많이 늘어났죠. 운용사에서 아무리 백전노장인 전담운용역을 스카우트해 앉혀 놨더라도 신설된 조직의 성과는 평균적으로 높지 않습니다.

회사 규모 규모로 자산운용사를 분류하면 초대형운용사, 대형운용사, 소형운용사, 부동산만 하는 전문운용사로 나눌 수 있습니다. 일반적으로 증권사와 결합된 초대형 운용사가 좋을 것 같겠지만, 실상은 꼭 그렇지만은 않아서 주의가 필요합니다. 오히려 비대한 조직일수록 주니어급 인력만 많고, 부서이동도 잦으며, 공실해소 같은 기초 업무도 잘 처리하지 못할 수 있습니다. 경험상 초대형 운용사라고 무조건 최고의 평가를 주기는 어렵습니다. 반대로 소형운용사에 가까울수록 당기순이익이 적자인 곳도 많고, 1인당 할당된 업무가 너무 많아 각 자산에 제대로 신경 쓰지 못할 수도 있다는 문제가 있습니다. 또 최근 사모펀드의 도덕적 해이 사태로 모든 소형운용사에 대한 신용위험이 높아졌다는 것에도 주목할 필요가 있습니다.

경험상 계열사가 없으며, 부동산만 몇십 년 전문으로 하는 초대형~대형운용사가 가장 좋았습니다. 채용규모가 크지 않아 몸담은 전문인력들이 쉽게 바뀌지 않으며, 운용에 노련함도 있기 때문입니다. 부동산 기준 예탁규모 순위 중 계열사가 없는 곳을 찾으면 쉽게 확인할 수 있습니다.

투자 중&매각단계 안 좋은 운용사는 총체적 난국이다

투자는 사람이 아니라 자금이 오가는 거래지만 문제 대다수는 사람에 의해 발생합니다. 다음과 같이 일 처리를 하는 곳이라면 대책이 필요합니다.

공실해소 임차만기가 다가오면 임차인에게 연장 의향서를 보냅니다. 보통은 만기 6개월~1년 전에 통보하도록 되어 있는데, 이때 임차인이 나가겠다고 하면

운용사는 배당수익률 유지를 위해 미리 임차인을 구하기 위해 노력해야 합니다. 임차인이 나간 후에 마케팅을 시작하면 급하게 임대를 채우기 위해 렌트 프리, 즉 몇 달은 무료로 해주는 등 좋은 조건을 내줘야 하며, 공실을 채우지 못하면 그대로 배당손실로 이어집니다.

담당인력의 책임감 담당 인력이 무책임하면 힘들어집니다. 4년 전 서대문구에 투자한 프라임 오피스가 있었습니다. 매 기수 배당이 계속 떨어져서 사유와 공실률 현황을 물었던 적이 있습니다. 그때 충격적인 말을 들었는데, 부서가 개편되어 대리급 운용역이 자산 실무를 신규로 맡게 되었으며, 해당 자산은 애초에 오피스로 사용하기엔 입지 등이 부족하다고 하더군요. 그래서 임차인 수준이 낮아지고, 공실률도 계속 발생한다는 설명이었습니다. 투자제안서에는 최상급 오피스라서 아주 높은 임차 수요가 발생할 것이라고 적혀 있었는데, 투자자 입장에서 크게 난감할 수밖에 없었습니다.

중재 능력 투자자 간의 다툼이 있을 때입니다. 앞에서 설명한 보통주와 우선주의 리츠 의결권과 관련된 문제입니다. 시세차익을 바라거나 자산을 사옥으로 쓰려는 보통주 투자자는 건물 보수나 수선 공사에 아낌없이 배당 재원을 사용하려고 합니다. 반면 개인투자자는 배당 재원이 중요하니 이를 좋아할 리 없죠. 이때 중간에서 얼마나 중재를 잘하는지가 운용사의 중요한 능력 중 하나입니다. 상장리츠의 경우 무조건 투자자 공지를 잘하고, 주가 부양을 위해 노력하는 운용이 중요합니다. 주가 부양을 하는 운용사는 신규 우량자산 편입도 잘하고, 공실률 해소도 잘합니다. 재간접리츠는 이런 점에서 단점이 있습니다. 직접 이런 행동을 할 수 없고, 의결권을 올려서 표출해야 하니 세간에 알려진 운용사 타이틀이 아무리 좋아도 자산관리가 쉽지 않습니다.

매각 능력 매각은 운용의 꽃이라고 할 정도로 고난이도의 능력이 필요합니다. 인맥도 좋아야 하고, 가치평가도 적절해야 합니다. 또한 투자자를 안심시키기 위한 공문도 잘 보내야 하죠. 운용사의 역량은 특히 이 매각 시점에서 차이가 큽니다. 운용사의 이력을 자세히 확인하는 건 바로 이것 때문입니다. 보통 대표 운용역이 글로벌적으로 인맥이 좋고, 운용을 오래 했을수록 매각을 잘하는 편입니다. 상장리츠의 경우 자산매각이 일어나는 경우는 거의 없지만 그렇다고 눈을 떼지 말고, 리츠 주가 부양을 운용사가 깊게 고민하는지를 지속적으로 검토하는 것이 좋습니다.

좋은 판매사 - 증권사, 은행

증권사는 투자자와 운용사를 연결하는 중요한 다리! 어떤 곳을 골라야 할까요? 자산운용사는 법적으로 상품을 직접 고객에게 판매할 수 없기 때문에 판매를 증권사나 은행에 위탁하게 됩니다. 이런 구조라 판매사는 판매만 하면 끝이라고들 생각하는데, 전혀 그렇지 않습니다. 혹시라도 그런 마인드의 판매사가 있다면 당장 거래를 끊는 게 좋습니다. 상품 가입부터 시작해 매각할 때까지 고객은 항상 궁금한 것이 생기면 판매사와 연락을 취하게 됩니다. 고객은 운용에 대한 의문사항이 생겼을 때 원칙적으로 판매사를 통해서만 운용사와 소통할 수 있기 때문입니다. 따라서 판매사의 역할은 매우 중요합니다. 경험상 고객에게 상품을 파는 것으로 그만인 곳이 한두 곳이 아니었습니다. 상품에 대해 의문이 생겨 전화하면 "네? 아... 그거 잠시만요"라며 문의한 상품이 무엇인지조차 잊은 차장급 직원들도 많았습니다. 상품 판매 담당직원도 사람인지라 갑작스러운 질문에 당황할 수 있지만, 투자자는 더 당황스럽지요. 좋은 판매사를 고르는 방법에는 어떤 것들이 있을까요?

투자 전 좋은 판매사, 직원, 상품을 찾는 방법은 정해져 있다

좋은 판매사(부동산 전문성) 좋은 판매회사를 고르고 싶다면 부동산을 전문으로 하는 판매사를 찾아야 합니다. 방법은 간단합니다. 증권사별로 주요 수입원이 다르니까요. 우리가 필요한 것은 부동산 또는 IB 쪽입니다. 가령 A 증권사는 개인고객 맞춤형 브로커리지 수입비중이 높고, B 증권사는 트레이딩, C 증권사는 국내외 부동산 등 수입비중은 증권사마다 다릅니다.

구글 검색창에 '증권사별 수익구조, 매출구조, 순영업수익 구조'를 검색하면 관련 자료를 찾을 수 있습니다. 또한 네이버에 '증권-Agency 비즈니스의 부활'을 검색하면 삼성증권 '장효선' 애널리스트가 쓴 보고서를 다운로드받을 수 있습니다. 요약본이 아니라 꼭 12쪽짜리 풀버전으로 보길 바랍니다.

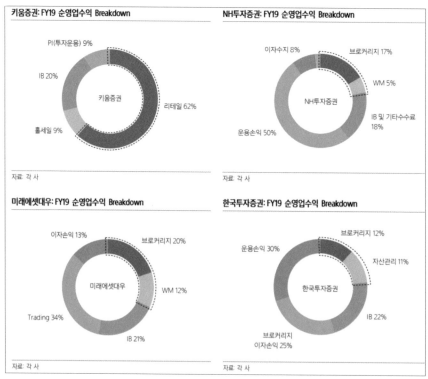

출처 : 삼성증권, '증권-Agency 비즈니스의 부활', 장효선 애널리스트

좋은 직원(서울, 인맥, 영업력)   이 부분을 설명하는 건 조심스럽지만 아직 경험이 없는 여러분이 기준을 잡을 수 있도록 사실만 전하겠습니다. 결론은 최대한 인맥 좋고, 지점 내에 있는 게 아니라 영업을 자주 다니는 직원을 만나는 것이 좋다는 것입니다. 좋은 물건은 인맥을 통해 흘러가기 마련입니다. 상대적으로 지방이 불리한 것도 사실입니다. 규모가 큰 물건이 아닌 이상 지방에는 물건이 쉽게 들어오지 않고, 또 지방 운용사가 그런 물건을 받아올 환경도 잘 조성되지 않습니다. 좋은 투자제안서는 판매사 직원이 전부 발로 뛰면서 영업해 얻는 것입니다. 대부분의 운용사가 서울에 있기 때문에 거리가 멀어질수록 불리한 환경은 어쩔 수 없는 사실이며, 그 상태에서 영업마저 안 뛰면 더 좋은 자산을 얻기란 힘듭니다.

좋은 상품(기관 참여 여부, 투자자 모집 날짜)   좋은 상품을 고르고 싶다면 무조건 기관과 함께, 즉 기관이 투자한 상품에 참여하는 것이 좋습니다. 그러나 우량 물건들은 기관이 먼저 몇백 억씩 쏘기 때문에 물량을 확보하기가 쉽지 않습니다. 그럼 어떻게 하는 것이 좋을까요? 사이즈가 너무 커 기관으로도 다 채우지 못한 상품, 또는 동일 자산인데 기관과 개인을 구분하는 상품을 선택하면 됩니다. 상장리츠의 경우는 어떨까요? 좋은 리츠가 상장을 앞두면 기관 수요예측 경쟁률이 적게는 300대 1, 많게는 1000대 1까지 올라갑니다. 이런 물건에 청약하면 좋습니다. 하지만 주의할 것은 있습니다. 기관 중 증권사 자기자본 투자 물량이 많은 것은 최대한 제외하세요. 증권사는 그 물량을 들고 가려는 것이 아니라 가지고 있다가 나중에 또 다른 개인투자자에게 양도할 가능성이 크기 때문입니다. 증권사의 사업모토는 빠른 자금회전이라는 점을 잊으면 안 됩니다.

 마지막은 투자자 모집 날짜를 보는 것입니다. 신선한 고기와 채소가 맛있듯이 리츠 역시 설정이 막 된 새로운 물건이 제일 좋습니다. 투자자 모집이 막 시작되었을 때 참여하는 것이 최고입니다. 반면 오래된 리츠는 일단 의심으로 시작하는 게 좋습니다. 투자자를 모집한 지 1~2년이 넘은 상품들이 아직도 시중에 돌고 있다는 것은 그동안 증권사가 지점에서 돌리고 돌렸는데도 미매각된 물량일 수 있기 때문입니다. 물론 실제 이유는 다양합니다. 투자 모집금액이 너무 커서일 수도, 물량 정리 단계에서 나온 물량일 수도 있지만, 상품 자체에 문제가 있을 수도 있으니 굳이 이런 물건을 선택할 이유는 없다고 봅니다.

투자 중&매각단계 제때 도와주는 판매사가 좋다

운용 및 매각단계에서 특별히 판매사가 하는 일은 없습니다. 제때 배당과 매각차익만 잘 챙겨주면 됩니다. 하지만 만약 운용과정 중 궁금한 점이 생겼으면 고객은 판매사를 통해 운용사에 질문할 수 있는 권리가 있습니다. 상장리츠 역시 마찬가지입니다. 바쁘더라도 1~2일 안에 잘 중재해주는 판매사가 좋은 판매회사입니다.

한 건물 안에 소유자가 둘 이상일 경우

'1층부터 10층까지는 내 거, 10층부터 20층까지는 네 거' 이런 부동산이 시장에 꽤 돌아다닙니다. 결론부터 말하면 투자에 긍정적인 요소가 아닙니다. 소유권이 분리되어 있는 구조라 다양한 문제가 발생할 가능성이 크니 주의가 필요합니다. 이런 자산은 보통 다음과 같이 구성되어 습니다. 이해를 위한 단편적인 예일 뿐 실제로는 구성에 따라 훨씬 다양합니다.

① 오피스+오피스(1동은 내 것, 2~3동은 남의 것/한 건물 내 분리도 가능)
② 리테일+오피스(1~5층까지 전문 쇼핑식당 복합몰은 내 것, 위층 오피스는 남의 것)
③ 리테일+호텔(1~5층까지 전문 쇼핑식당 복합몰은 내 것, 별동 호텔은 남의 것)
④ 오피스+호텔(1동 오피스는 내 것, 별동 호텔은 남의 것)

뭐가 문제인지 볼까요? ②번 형태의 자산에서 상층부 오피스를 매입했다면 저층부인 리테일에서 오는 위험이 발생합니다. 기본적으로는 바퀴벌레 등 해충이 생깁니다. 1급 위생업체에 위탁해 시설관리에 아무리 노력해도 하층부에서 관리를 잘못하면 직접적인 피해를 받게 되고, 딱히 해결할 방법도 없습니다.

또 자산에 Value-add 즉 부동산 개발을 해야 할 필요가 있을 때도 문제입니다. ①번 형태의 자산 상층부 오피스에 투자했다고 가정해보겠습니다. 매각시점에서 시세차익 극대화를 위해 페인트칠 등 리모델링을 한다면 하층부는 낡았는데, 상층부만 최신 건물이 되겠죠? 이러면 매각 시 좋은 평가를 받기가 힘듭니다. 건물 경관부터 어색함이 가득하고, 돈은 돈대로 썼지만 결과적으로 투자금 회수를 위한 매수자를 찾기가 힘들어집니다.

극단적인 예를 들긴 했지만 보안업체 선정을 할 때도 문제고, 자산 감정평가 때도 다른 투자기구 운용사와 협력해야 하는데 말처럼 쉽지 않습니다. 투자자 간에 이해관계가 많이 얽혀 있으니 법적 절차가 필요한 일도 많이 생기고, 시간도 더 많이 필요할 확률이 높습니다. 이런저런 현실적인 이유가 있으니 소유권이 분리된 자산이라면 투자에 신중해야 합니다.

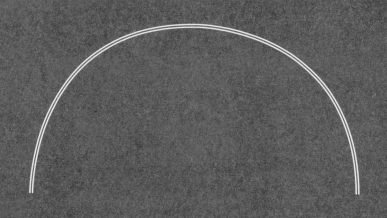

"상장리츠는 부동산일까 주식일까?"

상장리츠는 부동산과 주식, 둘 다의 특성을 가지고 있습니다.
이번에는 주식적인 특징에 대해 알아보는데, 가장 큰 차이는
투자원금이 변하는 것입니다. 그에 대한 원인을 집중분석하겠습니다.
해외리츠 투자에도 적용되니 잘 따라가 보세요.

3부

리츠는 주식이다
- 국내 상장리츠

1

내 투자 포트폴리오의 몇 %를
상장리츠로 담아야 하나?

상장리츠란 리츠를 주식시장에 상장한 것이죠? 상장 후에는 부동산으로서의 장부가격이 아니라 주식처럼 시가총액으로 평가받으니 더 많은 요소를 검토해야 합니다. 부동산에 주식의 특성이 추가되었기 때문에 둘 다의 특성에 따라 주가가 달라집니다. 무슨 뻔한 말인가 싶겠지만 네이버 토론방이나 카페 등에서의 질문을 보면 의외로 리츠의 이런 특성 때문에 생기는 주가하락을 생각하지 않는 분들이 많았습니다. 3부에서는 상장리츠를 다루는데, 주요 내용은 다음과 같습니다.

상장리츠 주가에 영향을 주는 원인 상장리츠는 배당을 받는다는 점에서 일반 리츠와 비슷하지만, 주식이라서 원금 변동성이 있습니다. 배당이 5% 나오더라도 주가가 −10%가 되면 상장리츠 투자자는 손해를 보는 것이죠. 그러니 상장리츠의 주가가 어떤 원리로 오르거나 내리는지를 알고 시작해야 합니다. 부동산과 주식 양쪽의 특성이 어떤 식으로 상장리츠 주가에 영향을 주는지를 분석해봅시다.

기관 투자의 흐름　또 연기금 같은 기관이 상장리츠에 투자하는 이유를 알아봅니다. 그 이유를 제대로 알면 기관 투자의 흐름을 파악하고 참여 여부를 결정할 때도 도움이 됩니다.

리츠 공모주 투자 방법　상장리츠는 이벤트성 투자가 가능합니다. 특히 상장 시에는 주식 특성이 최고에 달하기 때문에 공모주 참여 방법을 알아두면 남들보다 좋은 투자 기회를 얻을 수 있습니다.

국내 상장리츠 분석　마지막에는 이미 국내에 상장된 상장리츠에 대해 분석합니다. 주식은 하루만 지나면 다 과거 자료일 뿐이니 구체적인 숫자보다 종목별 분석 방법이나 무엇을 체크하는지를 기준으로 삼고 활용하기를 바랍니다.

시작하기 전에 한 가지 짚고 갈 것이 있습니다. 상장리츠는 주식이라 내가 샀던 시점의 주가보다 떨어지면 원금이 변할 수 있어 포트폴리오 측면에서 비중을 유연하게 조절해야 한다는 것입니다. 필자가 가장 싫어하는 말 중 하나가 '무작정 중장기 투자'입니다. 매년 5% 배당수익률이 꼬박꼬박 나오더라도 주가가 계속 떨어지면 아무 소용없으니까요. 부동산 자산의 희소성 덕분에 시간이 언젠가는 해결해주겠지만 기회비용을 무시하긴 어렵습니다. 따라서 좋은 자산을 선별해 투자하는 건 당연하고, 시장의 흐름에 유연하게 따라가려는 노력도 필요합니다. 매수타이밍, 주가가 올라 목표수익률을 달성한 후에는 어떻게 할지에 대한 계획도 필요하죠.

포트폴리오 최하단의 안전마진으로 상장리츠를 담는다면 비중은 일반리츠보다 적게 유지하는 것이 좋습니다. 전체 자산의 30% 수준으로 상장리츠를 담되 시장이 좋을 때는 조금 더 채우고, 주가하락 시에는 비중을 줄이는 것이 유리하다고 판단합니다. 만기가 있는 일반리츠와 달리 상장리츠는 주식이라 쉽게 매수나 매도가 가능하니까요. 전반적으로 주식시장 전체가 안 좋을 때는 당연히 일반 주식의 비중도 낮추는 것이 유리합니다.

2021년에는 상장리츠들의 주가가 회복될 확률이 높습니다. 현재 장부가 대비 시장평가가 박한 상장리츠가 많은 것은, 물론 리츠 자체의 문제일 경우도 있겠지만 대부분은 코로나19라는 특수상황이 원인입니다. 코로나19에 대한 우려감에 가격이 떨어진 상태라 상황이 진정됨에 따라 2021년에는 눈에 띄는 반전이 있을 거라 기대합니다.

2

상장리츠 주가가 오르내리는 이유
- 부동산 관점

　상장리츠를 부동산 관점에서 본다는 게 무슨 말일까요? 리츠는 부동산 간접투자고, 이걸 주식시장에 상장한 것이 상장리츠죠? 그러니 리츠가 소유한 부동산에 문제가 생기거나 호재가 생기면 상장리츠의 주가에도 영향을 준다는 말입니다. 우리가 2부에서 좋은 부동산 자산의 특징을 검토하고, 좋은 투자 파트너를 고르기 위해 노력한 이유가 이것 때문입니다.

　상장 이후 부동산에 긍정적인 부분들이 지속적으로 늘어나면 상장리츠의 주가는 오릅니다. 반면 그렇지 못한 경우 주가가 내려갈 확률이 높아집니다. 2부에서 다룬 내용 중 상장리츠에 영향을 주는 부분을 살펴보겠습니다. 그대로 영향을 주기도 하고, 몇 가지는 응용되기도 하니 헷갈리는 부분이 있으면 2부로 다시 돌아가 한 번 더 읽어보길 권합니다.

부동산 관점에서 보는 상장리츠의 기본 = '총 자산가치'의 변화

모든 리츠의 액면가는 편의상 1주당 5,000원으로 발행하도록 미리 약속되어 있습니다. 그래서 발행할 주식 수를 정하는 계산식은 다음과 같습니다.

$$\frac{\text{총 자산가치}}{\text{주식 수}} = 5,000원$$

(총 자산가치 = 건물 및 토지 가치 + 현금성 자산)

주식 수에 변화가 없으니 리츠 내에 현금성 자산, 즉 배당금이 쌓여 총 자산가치가 올라가면 주식가격도 오릅니다. 그 결과 보통 배당직전에는 주가가 올랐다가, 배당직후에는 주가가 빠집니다. 보유한 건물과 토지의 가치를 재평가받아도 마찬가지입니다. 이를 '재평가차익'이라고 하지요. 따라서 상장리츠 주가가 변하는 가장 근본적인 이유는 이 총 자산가치의 변화입니다. 5,000원이라는 리츠 액면가는 나중에 상장할 때 공모가의 기준이 됩니다.

부동산 관점에서 상장리츠 주가가 오르내리는 이유

1) 수도권 입지, 임차인, 연식, 면적이 모두 좋은 자산이면 오른다

주의할 것은 5,000원이라는 상장리츠 공모가에 이 모든 옵션이 이미 반영되어 있다는 점입니다. 이 시작 상태에서 더 좋아져야지 나빠지면 안 된다는 게 중요합니다. 이것은 새로 편입하는 부동산 자산들도 마찬가지입니다. 복습할 겸 상장리츠에 영향을 줄 요소를 간단히 살펴봅시다. 먼저 입지입니다. 입지는 무조건 수도권에 많은 자산을 가진 곳을 선택해야 합니다. 투자자들이 괜히 수도권을 선호하고, 지방 소재 자산을 피하는 것이 아닙니다. 객관적으로 가격이 오를 수 있는 폭 자체가 지방보다 수도권이 훨씬 높습니다. 지방 물건이 많이 편입되어 있는 리츠라면 좋은 평가를 받기가 쉽지 않으며, 신규편입자산에 대한 기대감 역시 마찬가지입니다. 또 장부가치의 평균을 깎아 먹을 부실자산을 리츠에 편입하면 주가가 떨어질 수 있습니다. 특히 리테일 리츠에서 신경 써야 할 부분입니다. 애널리스트들은 매출이 안 나오는 지방 마트의 편입을 경계합니다. 혹여나 점포 정리 목적으로 부실자산을 리츠에 묶을까 걱정하는 거죠. 물론 리츠 자산운용사가 실제로 그런 결정을 할 확률은 아주 낮습니다. 이런저런 걱정을 아예 안 하려면 수도권 자산만 편입하는 리츠를 찾으면 됩니다.

임차인을 볼까요? 보통 리츠가 상장되는 시기에는 거의 100%에 가까운 임차 상태입니다. 그런데 임차만기가 얼마 남지 않았거나 대형 임차인이 나갈 것 같으면 주가는 지속적으로 하락할 가능성이 큽니다. 또 임차인의 신용등급이 나빠지면 주가 역시 부정적으로 작용할 수 있습니다. 건물 상태는 신축이거나 리모델링 등으로 가치가 높아진 넓은 건물이 좋습니다. 마케팅이 쉽고, 들어올 수 있는 임차인의 폭이 넓어지니까요.

2) 매출이 상승해 배당금이 올라가면 오른다

투자자 친화적인 정책은 주가에 긍정적으로 작용합니다. 배당금이 올라간다는 뜻은 둘 중 하나입니다. 운용수수료가 낮아지거나 매출이 증가하는 거죠. 운용수수료는 한계가 있으니 실제로는 매출이 증가하는 경우가 최고입니다. 매출 증가는 임대관리비를 오르게 만들어 진정한 배당 성장의 지표가 됩니다. 매출이 안 좋은데 배당금이 증가한다? 이때는 투자 경계가 필요합니다. 미래 배당 재원을 당겨서 주는 경우일 수 있습니다. 과거 미국의 배당주들이 주가부양 및 투자자 유인을 위해 일시적으로 이런 조치를 한 적이 있습니다. 이런 경우 배당 이후 주가가 크게 떨어집니다.

3) 상장리츠라도 재간접리츠는 피하는 것이 좋다

재간접리츠는 장점을 찾기가 어려운 리츠입니다. 의결권도 완전하지 않아 자산 지배가 어려우며, 자산들의 운용상태도 상세히 모르고, 수수료와 세금도 2번이나 나갑니다. 굳이 장점을 꼽자면 국내외 우량자산을 접할 수 있는 기회가 있다는 정도라서 개인투자자라면 권하지 않습니다. 실제로 국내 재간접 상장리츠 주가는 공모가가 5,000원 이하가 경우가 많습니다.

국내에서는 재간접 상장리츠 종목이 갈수록 많아지고 있습니다. 이유야 다양하지만 재간접리츠를 만들기가 상대적으로 쉽기 때문입니다. 처음부터 새로 만드는 것보다 있는 것들을 조립해 만드는 게 편하니까요. 또 상품이 다양해질수록 많이 운용하고 많이 팔아 수수료를 챙기기도 쉽고, 거래량이 많아지면 기존 물량 소화도 쉬워집니다. 제발 호구가 되는 것을 피합시다.

4) 리파이낸싱(대환대출)으로 이자비용을 낮출 수 있다면 오른다

배당재원이 대출이자로 많이 나간다면 주가가 과연 긍정적일까요? 당연히 아닙니다. 따라서 이자비용을 낮추는 리츠가 좋습니다. 국내 상장리츠 편입자산 대부분은 연식이 1년 이상이라 대환이 가능한 건물들이 있습니다. 자산운용사에서 적극적으로 리파이낸싱을 검토할수록 주가는 긍정적입니다. 좋은 자산운용사를 한눈에 알 수 있는 대표적인 행동은 최고의 자산을 편입하려는 노력입니다. 투자자 수익률을 위해 최고로 좋은 계약조건을 달성하려 애쓰고, 때로는 소송도 불사합니다. 악성 루머가 번질 경우 그 사실에 대해 즉각 반응하고, 구체적으로 부인하면서 시장과 투자자들을 안심시킵니다. 빠른 대처로 임차인을 채우는 건 기본이죠. 반면 자산운용사가 뭘 하고 있는지 모르겠다면 좋지 않은 곳들이겠죠. 주가하락 시에도 뉴스 등을 찾아보면 별 대응이 없습니다. 리츠는 자산운용사를 믿고 가는 것이라서 자산운용사의 현황은 매우 중요합니다.

5) 리츠의 유상증자는 주가를 올린다

일반 기업의 유상증자는 주가에 부정적입니다. 대부분은 회사에 돈이 없어서 하는 것이니까요. 하지만 성장을 위해 투자금이 더 필요할 경우의 유상증자는 긍정적입니다. 리츠도 마찬가지입니다. 신규 자산편입을 위해 사용하는 경우라면 일시적으로 주가가 하락할 수 있으나 유상증자 전후로 오히려 상승하는 편입니다.

3

상장리츠 주가가 오르내리는 이유 - 주식 관점

증권사에서 판매하는 비상장 리츠 상품은 만기 때 부동산 매각자금으로 투자원금과 매각차익을 상환한 뒤 껍데기만 남은 리츠는 청산한다고 설명했었습니다. 부동산 펀드도 비슷합니다. 그러나 상장리츠는 상환하지 않고 규모를 더 키워갑니다. 주식시장에 상장하면 부동산으로서의 특징만큼 주식 자체의 특성도 커집니다. 예를 들어 주식시장에서는 단타거래가 가능하지요. 상장리츠의 주식으로서의 구체적인 특성은 뭐고, 어떤 상황에서 주가가 변하는지 알아보겠습니다.

주식 관점에서 보는 상장리츠의 특성 4가지

첫 번째, 상장리츠 주가는 왜 대부분 5,000원 선일까요? 이는 앞서 말씀드린 대로 리츠의 액면가가 5,000원이기 때문입니다. 그래서 공모가도 보통 5,000원이고, 상장 당일 주가도 5,000원에 가깝게 시작됩니다. 여기까지는 앞서 본 부동산적 관점과 동일합니다. 그러나 만약 시장이 안 좋거나 해당 리츠가 인기가 없으면, 상장 당일 주가는 4,700원 식으로 떨어져 거래됩니다. 반면 인기가 많으면 시작부터 5,000원을 넘어섭니다. 즉 주식처럼 수요와 공급의 원리가 적용되는 거죠. 리츠가 소유한 부동산 자체에는 아무 변화가 없는데도 말입니다. 과거 국내 자기관리 리츠의 공모가가 5,500원, 6,000원으로 시작한 적이 있었는데, 이는 너무 옛날이라 아직 제대로 된 공모가 기준이 생기지 않았던 시기였기 때문입니다.

두 번째, 상장리츠 주식을 단 하루만 보유해도 배당금이 들어오고, 배당주처럼 배당 직후에는 주가가 떨어집니다. 물론 배당 직전 현금이 빵빵하게 차 있는 리츠의 주가는 비쌉니다. 제철이라 알이 꽉 찬 게가 더 비싸듯이 말이죠. 배당 직후에는 '배당락'이라고 해서 배당률과 유사한 수준까지 주가가 하락합니다. 물론 이것은 어느 리츠나 마찬가지며, 다시 배당금이 모일 때까지 기다리면 대부분 주가는 회복됩니다. 단 하루만 보유해도 된다는 사실 덕분에 12월까지 목표수익률을 못 채운 기관들이 급하게 상장리츠를 사곤 합니다.

세 번째, 시가총액으로 평가받습니다. 상장리츠는 무조건 시가총액이 큰 리츠가 좋습니다. 이유는 다양합니다. 시가총액이 크다는 것은 그만큼 가진 부동산 자산이 많다는 뜻이며, 분산투자 효과를 주어 안정적인 배당수입이 가능하다는 뜻이기도 합니다. 기관 수요도 높습니다. 기관투자자는 시가총액이 작은 곳보다 큰 곳에 더 많이 투자합니다. 대장주라고 생각하기 때문입니다. 그렇기에 시가총액이 클수록 사려는 사람이 많으니 호가도 두텁고, 거래량도 많아 유동성이 더 좋아집니다. 시가총액이 클수록 재간접리츠나 지수 편입 가능성 역시 커집니다. 재간접리츠나 지수가 리츠를 편입하면 의무 인수분이 있기 때문에 리츠 주가에 큰 호재입니다. 이런 혜택은 보통 시가총액이 큰 우량리츠에 계속해서 집중됩니다. 그래서 상장리츠는 매년 자산을 더 사기 위해 노력하는 겁니다.

네 번째, 국내 상장리츠는 모든 투자자가 보통주입니다. 일반리츠는 우선주와 보통주로 나뉘는 경우가 많습니다. 2부에서 말한 것처럼 우선주는 배당을 받되 의결권이 적은데, 대신 위험할 때 보통주의 원금을 방패로 사용할 수 있습니다. 반면 보통주는 배당은 없는 것이나 다름없지만 우선매수권으로 해당 자산을 싸게 매입할 수 있고, 의결권이 많아 리모델링 후 매각차익을 가져갈 수 있습니다. 그러나 국내 상장리츠는 기본적으로 모든 투자자가 평등하며, 동일한 수익과 동일한 위험을 공유합니다. 즉 단일주인 것입니다.

만약 꼭 위험도를 나눠야 한다면 아예 우선주와 보통주를 나누어 여러 개 상장하기도 합니다. 미국 상장리츠에서도 이런 식으로 나누어 종목을 만듭니다. 증권사 주식거래 앱(MTS)에서 '해외주식' 탭을 클릭한 후 'PFD(Preferred)'라고 검색하면 바로 확인할 수 있습니다. PFD는 '우선주'를 뜻하는데, 그 말이 없다면 보통주입니다.

다음 그림은 미국 증시에 상장된 주거용(Residential) 자산의 상장리츠로 순서대로 보통주, 우선주, 우선주, 우선주입니다. 우선주가 3가지나 되죠? BRG-C는 누적적 우선주, BRG-A는 상환우선주입니다. 누적적 우선주란 우선주 목표배당률만큼 배당금이 나가지 못할 경우 다음에 배당할 때 이번에 모자란 부분만큼을 더 주는 우선주입니다. 주주에게 좋은 옵션이죠. 상환우선주란 주가가 너무 높아지면 리츠가 주주의 주식을 싼 가격에 살 수 있는 조건이 붙은 것입니다. 당연히 주주에게 나쁜 옵션이라서, 상환우선주를 산 주주에게는 배당을 약간 더 주는 등 소폭의 대가가 있습니다. 해외에서 종종 사용되니 참고로 알아두세요.

BLUEROCK RESIDENTIAL GROWTH REIT	BRG	보통주
BLUEROCK RESIDENTIAL GROWTH REIT 7.62...	BRG-C	우선주
BLUEROCK RESIDENTIAL GROWTH REIT PFD...	BRG-D	우선주
BLUEROCK RESIDENTIAL GROWTH REIT RED...	BRG-A	우선주

미국 증시에서는 우선주에도 종류가 더 있다! 모르면 황당한 일을 겪을 수도 있으니 상식으로 알아두자.

주식 관점에서 상장리츠의 주가가 오르내리는 이유

1) 상장목적부터 좋아야 한다

리츠를 왜 상장할까요? 투자자의 유동성 확보가 목적이라고 말하는 건 사실 너무 순진한 시각입니다. 기업 입장에서 보면 상장리츠를 만드는 이유는 다양합니다. 2019년도부터 자산유동화 돌풍이 불어 회사 운전자금 확보를 위한 리츠 설립이 많았습니다. 리츠 설립으로 부동산을 매각하면 건물 가격만큼 자금이 들어오는데, 이것으로 회사의 유동자금을 확보하자는 것이 목적이었죠. 이런 자산유동화 목적 리츠가 크게 성장할 수 있을까요? 재간접리츠 역시 마찬가지입니다. 재간접리츠는 사실상 단순히 상품을 찍어내기 위한 리츠에 가깝기에, 성장관리가 잘 될지는 의문입니다. 실제로 국내외에서 주가가 높은 리츠를 보면 쉽게 알 수 있습니다. 자금확보를 위한 방편이 아니라 성장을 위해 좋은 자산들을 검토하고 편입하는 리츠일수록 주가가 훨씬 더 높습니다. 뉴스를 조금만 찾아봐도 알 수 있습니다. 그들은 국내 1위 리츠가 되기 위해 리츠를 운용합니다.

2) 업황이 좋고, 차트가 오래 우하향하지 않고, 수급이 좋아야 한다

먼저 업황입니다. 예를 들어 모든 돈이 반도체에 몰리면 다른 종목에는 자금에 가뭄이 옵니다. 주가가 좋을 수가 없죠. 또 차트가 오랫동안 우하향하면 안 됩니다. 차트가 오랫동안 하락했다는 것은 그동안 모든 투자자가 다 물려 있었다는 소리고, 주가가 본전에 오르면 언제든 탈출할 준비가 되었다는 뜻이기도 합니다. 이럴 때는 호재에도 주가가 쉽게 오르지 않습니다. 마지막은 수급입니다. 당연히 기관과 외국인이 많이 살수록 좋습니다. 그런 주체들이 주가의 방향을 결정합니다. 개인만 많이 담은 리츠라면 수급상 긍정적이지 못합니다.

3) 실적이 좋아야 한다

모든 주식의 주가는 기본적으로 실적이 받쳐줘야 오릅니다. 실적이 좋은 주식을 사는 건 주식 투자의 기본이고, 이것은 상장리츠도 마찬가지입니다. 상장리츠 역시 주가에 기본적으로 깔려 있는 것은 실적입니다. 하지만 상장리츠의 실적이 계속 우상향하기란 매우 어렵습니다. 임대관리비는 거의 고정적이거나 예상 가능한 범위이기 때문입니다. 따라서 리츠의 실적이 계속 높아지려면 건물 수가 점점 더 많아질 수밖에 없습니다. 편입자산이 많아야 더 많은 임대관리비를 얻을 수 있으니까요.

그래서 중요한 것이 "어떤 자산을 더 살 건데?"입니다. 리츠마다 편입하는 자산의 종류가 다릅니다. 소유한 자산의 희소성이 높고, 시간이 지날수록 수요가 많아진다면 당연히 그 리츠에 대한 기대감 역시 높아질 겁니다. 상장리츠에서는 이러한 기대감을 P/FFO라고 부릅니다. 리츠의 P/FFO가 높을수록 시장의 기대감이 크다는 뜻입니다. 현재 P/FFO가 높은 리츠는 미국에 상장된 데이터센터나 통신기지 리츠들입니다. 일명 4차산업 종목들이죠. 해당 리츠들은 현재 매우 높은 주가를 가지고 있습니다.

그럼 그렇지 않은 리츠는 답이 없을까요? 전혀 그렇지 않습니다. P/FFO가 높은 고성장 리츠는 대부분 실적과 기대감 사이의 갭이 큽니다. 그 결과 주가는 높은데 배당금은 따라오지 못해 시가 대비 배당수익률은 1~2% 수준입니다. 즉 당장의 실적과 무관하게 기대감으로 주가가 먼저 오른 경우죠. 주가 기반이 기대감이기 때문에 주가변동성도 높아져 잘못하면 큰 평가손실을 겪을 수도 있습니다. 미국 테슬라의 1일 주가변동성을 생각해보면 이해하기 쉽습니다.

4) 상장 직후 단기투자자의 매도물량은 주가하락의 큰 원인!

중장기 투자자라면 상장 후 최소 1달은 해당 리츠 주식을 구매하지 않는 것이 유리합니다. 기업이 주식시장에 상장할 때 신주를 공개모집하는데, 이 공모에 참여하는 투자를 '공모주 투자'라고 부릅니다. 리츠 역시 상장 전에 공모를 할 수 있습니다. 리츠의 경우 청약하면 투자자 전체가 5,000원에 주식을 배정받습니다. 이론상으로는 그 이하 가격에 공모가 형성될 수 있으나 그런 적은 지금까지 없었습니다.

상장 첫날에는 엄청난 거래량이 발생해 주가가 크게 오르거나 떨어집니다. 롯데리츠의 경우 첫날 상한가를 치고, 다음날 9%까지 올랐다가 그 뒤로는 미친 듯이 빠졌습니다. 처음에 5,000원에 산 사람들은 주가가 5,000원 위라면 언제 팔든 이득이라 계속 매물을 던집니다. 이런 단기투자자 물량이 다 소진되고, 중장기투자자만 남을 때까지 기다리는 게 좋습니다. 보통 1달 정도 걸립니다. 분위기에 휩쓸려 롯데리츠 주식을 초기에 샀으면 큰 손실이 발생했을지도 모릅니다. 거의 6달을 쉬지도 않고 빠졌으니까 말이죠. 물론 롯데리츠가 공모가 이하까지 빠진 것은 코로나19의 영향이 큽니다. 결과적으로 현재는 단기투자자가 다 빠지고, 백신 등 코로나19 사태가 진정되기 시작하면서 주가가 5,500원 선을 유지하고 있습니다.

요즘은 리츠가 상장하면 주가가 시작부터 쭉 빠집니다. 최근에 상장하는 리츠 대부분이 재간접리츠고, 아직은 코로나19 이전으로 완벽하게 업황이 돌아오지 않았기 때문입니다. 따라서 아직은 불리한 환경이라 4,500원 이하까지 밀릴 수 있으니 저점투자를 고려하더라도 충분히 기다려야 할 시기입니다. 하지만 올해 이후 분위기가 반전되면 시장은 다시 달라질 확률이 높습니다. 이때는 4,500원 아래까지 밀리길 욕심내지 말고, 적당한 수준에서 담아야겠죠?

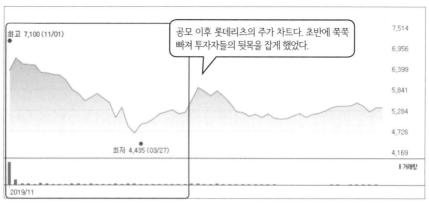

최고 7,100 (11/01)

공모 이후 롯데리츠의 주가 차트다. 초반에 쭉쭉 빠져 투자자들의 뒷목을 잡게 했었다.

최저 4,435 (03/27)

2019/11

출처: 네이버증권

5) 지수 편입은 호재다

S&P, MSCI 등의 지수나 재간접리츠, ETF 등에 편입되면 주가에 큰 호재입니다. 편입되면 리츠를 편입하는 쪽에서 의무적으로 일정 물량을 인수해야 하기 때문에 강한 매수세와 함께 유동성도 풍부해집니다.

6) 상장리츠는 주식이라 주식시장 장세의 영향을 받는다

일반적으로 주식은 지수 추세에 영향을 많이 받습니다. 지수가 오르면 주식 대다수가 오르며, 반대로 지수가 떨어지면 떨어집니다. 리츠 역시 마찬가지입니다. 일반 주식에 비해 상대적으로 변동성이 적은 상장리츠라도, 지수의 변화에 추종하는 경향이 있습니다. 따라서 상장리츠 투자 전에 중장기 지수 추세가 어떻게 될지 고민해보는 것이 좋습니다.

7) 시장은 언제나 옳지만, 코로나19 효과가 감소하고 있다는 점은 주목해야 한다

2020년에는 코로나19로 상장리츠 주가가 크게 저평가되었습니다. 대다수의 리츠가 사람들이 모이는 시설이니까요. 사실 리츠 개별 수입구조를 보면 배당에 문제가 없는 리츠가 많습니다. 문제는 코로나에 대한 시장 공포가 여전하다는 점입니다. 시장은 리츠를 '컨택트 테마'로 보고 있습니다. 시장은 늘 옳다고 보고 순응해야 합니다. 하지만 미국 내 코로나 백신이 개발되고 상용화가 진행되었을 때, 당일 글로벌 리츠의 주가는 큰 폭으로 상승했습니다. 그러다 코로나19가 재확산되자 다시 주가가 천천히 하락하기 시작했죠. 중요한 것은 전저점을 계속 높이고 있다는 점입니다. 이것은 조만간 리츠시장이 회복될 것이라는 신호라고 판단합니다. 코로나19가 완화된다면 상업용 부동산시장은 다시 크게 오를 것입니다. 다음은 2020년 12월 기준, 주식 지수와 부동산 리츠 지수의 차이입니다. 코로나19를 기준으로 이전까지는 비슷했는데, 코로나19 확산 이후 확연한 차이를 보이고 있죠? 코로나19가 진정된다면 부동산 자산 가격이 주식 가격과 유사해질 때까지 다시 오를 것이라고 보는 이유이기도 합니다.

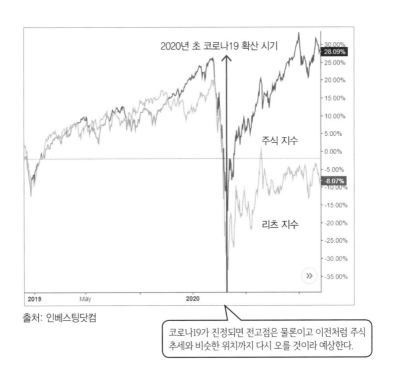

출처: 인베스팅닷컴

코로나19가 진정되면 전고점은 물론이고 이전처럼 주식 추세와 비슷한 위치까지 다시 오를 것이라 예상한다.

4

개인투자자라면 함정카드,
시가배당률과 기관투자 동향

상장리츠에 이제 막 투자를 시작한 개인투자자라면 반드시 경계해야 할 것들이 있습니다. "리츠를 상장한 거니까 리츠만 대충 알면 나머지는 주식이지, 뭐"라고 간단히 생각할 문제가 아닙니다. 결론부터 말하면 네이버 토론방을 보고 상장리츠 투자에 접근하거나, 투자자 동향을 무조건 쫓아가면 위험합니다. 올바른 기준을 가지고 종목을 분석하고, 만약 주가가 하락할 때는 그 원인을 공부하며 다음 수를 찾아야 합니다. 가치분석과 주가하락의 원인을 끈질기게 파다 보면 어느 시점에서는 리츠의 옥석을 가르는 눈이 생길 것입니다. 이번에는 개인투자자가 상장리츠에 투자할 때 가장 많이 하는 실수를 알아보겠습니다.

시가배당률이 오르면 좋다?

"주가가 떨어질수록 배당 매력이 강해진다." 증권사에서 상장리츠를 홍보할 때 자주 쓰는 말입니다. 잘 생각해봅시다. 배당 매력이 강해지는데 왜 외국인이

나 기관이 오히려 주식을 매도할까요? 많은 개인투자자가 리츠에 물렸을 때 내놓는 투자논리가 바로 시가배당률과 주가와의 관계입니다. 네이버 토론방에도 10에 9는 이 논리입니다. 물려도 꼬박꼬박 배당받으며 버티다 보면 몇 년 안에, 혹은 언젠가는 본전을 찾을 수 있다는 것입니다. 사실 이런 논리는 기회비용이 매우 커 정신승리와 다름없습니다.

'시가배당률'이란 현재 주가를 예상 배당금으로 나눈 수익률입니다. 주가가 오르면 시가배당률이 떨어지고, 주가가 떨어지면 시가배당률이 올라갑니다. 문제는 주가가 떨어졌을 때 시가배당률이 오르는 것을 긍정적으로 보는 투자자들이 있다는 것입니다. 그들은 시가배당률이 높아지면, 다시 고배당을 노리는 투자심리가 붙어 주가가 반등한다고 생각합니다.

$$시가배당률 = \frac{예상\ 배당금}{현재\ 주가}$$

하지만 지나치게 주가가 떨어진다는 것은 해당 리츠에 매출하락 같은 나쁜 불확실성이 존재한다는 뜻일 확률이 높습니다. 주가는 결과지 원인이 아닙니다. 주가부진에 대해 낙관적으로 생각한다는 것 자체가 좋은 생각이 아닙니다. 최악의 경우는 시가배당률을 되뇌이며 계속 물을 타면서 버티는 것입니다. 안타깝게도 그러다 보면 예상 금액 이상으로 리츠에 투자하게 될 것입니다. 이런 식으로 전체 자산의 70~80% 이상을 리츠에 투자하는 투자자를 본 적이 있습니다. 결국 리츠에 큰 목돈이 묶이게 되고, 남들 다 오르는 좋은 주식에 투자할 자금이 없어집니다. 시가배당률이라는 말을 경계하세요.

기관이 사니까 나도?

가끔 투자자 동향을 보면 공모가 5,000원 이상은 기본이고, 그보다 높은 가격인데도 웃돈을 주고 상장리츠를 사는 기관투자자들이 있습니다. 이럴 때 기관이 들어오니까 뭔가가 있다 싶어 따라 들어오는 개인투자자들이 꽤 됩니다. 괜찮을까요? 여러 자료와 가치분석을 통해 주가가 오를 것 같다는 판단이 섰을 때 투자해야 합니다. 단순히 기관이 들어온다고 따라 들어가는 건 정말 위험합니다. 연기금, 은행, 보험사 같은 '기관'이 상장리츠를 왜 사는지, 투자자 동향 추종 투자가 얼마나 위험한지 확인해봅시다.

기관의 운용스타일 먼저 기관의 운용스타일에 대해 이해할 필요가 있습니다. 어느 기관이든 홈페이지에 접속해보면 운용목표에 이렇게 적혀 있을 것입니다. "우리를 믿어주는 고객에게 노후 생활을 위한 안정적 수익(원리금)을 돌려준다." 따라서 자산운용역들은 당해 일정액의 수입을 만들 책임이 있습니다. 사람들이 잘 모르는 부분 중 하나가 투자원금이 커지면 1%의 수익률도 만들기 어렵다는 사실입니다. 매월 투자원금은 계좌에 쌓여가고, 원금에 이자를 붙여 지급하려면 목표수익률을 꼭 달성해야만 합니다. 따라서 거대 자금을 굴리는 운용역일수록 자산운용에 큰 부담을 느끼게 됩니다. 고객에 따라 매년 의무로 줘야 하는 연금형 배당이 있고, 만기에 일시 상환되는 상품도 있죠. 물론 원리금 만기도 다 다르며, 배당 적립금도 있어서 사실 1~2년 배당실적 미달성은 전체 자산운용에는 큰 문제가 되지 않습니다. 그러나 자산운용역들의 성과평가는 당해 연도 배당실적에 크게 영향을 받습니다. 즉, 못 채우면 '죄송합니다'로 끝나는 게 아니라 개인적인 성과급에 문제가 생깁니다. 직장인의 현실이지요.

기관에게 상장리츠가 매력적인 이유 자산운용역이 느끼는 최대 문제는 신규 투자 공백 위험입니다. 인간의 피처럼 투자금이 계속 순환해야 목표 배당액을 채울 수 있습니다. 그러나 다양한 상품들을 검토하다 보면 생각보다 기준에 만족하는 우량 투자처는 별로 없고, 찾았더라도 검토 시간이 오래 걸립니다. 이런 기관이 목표 배당액을 채울 수 있는 가장 간편한 방법 중 하나가 상장리츠를 사는 것입니다. 상장리츠는 기관이 필요한 모든 요소를 다 가지고 있습니다.

첫 번째는 투자가 간편합니다. 투자검토만 끝내면 약정서니 계약서 교부니 하는 귀찮은 과정 없이 그냥 증권 거래 앱인 HTS를 켜고 매수 버튼만 누르면 됩니다. 기관은 HTS 수수료 협의가 미리 되어 있으니 수수료에 대한 걱정은 없습니다.

두 번째는 배당 권리일 전에만 주식을 사면 보유기간이 얼마든 약정 배당금이 전부 나온다는 점입니다. 기관들이 많이 투자하는 부동산 펀드는 보유기간에 비례한 배당금을 받습니다. 예를 들어 100일째 배당이 나온다고 가정했을 때, 2일만 소유했다면 본인은 2일 치 배당만 받는다는 뜻입니다. 대신 부동산 자산 자체를 낮은 가격에 매입할 수 있다는 장점이 있긴 합니다. 싸게 사는 대신 배당을 적게 받으나, 비싸게 사는 대신 배당을 많이 받으나 금액적으로는 결과가 같은데 왜 이런 비효율적인 일을 하는지 물어볼 수도 있습니다. 결론부터 말하면 실현손익과 배당 간의 회계 계정과목을 분리하기 위해서입니다. 원금을 올리느냐, 수입을 올리느냐의 문제죠. 당연히 수입을 올려야만 합니다. 웃자는 말이지만 이것은 성과평가와 직결되는 중요한 작업입니다. 아마 직장인이라면 다 공감할 수 있을 것입니다. 앞서 말한 것처럼 상장리츠라면 약간 비싸게 사더라도 배당기일 전에만 사면, 배당금 전액을 받을 수 있습니다. 배당락이 나와 주가가 하락해도 매달 들어오는 자금을 더 넣어 평균단가를 낮출 수 있습니다.

세 번째는 웃돈 주고 사더라도 대체로 약정수익률이 3~4% 이상이라는 점입니다. 즉 대다수 기관의 목표배당률을 맞출 수 있습니다. 이런 여러 가지 이유로 기관이 목표수익률을 채우지 못했을 때는 웃돈을 주고라도 상장리츠를 담는 것이 유리합니다. 규정상 개별종목 편입한도에 저촉되지 않을 정도만 가지고 있으면 내외부적인 문제도 없습니다.

개인과 기관의 가장 큰 차이는 자금력　개인투자자에게 흔히 일어나는 상황을 가정해보겠습니다. 연 배당 4%인 A라는 종목을 5,200원에 샀는데, 주가가 5,000원으로 떨어졌습니다. 수수료, 세금을 다 주고 나면 투자손실이죠. 4,900원이 되면 그때부터는 강제적인 장기투자(?)가 시작됩니다. 팔면 손해가 생기니까요. 이때 개인투자자는 이렇게 생각합니다. '2년만 배당을 받으면 이득이니 버티자.' 기관투자자 역시 상황은 똑같습니다. 그러나 개인투자자의 자금력은 한계가 있기 때문에 물타기에 제한이 있고, 살다 보면 여기저기 목돈이 필요한 곳이 생기기 마련이라 물을 너무 오래 탈 경우 유동성 위기를 겪게 됩니다. 반면 기관은 주가가 떨어져도 더 살 자금이 충분합니다. 실제로는 더 사는 것이 유리한 경우가 많습니다. 매달 억 단위의 자금이 계좌로 들어오는데, 투자처를 못 찾고 투자원금을 그냥 놔두는 것이 보다 위험합니다.

이것이 개인투자자와 기관투자자의 가장 큰 차이입니다. 처음부터 우량자산에 투자하니 투자원금이야 물타기를 하며 버티다 보면 2~3년 내 결국 회복될 것이고, 원금을 한 번에 인출해야 할 위험도 없습니다. 오히려 매년 막대한 약정 배당수익금이 고맙죠. 이런 위험을 감수할 자신이 있는 개인투자자라면 분석 없이 기관투자자 동향을 따라가도 됩니다. 그렇지 않다면 투자자 동향을 쫓는 투자는 권하지 않습니다.

5

2021년, 될 성싶은
리츠 공모주 투자의 모든 것!

    요즘 공모주 투자에 대한 관심이 큰지 많은 질문을 받곤 합니다. 그동안 블로그 등을 통해 답변하곤 했는데, 여기서는 리츠와 공모주 투자를 함께 묶어, 상장 전 최고의 리츠 공모주를 찾는 방법에 대해 알아보겠습니다.

    리츠 공모주 시장은 2019년 롯데리츠, NH프라임리츠 케이스에서 봤듯이 초대박을 기대할 수 있는 상당히 매력적인 투자처입니다. 리츠 공모주 투자자는 무조건 5,000원에 각 리츠를 구매할 수 있습니다. 상장 첫날에는 주가변동성이 매우 높으니 주가가 5,000원 위로 상승한다면 큰 시세차익을 얻을 수 있죠. 즉 공모리츠로 이벤트성 단타가 가능하다는 뜻입니다. 중장기 투자자 역시 관심을 가질 만합니다. 주가가 항상 본인의 평균단가인 5,000원 위에 머문다면 마음 편하게 배당을 가져갈 수 있을 겁니다. 이렇게만 된다면 모든 리츠 중 최고의 안전마진이 되지 않을까 합니다. 상장을 앞둔 리츠를 찾을 때는 '38커뮤니케이션'이라는 사이트를 이용하면 좋습니다. 리츠에 대한 많은 정보를 얻을 수 있고, 무료이며, 투자검토하기도 편하니 잘 활용해보세요.

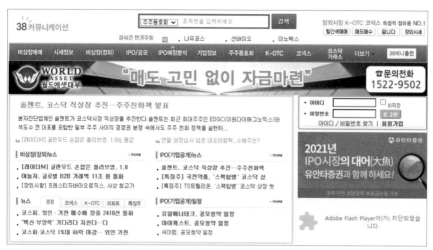

38커뮤니케이션(www.38.co.kr)

1단계 시장 조사하기 – 공모주 전체 시장, 리츠시장, 개별종목 평가표

1) 공모주 시장 전체의 업황 – 현재 시장 기준, 10점 만점 중 10점!

리츠뿐만 아니라 모든 공모주 투자는 3가지 옵션이 가장 중요합니다. 공모주 전체 시장의 업황, 종목시장의 업황, 개별종목 자체에 대한 평가입니다. 먼저 공모주 시장 전체의 업황을 보겠습니다. 2020년은 글로벌적으로 공모주 시장의 해였습니다. 어떤 주식이든 상장하면 대부분 상한가를 갔죠. SK바이오팜과 카카오게임즈 등이 그랬고, 미국의 경우 에어비앤비는 상장 이후 140%까지 상승했습니다. 적어도 2021년 말까지는 이런 추세가 이어질 것이라고 봅니다. 글로벌 주식시장이 너무 잘 나가니 공모주 시장 역시 적어도 2021년 올 한해는 계속 투자자의 편일 거라 기대합니다.

| 전체종목 | 청구종목 | 승인종목 | 기업IR일정 | 수요예측일정 | 수요예측결과 | 공모청약일정 | 신규상장 |

기업명	신규상장일	현재가(원)	전일비(%)	공모가(원)	공모가대비 등락률(%)	시초가(원)	시초/공모(%)	첫날종가(원)
티엘비	2020/12/14	58,900	8.07%	38,000	55%	75,900	99.74%	54,500
인바이오	2020/12/11	15,400	29.96%	5,800	165.52%	11,600	100%	12,200
엔젠바이오	2020/12/10	36,800	15.54%	14,000	162.86%	28,000	100%	25,650
퀀타매트릭스	2020/12/09	25,700	14.73%	25,500	0.78%	25,050	-1.76%	24,100
디비금융스팩8호	2020/12/09	1,990	0.00%	2,000	-0.5%	1,985	-0.75%	1,985
명신산업(유가)	2020/12/07	22,550	29.97%	6,500	246.92%	13,000	100%	16,900
클리노믹스	2020/12/04	19,900	0.51%	13,900	43.17%	18,500	33.09%	19,000
포인트모바일	2020/12/03	63,200	0.00%	15,000	321.33%	30,000	100%	30,550

출처: 38커뮤니케이션

> 상장했다 하면 대박치는 공모주 시장, 그만큼 청약은 매우 어렵다.

2) 리츠 공모주 시장 업황 - 현재 시장 기준, 10점 만점 중 5점

공모주 시장 전체의 업황을 본 다음에 볼 것은 종목시장의 업황입니다. 리츠 입장에서는 '리츠시장에 대한 평가'겠죠? 2020년은 코로나19로 리츠시장에 대한 평가가 심각하게 낮았습니다. 배당수입이 아무리 좋아도 리츠라고 하면 투자자 대다수가 기피했습니다. 또 투자심리도 도와주지 못했습니다. 4차산업에 대한 기대로 많은 투자자가 바이오, IT, 전기자동차, AI로 몰렸습니다. 하지만 코로나19 바이러스 백신과 치료제가 배포되면서 2021년도에는 컨택트 테마(면세, 항공, 리츠) 주가의 전고점 갱신을 예상하고 있습니다. 컨택트 테마가 상승할 때 공부를 시작하면 늦을 수 있습니다. 초반인 지금이 2021년 리츠 공모주 투자 준비를 위한 최적의 시기입니다.

다음은 2020년 리츠 공모주의 성적표입니다. 모두 손실로 몹시 초라합니다. 그러나 롯데리츠, NH프라임리츠 등 코로나19 이전인 2019년에 있었던 상장리츠 공모는 모두 상한가를 쳤다는 걸 기억해야 합니다. 참고로 공모가가 5,000원이 아닌 맨 아래의 두 리츠는 이제 국내에서 보기 어려운 자기관리 리츠니 개인투자자라면 신경 쓰지 않아도 됩니다.

기업명	신규상장일	공모가 (원)	시초가 (원)	시초/공모 (%)	첫날종가 (원)
이에스알켄달스퀘어리츠(유가)	2020/12/23	5,000	–	%	예정
코람코에너지플러스리츠(유가)	2020/08/31	5,000	4,800	-4%	4,735
제이알글로벌리츠(유가)	2020/08/07	5,000	4,700	-6%	4,825
미래에셋맵스리츠1호(유가)	2020/08/05	5,000	4,500	-10%	4,350
이지스레지던스리츠(유가)	2020/08/05	5,000	4,500	-10%	4,190
이지스밸류플러스리츠(유가)	2020/07/16	5,000	4,800	-4%	4,410
엔에이치프라임리츠(유가)	2019/12/05	5,000	5,000	30%	6,500
롯데리츠(유가)	2019/10/30	5,000	5,000	30%	6,500
신한알파리츠(유가)	2018/08/08	5,000	5,330	6.6%	5,200
이리츠코크렙기업(유가)	2018/06/27	5,000	5,010	0.2%	4,600
모두투어리츠(유가)	2016/09/22	6,000	5,700	-5%	5,230
케이탑리츠	2012/01/31	5,500	5,550	0.91%	5,130

출처: 38커뮤니케이션

2020년 리츠 공모주 시장은 참패였다. 코로나19 전인 2019년에는 모두 30% 이상의 성공! 과연 2021년은?

3) 리츠 개별종목 - 개별종목 평가표

마지막은 리츠 종목 자체에 대한 평가입니다. 이것은 앞에서 다룬 '부동산&주식 관점에서 바라보는 리츠' 접근법과 동일하니 그 방법 그대로 투자검토를 진행하면 됩니다. 수도권 입지, 임차인, 랜드마크 여부, 재간접 리츠 여부, 상장목적 등을 평가하는데, 이것을 보기 편하게 간단히 표로 만들면 다음과 같습니다.

대분류	소분류	영향력	요약
리츠 공모주 평가	리츠 성장성	★★★★	자산 분류를 기준으로 높은 미래수요를 가지는가? – 오피스, 리테일, 물류, 호텔, 데이터센터
	수도권 입지 여부	★★★☆	편입자산 중 수도권 입지 개수
	상장목적	★★★★	책임성장형, 자산유동화, 단순상품판매 등을 구분

리츠 공모주 평가	임차인	★★★★	임차인 수, 신용등급, 임대 지불능력
	공실률	★★★★	대형 임차인 이탈 가능성
	재간접 여부	★★★★	재간접 상장리츠라면 주가에 부정적
	FFO(AFFO) 성장	★★★★	실적이 최소 유지되거나 향상하는지
	배당 안정성	★★★★	배당금이 예측가능하며, 점진적인 상승 여부
	미래 신규 자산편입	★★★★	미래에 편입할 자산에 대한 기대&우려 – 지방 소재, 특정 계열사 건물, 자산 종류
	토지가치	★★☆☆	미래 토지가격의 상승 가능성
	건물가치	★★☆☆	미래 건물가격의 상승 가능성
	LTV 현황	★★☆☆	LTV를 조절해 이자를 낮출 수 있는지 LTV를 조절해 자산 추가편입 가능하지
	자산운용사	★★★☆	운용역량, 주주 친화도, 미래에 대한 기대 등
	배당 발생일 인접	★★☆☆	상장일과 배당 결산일 날짜 인접성

2단계 투자할 리츠 공모주 선택하기 – 가장 확실한 기준 3가지

부동산과 주식, 여기에 공모주까지 섞인 게 리츠 공모주 투자입니다. 원래 공모주는 또 다른 시장이라고 볼 수 있을 정도로 공모주만이 가지는 특성이 따로 있고 복잡하여 많은 공부가 필요합니다. 정말 다행스럽게도 상장리츠 공모는 그럴 필요가 없습니다! 공모주 검토가 복잡한 이유는 상장 전까지의 기업이력과 매출구조가 다양하며, 대표자 리스크도 검토해야 하고, 이곳저곳에서 투자도 많이 받기 때문입니다. 하지만 리츠는 기업이력이 사실상 없으며, 매출구조는 임대차 관리비로 끝, 페이퍼 컴퍼니라서 대표자는 바지사장, 기존 투자이력은 많아야 한 군데 정도입니다. 따라서 공모주 특성을 파악하기 위해 상장리츠는 딱 3가지 포인트만 확인하면 됩니다.

1) 기관투자자 수요예측 경쟁률(확약 포함) – 기관이 얼마나 많이 투자하는가?

말 그대로 기관투자자들이 리츠 공모주에 얼마나 많이 투자하는가입니다. 당연히 기관투자자들의 수요 경쟁률이 높아야 그 리츠가 대박을 칩니다. '확약'이란 주식 수를 더 많이 받는 대가로 일정기간 동안 주식을 팔지 않는다는 약속입니다. 주식을 더 받기 위해 스스로 제약을 받는 것에 동의하는 것이니 높을수록 좋습니다. 롯데리츠와 NH프라임리츠가 상장 첫날 상한가를 친 이유가 이것입니다.

기업명	예측일	공모희망가(원)	공모가(원)	공모금액(백만원)	기관경쟁률	의무보유확약	주간사
이에스알켄달스퀘어리츠(유가)	2020.11.25	5,000~5,000	5,000	357,295	-		한국투자증권,씨티증권,모간스탠리
코람코에너지플러스리츠(유가)	2020.07.28	5,000~5,000	5,000	106,600	-		NH투자증권,대신증권,신영증권,이베스트투자증권,한국투자증권
제이알글로벌리츠(유가)	2020.07.16	5,000~5,000	5,000	485,000	-		KB증권,메리츠증권,대신증권
미래에셋맵스리츠1호(유가)	2020.07.08	5,000~5,000	5,000	72,000	-		미래에셋대우,신한금융투자,SK증권
이지스레지던스리츠(유가)	2020.06.30	5,000~5,000	5,000	89,500	-		삼성증권,디비금융투자,유안타증권
이지스밸류플러스리츠(유가)	2020.06.10	5,000~5,000	5,000	118,500	87.09:1	8.70%	삼성증권,한화투자증권,신영증권
엔에이치프라임리츠(유가)	2019.11.13	5,000~5,000	5,000	68,800	711.65:1	43.20%	NH투자증권,키움증권,하나금융투자,한국투자증권
롯데리츠(유가)	2019.09.23	4,750~5,000	5,000	408,426	358.06:1	44.07%	한국투자증권,KB증권,삼성증권,하나금융투자
이리츠코크렙기업(유가)	2018.06.07	4,800~5,200	5,000	75,943	6.29:1		NH투자증권,신영증권,이베스트투자증권,KB증권
신한알파리츠(유가)	-	5,000~5,000	5,000	114,000			신한금융투자
모두투어리츠(유가)	-	6,000~6,000	6,000	14,100			교보증권,케이비투자증권
케이탑리츠	-	-	5,500	16,500			한국투자증권

출처: 38커뮤니케이션

> 2020년 리츠시장에서는 코로나19로 기관경쟁률이 전멸했다.

2) 개인투자자의 청약경쟁률

그만큼 인기가 많다는 뜻이니 당연히 개인투자자도 청약을 많이 한 리츠가 좋습니다. 아파트 분양권 청약과 유사합니다. 개인투자자 청약경쟁률의 경우 2가지 특징이 있습니다. 먼저 눈치 싸움이 가능합니다. 서로 눈치를 보다 마지막 경쟁률 보고 청약하는 사람들이 꽤 많습니다. 또 개인투자자 청약일이 기관투자자 수요예측 이후에 있다는 점입니다. 즉 기관투자자가 얼마나 많이 투자했는지 확인한 후 움직일 수 있으니 기관투자자가 많이 투자한 리츠만 골라 투자하면 유리합니다.

종목명	공모주일정	확정공모가	희망공모가	청약경쟁률	주간사
이에스알켄달스퀘어리츠(유가)	2020.12.04~12.08	5,000	5,000~5,000	3.59:1	한국투자증권, 씨티증권, 모간스탠리
코람코에너지플러스리츠(유가)	2020.08.05~08.07	5,000	5,000~5,000	1.54:1	NH투자증권,대신증권,신영증권,이베스트투자증권,한국투자증권
제이알글로벌리츠(유가)	2020.07.22~07.24	5,000	5,000~5,000	0.23:1	KB증권,메리츠증권,대신증권
미래에셋맵스리츠1호(유가)	2020.07.13~07.15	5,000	5,000~5,000	9:1	미래에셋대우,신한금융투자,SK증권
이지스레지던스리츠(유가)	2020.07.06~07.08	5,000	5,000~5,000	2.6:1	삼성증권,디비금융투자,유안타증권
이지스밸류플러스리츠(유가)	2020.06.16~06.17	5,000	5,000~5,000	26.86:1	삼성증권,한화투자증권,신영증권
엔에이치프라임리츠(유가)	2019.11.18~11.20	5,000	5,000~5,000	317.62:1	NH투자증권,키움증권,하나금융투자,한국투자증권
롯데리츠(유가)	2019.10.08~10.11	5,000	4,750~5,000	63.28:1	한국투자증권,KB증권,삼성증권,하나금융투자
신한알파리츠(유가)	2018.07.25~07.27	5,000	5,000~5,000	4.32:1	신한금융투자
이리츠코크렙기업(유가)	2018.06.12~06.15	5,000	4,800~5,200	0.45:1	NH투자증권,신영증권,이베스트투자증권,KB증권
모두투어리츠(유가)	2016.09.01~09.02	6,000	6,000~6,000	0.98:1	교보증권,케이비투자증권
케이탑리츠	2012.01.16~01.17	5,500	0		한국투자증권

출처: 38커뮤니케이션

2020년 리츠시장에서는 개인경쟁률도 줄었다.

3) 보호예수 및 구주(오래된 주식), 기관투자자 확약 물량

'보호예수'란 주가 보호를 위해 대주주 등 기존 주주가 일정기간 동안 주식을 팔지 못한다는 의무 약정을 말합니다. 당연히 보호예수 비율이 높을수록 좋습니다. '구주'란 이러한 기존투자자들이 가진 오래된 주식을 말하며, 신주와 대비됩니다. 구주가 많으면 보호예수로 묶이는 물량도 많아지니 주가변동성은 줄어듭니다. 그러나 공모주 시장에서는 구주가 많을수록 좋지 않게 보고 있습니다. 보호예수가 풀리는 순간 차익실현을 위해 주식을 던질 가능성이 증가하니까요. 또 구주는 투자자끼리의 단순한 주식교환이지만, 신주는 새로운 주식을 돈을 받고 더 찍어주는 것입니다. 즉 회사 자본금이 느는 거죠. 리츠는 성장하려면 자본금을 더 많이 조달해서 건물을 사야 하는데, 신주가 적으면 새로운 돈이 모이지 않습니다. 따라서 신주발행이 많고, 기존투자자 보호예수가 많은 것이 최고입니다.

'확약'은 기관투자자가 신주를 더 배정받는 대가로 일정기간 주식을 팔지 못한다는 약정입니다. 안 지키면 6개월~1년 동안 공모주 투자가 금지됩니다. 페널티 기간이 짧다고 느낄 수 있지만 그 기간 동안 투자를 못하는 것이 기관 입장에서 더 큰 손해라는 점은 앞에서 설명했었죠? 투자를 못 하면 자산운용역의 성과급도 날아갑니다. 따라서 이 기간을 어기고 파는 기관투자자는 0%에 가깝습니다.

기존 주주의 보호예수 기간은 리츠의 경우 최소 6개월~1년입니다. 확약의 경우 7일, 15일, 30일, 3달이 있습니다. 이때 기관물량이 많이 나올 수 있으니 상장리츠 투자자라면 리츠의 보호예수와 확약 기간을 확인하고 조심해야 합니다.

4.공모후 유통가능 물량(보호예수, 상장후 유통주식수)

관계	주주명	주식의 종류	신고서 제출일 현재 주식수	지분율	의무보호예수 주식수	보호예수 기간
최대주주 본인	롯데쇼핑(주)	보통주	85,984,442주	100.00%	85,984,442주	2019년 5월 30일로부터 1년

롯데리츠의 단독 기존 주주인 롯데쇼핑의 구주 물량이다(상장 후, 지분율 50%). 보호예수로 1년간 거래할 수 없다.

🄳 의무보유 확약비율

구분	신청수량(단위:주)
15일 확약	223,556,000
1개월 확약	3,886,183,137
3개월 확약	3,643,040,000
6개월 확약	1,066,290,000
합계	8,819,069,137
총 수량 대비 비율(%)	44.07%

의무보유 확약비율과 보호예수가 길수록 투자자가 보호되어 주가에 안정적이다. 그러나 상장 후 각 기간이 될 때는 대규모 물량 출회가 가능하니 주의해야 한다. (출처: 38커뮤니케이션)

3단계 증권사 홈페이지에서 투자하기

> 리츠 공모주 투자순서: 기관 수요예측 → 개인 청약 → 대금 납입 → 배정 및 상장일 거래

공모주 청약은 모바일이나 컴퓨터를 이용해 비대면으로 신청할 수 있습니다. 컴퓨터라면 증권사 홈페이지에서 신청하면 되고, 모바일은 MTS를 이용합니다. 증권사 지점을 직접 방문한다면 번호표를 뽑고 기다리면 직원이 안내해줄 것입니다. 이때 아무 곳이나 가는 게 아니라 상장 주관사에 맞는 증권사 홈페이지가 따로 있으니 그곳으로 가야 합니다. 예를 들어 롯데리츠는 한국투자증권, KB증권, 삼성증권, 하나금융투자가 상장 주관을 맡았었습니다.

개인 청약 신청은 반드시 '개인투자자 청약 기간' 내에 할 수 있으며, 기간은 2일간 진행됩니다. 청약 마지막 날의 경우 보통 오후 4시~6시 이전에 마감되니, 투자를 결심했다면 서두르는 것이 좋습니다. 그 전에 꼭 '기관, 개인 경쟁률'을 확인하세요.

청약 후에는 몇 주를 배정받았는지 확인합니다. 기다리는 기간은 종목마다 다릅니다. 납입기간 내에 증권사 계좌에 배정금액만큼 투자자금을 넣어야 합니다. 만약 청약 후 자금을 넣지 않는 노쇼(No, show)인 경우 6~12개월간 어느 증권사에서도 신규 공모주 참여를 할 수 없습니다. 불참 벌칙인 셈입니다. 보통은 증권사 직원이 전화해서 알려줍니다. 청약한 리츠가 나중에 생각해보니 별로라면 고의로 포기하는 것도 전략이니 신중히 사용하면 좋겠습니다. 주식 배정은 보통 상장 당일 개장 전에 이루어집니다. 단타 투자자들은 상장 후 본인의 목표가에 맞게 거래하면 되고, 중장기 투자자라면 평소 하는 것처럼 그냥 두면 됩니다.

한국투자증권 온라인 공모주 청약

키움증권 온라인 공모주 청약

6

대표적인 국내 상장리츠 종목 분석

2021년 1월 현재 국내 증권시장에 상장된 리츠는 총 13개입니다. 여기에 리츠는 아니지만 우량 회사형 상장펀드인 맥쿼리인프라까지를 포함해 총 14개라고 보기도 합니다. 종목마다 편입하는 자산과 운용방식이 다르기 때문에, 여기서는 개인투자자들이 주로 접근하는 종목 6가지를 골라 분석하는 방법을 알아보겠습니다. 시기에 따라 상장리츠는 줄거나 더 늘어나겠죠? 매일 주가와 환경이 달라지니 이 분석 내용을 바탕으로 여러분 나름의 기준을 세우고, 각 종목을 분석할 수 있기를 바랍니다.

대분류	소분류	종목	상장일	편입자산 or 사업	비고
상장 리츠	위탁	이에스알켄달스퀘어리츠	20-12-23	국내 11군데 물류센터	모자형 +재간접
		코람코에너지플러스리츠	20-08-31	현대오일뱅크, SK 주유소	
		제이알글로벌리츠	20-08-07	벨기에 오피스	모자형 (≒재간접)

상장 리츠	위탁	미래에셋맵스리츠1호	20-08-05	광교 아울렛	
		이지스레지던스리츠	20-08-05	민간임대주택	재간접
		이지스밸류플러스리츠	20-07-16	태평로 빌딩	재간접
		엔에이치프라임리츠	19-12-05	국내 프라임 오피스	재간접
		롯데리츠	19-10-30	롯데백화점, 아울렛, 마트	
		신한알파리츠	18-08-08	수도권 우량 오피스	
	구조 조정	이리츠코크렙기업	18-06-27	이랜드 리테일	
	자기 관리	모두투어리츠	16-09-22	호텔, 리테일	
		케이탑리츠	12-01-31	개발사업, 임대사업	
		에이리츠	11-01-26	개발사업	
상장펀드		맥쿼리인프라	06-03-15	교량, 도로 등 대출, 지분	

국내 상장리츠 현황 – 2021년 초반 현재 14개

롯데리츠 – 롯데 그룹사 자산

종목 개요

구분		롯데리츠	
편입자산	편입예정	백화점(강남, 구리, 창원, 광주) 마트(청주, 의왕, 율하, 장유) 아울렛(청주, 율하)	백화점(중동, 안산) 아울렛(춘천, 계양, 이천) 물류센터(김포)
	공실률	0%	
	임차인	롯데쇼핑 단독 장기 임차	
	운용사	롯데 AMC	
	배당주기	반기 배당	
	배당수준	연 6%	

개별종목 평가표

평가기준	점수 (10점 만점)	요약
리츠 성장성	3	– 리테일의 구조적 한계: 백화점, 마트, 아울렛 – 김포 물류센터 신규편입 예정은 긍정적
상장목적 건전성	3	– 자산유동화 목적
임차인 컨디션	8	– 롯데쇼핑 단독 책임임차(지불능력 충분) – 롯데 우량 타 계열사 임차 가능성 기대
공실률 컨디션	10	– 미래 롯데쇼핑 이탈 가능성 거의 없음
재간접 여부	10	– 없음
FFO(AFFO) 성장	8	– 눈에 띄는 차이는 없음, 자산편입 시 상승 기대
배당 안정성	8	– 실적배당, 그러나 배당금 수준 예측 가능은 긍정적
미래 자산편입	3	– 편입자산이 롯데 쇼핑, 계열사 건물로 예측 가능 – 지방 소재 리테일 자산이 여전히 계속 편입 예정
수도권 입지 여부	4	– 강남 롯데백화점의 높은 영향력
자산운용사	5	– 상장 후, 1년 내 자산편입 통보는 긍정적 – 그것이 자산유동화 목적인 것은 감점요소
토지 가치	8	– 지방 자산의 핵심상권 입지 – 수도권 자산의 핵심상권 입지
건물 가치	7	– 국내 최상위 리테일 브랜드는 긍정적 – 자산개발이 어려운 리테일 자산의 구조적 한계는 존재
대환대출 현황	8	– 저금리에 따른 이자를 낮출 수 있는 폭이 존재

종합적인 장점 분석

롯데리츠는 총 자산가치가 1.5조 원이고, 자본금 4,300억 원이 조달된 국내 최대 규모의 리츠입니다. 높은 시가총액과 안정적인 운용을 바탕으로 MSCI 글로벌 스몰캡 지수에 편입되었습니다. 자산가치를 글로벌적으로 인정받았고, 지수 추종 자금이 유입되어 거래량과 수급을 지속적으로 좋게 만듭니다. 롯데쇼핑이 단독 100% 장기 임차로 들어가 있으며, 롯데리츠에서 임대관리 유지를 위해 지불할 비용은 거의 없습니다. 트리플넷 계약구조에 따라 화재보험, 제세공과금, 유지관리비 전액을 임차인인 롯데쇼핑이 지불하기 때문입니다. 따라서 미래 배상금 수준이 안정적입니다.

롯데쇼핑이 지불한 임대보증금 수준이 높고, 롯데리츠에는 '강남 롯데백화점'이라는 랜드마크 자산이 편입되어 있어 배당 손상 가능성이 낮습니다. 롯데리츠가 배당을 지급하지 못할 경우 롯데쇼핑이 미납금을 대납한다는 계약조항도 주목할 만합니다. 결과적으로 롯데리츠는 AA-(안정)라는 우량 신용도를 유지하고 있습니다. 현시점 시중 AA- 등급 사채의 이자율은 1.5~1.8% 수준입니다. 롯데리츠는 현재 총 490억 원의 대출을 2.7%의 이자율로 유지하고 있는 중입니다. 따라서 대환대출로 이자비용을 감소시킨다면 주가에 좋은 영향을 줄 것이라 기대할 수 있습니다. 마지막으로 곧 편입할 자산 중 물류센터가 있다는 걸 봐야 합니다. 현재 물류센터는 성장성이 높은 자산으로 시장의 평가를 받고 있으니 롯데리츠의 자산 종류 다각화 행보는 긍정적입니다.

마지막으로 대기업이 기획한 리츠라는 점은 시장에 높은 신뢰도를 주고 있습니다. 특히 롯데의 경우 '부동산의 대가'로 불릴 정도로 수준 높은 부동산 운용능력을 가지고 있습니다. 대기업이 직접 자산운용을 한다는 것은 투자자에게 좋게 다가올 수밖에 없으니까요. 종합적으로 보면 몇몇 약점이 있긴 하지만 이들을 상쇄할 정도로 롯데리츠의 전망은 좋은 편입니다.

투자위험 분석

롯데리츠의 최대 단점은 리츠의 성장성이 제한적이라는 것입니다. 롯데리츠는 롯데 그룹사의 자산만을 편입시킨다는 한계가 있습니다. 롯데쇼핑의 리테일 자산은 대체로 지방에 있고, 자산별 가치 차이도 커 부실자산이 편입될 우려도 있습니다. 안 좋은 자산을 묶어 롯데리츠에 팔아 롯데그룹의 유동성을 확보할 수 있다는 의심이 시장에 깔려 있습니다. 물론 이러한 투자자들의 견제 덕분에 롯데리츠에서 가장 먼저 해명하는 것이 편입예정 자산입니다. 홈페이지에도 자랑스럽게 전시해놓곤 합니다.

롯데리츠의 배당금 지급 구조 역시 단점입니다. 얼핏 배당금이 고정 임대료인 것처럼 보이지만 실제로는 매출연동형입니다. 급격한 실적저하 등으로 임차인인 롯데쇼핑의 경영에 심각한 문제가 생기면 배당금이 훼손될 가능성이 있는 거죠. 훼손된 배당금은 롯데리츠 주주가 책임지게 됩니다. 따라서 롯데리츠 투자자는 강제로 롯데쇼핑의 재무제표를 신경 써야 한다는 스트레스가 생깁니다. 현재 롯데쇼핑의 영업이익은 백화점, 할인점, 할인마트의 기여도가 매우 큽니다. 백화점의 경우 코로나19를 맞아 매출액 성장률이 2019년 대비 급감했으며, 영업이익률이 지속적으로 하락하고 있는 추세입니다. 할인점은 현시점 영업적자를 기록하고 있으며, 하이마트 역시 마찬가지입니다. 매출액과 영업이익의 감소는 롯데쇼핑의 현금성 자산의 감소를 촉진할 것이며, 임대료 납부 위험을 늘릴 수 있는 위협이 됩니다. 이 추세는 코로나19 사태의 지속과 이커머스(e커머스, 전자상거래 electronic commerce의 약자) 시장의 증가로 단기적 악재가 아닐 수 있습니다. 마지막으로 롯데리츠는 롯데쇼핑과 높은 신용 연계성이 있습니다. 롯데리츠가 강남역 롯데백화점을 가지고 있긴 하지만 롯데쇼핑의 악재가 지속되면, 강남지점의 자산가치만으로는 현 신용도를 유지하기 어려울 수 있습니다.

리츠는 주식이다 – 국내 상장리츠

NH프라임리츠 – 오피스

종목 개요

상품명	NH프라임리츠			
편입자산	서울스퀘어	강남N타워	삼성물산 사옥	SDS 타워
편입 투자기구	ARA 펀드	KB강남1호리츠	현대38호펀드	유경11호펀드
편입대상	1종 수익증권	우선주	수익증권	수익증권
투자금액	410억 원	200억 원	130억 원	150억 원
비중	46%	22%	15%	17%
주요 임차인	위워크, 지멘스	네이버, 현대차	삼성화재 국민은행	삼성 SDS
공실률	4.8%	1.5%	0%	0%
Cap rate	6.2%	4.6%	5.6%	4.3%

⑴ 서울스퀘어: 다중 임차구조, 위워크 20년 장기임차구조
⑵ 강남N타워: 다중 임차구조, 네이버, 현대차 연구소 임차
⑶ 삼성물산사옥: 삼성화재 통 임차계약(2021년 9월까지 임차), 1층만 KB국민은행 임차
⑷ 삼성SDS타워: 삼성SDS 통 임차계약(잔여 임차기간 4년 수준)

개별종목 평가표

평가기준	점수 (10점 만점)	요약
리츠 성장성	6	– 코로나로 인한 오피스 산업 우려는 존재 – 프라임 자산편입 취지는 매우 긍정적 – 해외 프라임 오피스 편입 도전 시도는 주목할 점
상장목적 건전성	1	– 개인투자자의 랜드마크 자산투자라는 취지는 긍정적 – 그러나 실제 목적은 그것이 다일까?
임차인 컨디션	8	– 현재 국내 최상위 대기업 임차는 긍정적 – 그러나 앞으로도 그럴 수 있을까?
공실률 컨디션	10	– 일단 프라임 자산으로 채우다 보니 자산 공실우려가 높음 – 자산별, 임차만기 관리가 안 됨

재간접 여부	1	– 재간접리츠는 좋은 점이 거의 없음 – 재간접 사유가 우량자산편입이라는 점은 긍정적
FFO(AFFO) 성장	8	– 눈에 띄는 차이는 없음, 자산편입 시 상승 기대
배당 안정성	2	– 건물, 유지비가 높아 배당금이 타 리츠 대비 낮음 – 미래 임차 우려로 낮은 배당 안정성
미래 자산편입	7	– 프라임 오피스 편입을 늘리겠다는 상장당시 목표 – 재간접리츠라 편입가능 자산이 제한적이라는 우려
수도권 입지 여부	10	– 모든 편입자산이 수도권 입지
자산운용사	2	– '프라임 리츠' 라는 리츠 이름에서 나오는 좋은 목적성은 인정할 부분, 그러나 투자자 보호 및 가시적 책임운용은 부재
토지 가치	10	– 서울 핵심지역 소재 – 매우 높은 접근성, 문화시설 인접
건물 가치	10	– 국내 최상위 프라임 오피스 – 입지, 희소성, 브랜드 국내 최고 수준
대환대출 현황	5	– 저금리에 따른 이자를 낮출 수 있는 폭이 존재

종합적인 장점 분석

NH프라임리츠는 공모 부동산 간접투자기구 활성화 정책에 힘입어 롯데리츠 다음으로 2019년 12월에 상장한 재간접 상장리츠입니다. 자산운용은 'NH농협 자산운용'이 담당하고 있습니다. 롯데리츠가 높은 청약경쟁률을 위해 배당 안 정성을 강조했다면, NH프라임리츠는 편입자산의 희소성에 초점을 둔 홍보 마 케팅을 진행했습니다. NH프라임리츠의 편입자산들은 개인투자자가 쉽게 참여 하기 힘든 A급 프라임 오피스 자산들로, 웬만한 기관 역시 참여하기 힘듭니다. 현재 편입자산은 강남, 서울역 등 핵심 지구에 소재한 총 4개의 오피스입니다. 드라마 〈미생〉의 촬영지인 서울스퀘어, 강남역 삼성빌딩인 삼성물산 서초 사 옥, 잠실에 소재한 삼성SDS 사옥, 강남N타워로 구성되어 있습니다. 특히 서울스퀘어와 삼성물산 사옥의 경우 글로벌 투자자들도 인정하는 랜드마크 물건입니다.

따라서 NH프라임리츠의 가장 큰 장점은 자산가치의 성장성과 안정성입니다. 코로나19라는 대형 악재 속에서 오피스 투자심리가 초우량 자산으로만 향하는 빈익빈, 부익부 시장임을 감안할 때 NH프라임리츠의 편입자산 가치는 지속적으로 높아질 가능성이 있습니다. 또한 자산의 랜드마크 희소성과 더불어 매입 매도 Cap rate 차이가 발생해 향후 높은 매각차익을 만들 것이라는 기대도 투자 포인트입니다. 특히 강남N타워의 경우 편입자산 중 가파른 자산가격 상승률을 보여주고 있습니다.

지속적인 우량자산편입 가능성도 주목할 만합니다. 이름에서 보여주듯이 NH프라임리츠는 '프라임한 최상급' 물건만 담습니다. 이것이 NH프라임리츠 최고의 장점입니다. 따라서 앞으로도 가장 좋은 국내외 오피스를 지속적으로 편입할 가능성이 큽니다. 코로나19로 지분 매입이 불발되긴 했지만, 해외 프라임 오피스를 담으려는 시도도 있었습니다.

단기적으로 공실이 발생하더라도 자산가치가 워낙 뛰어나다 보니 가치 변동성은 적을 것이라 판단됩니다. 또 코로나19 확산으로 프라임 오피스에 대한 투자심리가 증가하고 있다는 점에도 주목이 필요합니다. 그 결과 땅값, 건물값 둘 다 지속적인 성장성이 기대됩니다.

투자위험 분석

첫 번째 단점은 NH프라임리츠의 경우 공모가 5,000원을 기준으로 투자원금 대비 배당수익률이 낮을 수밖에 없다는 것입니다. 초우량인 비싼 건물들만 골라 매입한 결과인데, 비싼 물건을 절대 싸게 가져올 수는 없죠. 전부 제값 주고 매입한 것이라 배당률 수준이 4~5% 정도밖에 안 됩니다. 다른 상장리츠에 비해 배당률이 적은 편이죠. 이러한 가격부담과 자산편입을 위한 부대비용 발생으로 2019년(1기)에는 배당금이 없었습니다. 2019년 당해 당기순손실이 발생했기 때문입니다.

두 번째 단점은 재간접리츠라는 점입니다. 앞에서 따로 뽑아 설명했을 정도로 개인투자자의 재간접리츠 투자는 많은 주의가 필요합니다. NH프라임리츠 역시 세금과 수수료가 총 2번 나갑니다. 재간접 AMC(NH농협자산운용)에 아무 의미 없이 수수료를 줘야 한다는 건 정말 별로입니다. 재간접리츠 구조로 인해 주주 의결권 역시 제한됩니다. 만약 다른 공동투자자들이 원금상환을 원한다면 차후 편입자산을 매각해야 합니다. 수급도 꼬이게 됩니다. 현행법상 펀드로는 재간접리츠 전체 지분 중 최대 30%만 담을 수 있기 때문에, 기관투자자가 NH 프라임리츠를 많이 담고 싶어도 담을 수 없습니다. 리츠는 더 심각합니다. 재간접리츠는 또 다른 재간접리츠의 주주가 될 수 없기 때문에, 리츠로는 NH프라임 리츠를 아예 편입할 수가 없습니다.

재간접리츠의 연장선상에서 오는 세 번째 단점은 투자자 제공정보가 적고, 미래 배당 안정성이 좋지 못하다는 것입니다. 먼저 왜 투자자에게 오는 정보가 적은지, 무슨 문제가 있는지를 짚어봅시다. 가장 큰 원인은 편입자산인 서울스퀘어, 강남N타워, 삼성물산 서초사옥, SDS타워 모두 사모 투자기구로 묶여 있다는 것입니다. 그중 3개는 심지어 리츠가 아니라 펀드로 묶여 있고, 알다시피 펀드는 별도 공시 의무가 없는지라 운용과정 확인이 더 어렵습니다. 그 결과 투자자는 개별자산에 어떤 일이 일어나는지 알 수 없게 되니 투자위험을 일일이 제어하기가 쉽지 않죠.

미래 배당 안정성 위협도 있습니다. 일부 편입자산에 주요 임차인들의 계약 만기가 가까워졌는데 삼성물산 서초 사옥의 경우 주요 임차인인 삼성화재의 잔여 임차기간이 겨우 1년여밖에 남아 있지 않습니다. 1층에 입주한 KB국민은행 역시 마찬가지입니다. 만일 주요 임차인인 삼성화재가 나갈 경우 배당률은 약 1.4% 정도 감소할 수 있습니다. 랜드마크 자산이고 NH에서 운용하는 것은 맞지만 지하 포함 총 층수가 34층이나 되고 전용면적도 넓은 물건이라 공실을 쉽게 채울 수 있을지 의문입니다. 삼성SDS 타워 역시 마찬가지입니다. 단일 임차인인 삼성SDS의 잔여 계약기간이 4년 수준으로 절대 길지가 않습니다. SDS타워의 경우 삼성SDS가 지하 2층부터 지상 30층까지를 사용하고 있으며, 해당 건물 역시 SDS가 나가면 신규 임차인을 채우기가 쉽지 않아 보입니다.

마지막은 지분율이 제일 높은 서울스퀘어입니다. 서울스퀘어 빌딩은 WeWork가 주요 임차인으로 20년 장기 임차를 하고 있습니다. 그러나 코로나19 확산으로 공유경제시장이 크게 위축되면서, 실적 부진으로 부실 지점 폐점 절차를 밟고 있습니다. 특히 강북지점을 접을 경우 NH프라임리츠에 큰 악재로 작용할 수 있습니다. 물론 서울스퀘어에서의 이탈은 현재 사실무근이며 확정된 사항은 결코 아닙니다. 그러나 아직 우려는 지속적이고, 혹여나 실제로 이런 문제가 생길 수 있기에 투자자는 언제든 준비하고 있어야 합니다. NH프라임리츠 내 서울스퀘어가 차지하고 있는 비중이 제일 높기 때문입니다.

신한알파리츠 - 오피스

종목 개요

상품명	신한알파리츠	
편입자산/임차인	판교 크래프톤타워(핵심) 용산 더프라임타워 을지로 대일빌딩(2020) 트윈시티남산(2020) 신한N타워(2020)	네이버, 크래프톤, 스노우 신한생명, 트랜스 코스모스, 유베이스 루이비통, 비콘코리아, DGB, CJ올리브 네트웍스, 한국 머스크, DHL, 신한생명
공실률	평균 5% 이내	
편입지수	S&P Global Reits	
운용사	신한리츠	
배당주기	반기 배당	
배당수준	3~5%	

개별종목 평가표

평가지표	점수 (10점 만점)	요약
리츠 성장성	7	– 코로나로 인한 오피스 산업 우려 존재 – 편입조건 없이 자유로운 자산 발굴은 긍정적 – 국내 유일한 S&P Global Reits 지수 편입
상장목적 건전성	7	– 국내 1호 성장형 위탁 리츠
임차인 컨디션	8	– 판교 크래프톤타워 IT 초우량 임차인 – 대일빌딩 공실률 0% 달성 이력(기존 22%)
공실률 컨디션	8	– 임차만기 분산으로 공실률 위험 최소화 – 신한그룹 계열사 임차인 입점으로 임차 강화 – 최대주주 신한생명의 자기 임차로 임차 안정성 강화
재간접 여부	10	– 재간접리츠 아님
FFO(AFFO) 성장	8	– 신규 자산편입에 따른 매출성장 기대
배당 안정성	7	– IT업계 실적증가로 임차 위험 방지, 일부 리테일은 우려
미래 자산편입	7	– 2020년 자산 3개 편입으로, 지속적 성장 기대
수도권 입지	9	– 모든 편입자산이 수도권 입지
자산운용사	7	– 상장리츠 중 가장 높은 주가 유지(주주 친화적) – 우량자산 발굴에 대한 높은 안목
토지 가치	9	– 판교 지대의 추가적 상승 가능성 – 높은 접근성, 문화시설 인접
건물 가치	9	– 판교 랜드마크, 크래프톤타워, IT기업 높은 수요
대환대출 현황	6	– 자산편입에 따라 기존 대출들의 대환 가능성 존재

리츠는 주식이다 – 국내 상장리츠

종합적인 장점 분석

신한알파리츠는 국내 탑티어 위탁 리츠라고 불릴 정도로 아주 우수한 상장리츠입니다. 글로벌 지수인 S&P Global Reits에 편입될 정도의 높은 가치를 가지고 있습니다.

2020년에 대일빌딩을 편입한 이후 이어서 트윈시티 남산, 신한L타워까지 편입했습니다. 먼저 대일빌딩을 보면 매입 시 공실률이 22%였던 것을 0%로 만들어 2021년부터는 매출 향상이 기대됩니다. 트윈시티남산은 국내 몇 안 되는 서울 내 프라임 오피스이며, CJ올리브네트웍스가 주요 임차인으로 들어가 있습니다. 상층부 호텔을 제외한 오피스동 전체를 매입해 운용 안정성도 늘어났습니다. 트윈시티남산 역시 상장을 준비하고 있어서 주주인 신한알파리츠에 긍정적으로 작용할 수 있습니다. 신한L타워는 그룹사 건물이니 운용 이해가 높으며, 신한생명은 임차인이면서 동시에 신한알파리츠 최대 투자자라서 안정적인 배당이 가능합니다. 코로나19 진정 후 부동산 경기회복 시 배당과 시세차익 둘 다 수익구간에 들어간다면, 현재가에 비해 높은 가격 매력도를 가지고 있다고 볼 수 있습니다.

신한알파리츠의 큰 장점은 편입자산의 제약이 거의 없다는 것입니다. 일부 리츠의 경우 리츠 이름이나 상장목적에 따른 제약이 있죠. 최근에 신한L타워를 편입했지만, 앞서 말한 자기 임차구조라 나쁘지 않은 투자입니다. 또 '신한'이라는 이름이 가진 장점이 있는데, 편입자산의 공실률을 방지하기 위해 자산 여기저기에 신한그룹사를 넣곤 합니다. 신규 자산편입도 자유롭고, 정밀한 투자분석이 가능해 판교 크래프톤타워의 경우 국내 최고의 리츠 투자 성공사례 중 하나로 평가받고 있습니다.

판교 크래프톤타워는 신한알파리츠의 주요 주주로 유진자산운용 및 미래에셋자산운용이 들어가 있습니다. 이것은 신한알파리츠가 다른 간접투자기구에 편입되었다는 뜻인데, 수급을 도와주고, 타 간접투자기구가 해체되지 않는 이상 지분양도 가능성까지 낮아지니 주가방어에 도움이 됩니다. 편입자산들의 경우 대부분 공실률 0%에 가까우며, 업무권역 중에서도 토지시세가 저렴한 편이라 평가차익의 상방이 열려 있다고 판단합니다. 자산을 편입할 때 대출을 공격적으로 사용하는 부분도 좋습니다. 주식 발행을 줄여 지분가치를 높이니까요. 신한L타워 인수과정에서는 보유자산에 전반적인 대환대출이 발생해 이자비용이 낮아질 것이라 예상합니다.

여러 장점에도 불구하고 현재 신한알파리츠는 코로나19로 부동산 자산에 대한 우려가 높아지면서 주가가 고점 대비 30% 정도나 하락한 상태입니다. 따라서 차후 높은 배당수익률과 시세차익을 함께 기대할 수 있는 매력적인 투자처로 보입니다.

투자위험 분석

신한알파리츠 주가는 주당 6,000~7,000원 수준으로 상장리츠 중 가장 높습니다. 연 배당금 상승 수준을 참고할 때 배당수익률은 현재가 기준 2~4% 정도로 낮은 편입니다. 핵심 수입원은 크래프톤타워입니다. 2020년에 편입한 자산들이 아직 정상화되지 않아 크래프톤타워 매출액 의존도가 높습니다. 코로나19 확산 시 일부 리테일 매장에서 임대료 연기가 발생했는데, 배당수익률에 문제가 생길 가능성이 있습니다. 2020년에 자산을 3개나 편입한 결과 자금 충당을 위한 다수의 유상증자가 예상됩니다. 증자 이유가 매우 긍정적이지만 증자로 인한 주가변동 가능성은 존재합니다. 신한알파리츠 역시 코로나19 확산 위험에 노출되어 있습니다. 우량 임차인이 임차해 배당에는 크게 문제가 없을 테지만, 업황으로 인해 주가가 떨어져 있죠. 하지만 성장성을 고려하면 2021년 초인 현재가 저점일 가능성이 크다고 판단합니다. 업황 회복과 매출성장을 기다리며 길게 보는 투자전략이 필요합니다.

맥쿼리인프라 - 도로, 교량, 터널, 철도 등의 인프라

종목 개요

편입자산	투자 형태	이자보장 만기	실사협약 기간
백양터널	대출형	2025년	–
광주 제2순환도로 1구간	대출형	2028년	–
광주 제2순환도로 3구간	대출형	2034년	–
수정산 터널	지분형	2027년	–
천안 논산 고속도로	지분형	2022년	2033년
인천국제공항 고속도로	지분형	2020년	2030년
인천 대교	대출형	2024년	2039년
우면산 터널	대출형	–	2034년
마창 대교	대출형	2038년	–
서울 용인 고속도로	대출형	2019년	2039년
서울 춘천 고속도로	대출형	2024년	2039년
부산항 신 항구	대출형	–	2040년
동북선 도시철도	대출형	–	2054년

종합적인 장점 분석

맥쿼리인프라는 국내에서 가장 유명한 회사형 부동산&인프라 상장펀드입니다. 리츠가 아닌 펀드답게 투자구조에 제약이 없는 것이 가장 큰 특징입니다. 그 덕분에 대출형, 지분형 등 필요에 맞는 투자를 진행하고 있습니다. 맥쿼리인프라가 다루는 자산은 건물이 아니라 인프라이며, 구체적으로 도로, 교량, 터널, 철도 등입니다. 자산규모가 매우 크며, 투자구조가 오피스, 리테일 등의 일반적인 리츠 투자와 다릅니다. 가장 큰 차이는 맥쿼리인프라의 경우 민간 임차인이 아닌 중앙정부 또는 지자체와 계약한다는 점입니다. 따라서 맥쿼리인프라의 임대료 안정성은 상당히 높습니다. 맥쿼리인프라는 미달 임대료에 대한 정부 보장 조건을 계약사항에 넣어 배당 안정성을 보다 강화했습니다. 만약 맥쿼리인프라에 편입된 자산들이 사업계획 목표실적에 미달할 경우, 정부가 차액을 전부 지원해주는 '이자보장기간'이라는 엄청난 계약을 맺고 있습니다.

맥쿼리인프라의 최대 수익권자는 지분 약 12%를 가지고 있는 군인공제회입니다. '공제회'라는 연기금이 최대 수익권자 지위에 있는 만큼 자산의 신뢰성은 검증되었다고 볼 수 있습니다. 심지어 군인공제회는 운용 자산규모가 1조 원이 넘으니 더욱 주목할 필요가 있습니다. 배당은 반기마다 지급되며, 배당수익률은 시가 기준으로 5~6%에 가깝습니다.

맥쿼리인프라는 3개의 자산만 지분투자로 진행되며, 나머지 자산들은 중앙정부 및 지자체와의 대출계약으로 구성되어 있습니다. 지분투자에도 이자보장기간이 존재하며, 배당은 지속적으로 보호되고 있습니다. 지분투자 자산들은 도로형 자산들이며, 입지도 좋고 교통량도 우수해 매출 변동성이 낮은 편입니다.

맥쿼리인프라의 투자구조

정부와 맥쿼리인프라가 체결한 이자보장기간이라는 게 뭘까요? 인프라를 민간에서 차지하면 임의적으로 이용요금이 오를 수밖에 없고, 수익을 따라 유동인구가 많은 지역에만 인프라가 계속 설치될 겁니다. 그렇게 되면 결국 부담은 국민이 지게 되는데, 이것을 막기 위해 정부가 손실 차액분을 대납해주는 것이죠. 예를 들어 편입자산인 천안-논산 고속도로의 경우 낮은 통행료를 고객에게 받고, 나머지 차액은 한국교통공사와 국토교통부에서 보전받습니다. 이것을 '최소 운영수입보장제' 다른 말로 'MRG 조항'이라고 합니다. 그 덕분에 상장펀드&리츠 중 가장 고정적인 주가를 보여준다는 특징을 가지고 있습니다. 늘 실적이 우수하니까요.

인프라 투자는 국가에 꼭 필요하지만 전문적으로 다룰 수 있는 사람이 적어 전문운용역들의 희소성은 아주 높습니다. 따라서 정부 지자체라도 맥쿼리인프라를 쉽게 대할 수는 없습니다. 이런 분위기는 과거 수도권 9호선 설립계획에서부터 확인할 수 있습니다. 9호선에 맥쿼리인프라가 투자한 공사자금은 6,632억 원에 불과했습니다. 그러나 전문성 하나로 이자율이 9~13%나 되는 재무적 투자계약(FI)을 맺어 매년 수백억 원대의 원리금을 서울시로부터 회수해 갔습니다. 맥쿼리인프라의 뛰어난 운용력과 그들이 맺은 MRG 계약의 사기성을 짐작할 수 있죠.

정책적 지원도 확인할 필요가 있습니다. 2020년 문재인 대통령은 코로나19로 인한 경제성장률 침체를 방지하기 위해 SOC를 확대하는 한국판 뉴딜정책을 발표했습니다. 필자는 차후 SOC 투자계획에서도 맥쿼리인프라가 다양한 자산들의 사업권을 따낼 확률이 높다고 판단합니다. 인프라 운용에서는 독보적 원탑이니까요. 맥쿼리인프라는 개인투자자가 국내 인프라에 투자할 수 있는 거의 유일한 창구나 다름없습니다. 주가 메리트가 적다는 점을 제외하면 유사업계 최고 수준의 종목입니다.

투자위험 분석

먼저 편입자산입니다. 자산들의 가중평균 이자보장기간은 2024년까지이며, 그 이후는 자산별 실시협약 기간이어서 계약조건이 달라질 수 있습니다. 하지만 현실적으로 계약연장 가능성이 높고, 조건들 역시 맥쿼리인프라에 유리하게 돌아갈 것입니다. 정부기관에서 먼저 기존 계약을 해지하면 맥쿼리인프라에 보상금을 지급하도록 계약되어 있고, 보상금 수준이 2~3년 정도의 배당금이라 단기간에 큰 위협은 되지 않는다고 판단합니다.

다음으로 봐야 할 것은 정부기관 및 여론 등에서 맥쿼리인프라를 포함한 민간 사업자를 바라보는 시선이 그렇게 좋지 않다는 것입니다. 맥쿼리인프라는 현재 정부 지자체와 2건의 소송을 진행 중입니다. 첫 번째는 백양터널과 관련된 MRG 분쟁 건인데, 맥쿼리인프라 쪽에서 지자체를 상대로 미지급된 통행료 차액 보전금 131억 원을 요구했습니다. 그러나 현재 2심까지 맥쿼리인프라 쪽이 패했으며, 대법원은 본건을 파기 환송했습니다. 두 번째는 인천대교 지분투자 관련 지자체와의 실시협약 상의 건입니다. 실시협약 계약조건 중 맥쿼리인프라에 불리한 경쟁 방지 조항이 있었는데, 맥쿼리인프라는 해당 조항에 대한 정확한 해석을 요청하는 소송을 진행하고 있습니다.

현재 유료도로법 시행령 개정안이 입법예고에 있습니다. 이 예고에는 맥쿼리인프라에 불리하게 작용하는 법규들이 다수 존재하는데, 예를 들어 도로의 경우 건설 후 몇 년간 교통량이 지나치게 낮을 경우 지자체의 차액 보전금이 급격히 증가합니다. 개정안에서는 실시협약 단계로 넘어갈 때 지자체가 민간 사업자에게 지불할 비용을 낮출 수 있다는 내용이 적혀 있습니다. 반대로 교통량이 높을 경우, 지자체는 도로확장 등을 민간 사업자에게 요구할 수 있습니다. 또한 과징금 조항도 신설되었습니다. 요약하자면 민간사업자가 도로를 건설한 후 관리를 제대로 못 하면 통행료 수입의 일부를 과징금으로 지자체에 돌려줘야 한다는 것입니다. 따라서 맥쿼리인프라는 추후 다양한 법규 이슈에 부딪힐 위협들이 존재합니다.

코람코에너지리츠 – 주유소

종목 개요

상품명	코람코에너지리츠
편입자산/소재지	총 187개 주유소 건물 및 주유소 부지(수도권 50%) 서울 20개/경기 · 인천 75개/지방광역시 39개/기타 53개
공실률	0%
임차인	현대오일뱅크(83%), SK네트웍스(6%), 맥도날드, 버거킹, 다이소 등
운용사	코람코 자산운용
배당주기	반기 배당
배당수준	6% 수준

개별종목 평가표

평가기준	점수 (10점 만점)	요약
리츠 성장성	7	– 주유소 리츠라는 점의 구조적 한계 존재 – 부지 밸류애드 가능성 존재: 물류창고, 리테일 등
상장목적 건전성	4	– 국내리츠 자산 다각화라는 점은 긍정적 – 신주보다 Pre–IPO 단계 구주가 많은 편은 부정적 – 자산유동화 성격이 강한 리츠라는 점은 부정적
임차인 컨디션	8	– 국내 최상위 정유 대기업 임차는 긍정적 – 부지 개발을 통한 임차인 추가 확보 가능성 긍정적
공실률 컨디션	9	– 현대오일뱅크와 10년간 임차계약 체결
재간접 여부	10	– 재간접리츠 아님
FFO(AFFO) 성장	7	– 가시적 차이는 없음, 밸류애드 시 상승기대
배당 안정성	7	– 현대오일뱅크의 30개월 치 임차보증금 선납 – 임대료 상승률 1.5% 수준

미래 자산편입	4	– 편입자산이 주유소라는 점은 양날의 검 – 지방소재 자산편입 가능성이 큰 것은 부정적
수도권 입지	5	– 서울 20개, 수도권 입지 50%
자산운용사	7	– 국내 최고 수준의 부동산 전문 자산운용사
토지 가치	4	– 주유소 시설 자체의 한계, 토지오염 가능성 존재 – 밸류애드 가능성은 긍정적
건물 가치	4	– 상시 수요가 있는 주유소는 긍정적 – 특수목적성에서 오는 제약은 부정적
대환대출 현황	–	–

종합적인 장점 분석

SK네트웍스로부터 양도받은 199개의 주유소 중 187개를 묶어 상장한 주유소 리츠입니다. 자산 소재지는 서울 20개, 경기&인천 75개, 지방 92개로 약 50% 정도의 자산이 수도권에 있습니다. 자산의 최대 장점은 우량 임차인을 바탕으로 한 고배당 안정성이며, 배당 수준은 5~6% 수준입니다. 현대오일뱅크가 임대보증금 30개월 치를 선납해 배당금이 지급되지 않을 가능성이 낮고, 신용등급이 AA-로 상당히 높은 편이라 앞으로도 배당에 대한 우려는 없는 편입니다. 임대료 상승률은 1.5%로 5년 단위로 상승하는 구조입니다. 임대료 수취 외에도 맥도날드, 버거킹 드라이빙 스루, 편의점 입점 등 부가수입이 기대된다는 점도 큰 장점입니다.

부지개발을 통해 입지가 좋은 곳에 물류센터를 설치할 것이라는 사업계획도 좋습니다. 중장기적으로 리테일&물류&주유소의 종합 시너지가 가능할 것이라 기대할 수 있습니다. 특히 현재 국내리츠 중 물류센터를 전국 단위로 가진 리츠가 거의 없다는 것을 고려하면, 코람코에너지리츠는 전국에 고르게 분포된 187개의 주유소 부지를 이용한 빠른 물류 네트워크를 가질 수 있다는 점에서 좋은 출발인 것이 확실합니다.

또 국내 최고의 부동산 자산운용사 중 하나인 '코람코 자산운용'이 전담하고 있습니다. 이 운용사는 운용실적이 우수하며 운용 책임감도 아주 높아서 상장 후에도 안정적인 배당흐름으로 유망한 투자처가 될 것이라 판단합니다.

투자위험 분석

상장 단계에서 구주가 70%로 너무 많은 것은 심각하게 고려해야 할 사항입니다. 6개월간 보호예수로 묶인 투자자 중 '벤처금융, 전문투자자'의 지분이 전체 지분 중 57%에 가깝습니다. 이게 왜 문제가 되냐면 벤처금융, 전문투자자의 경우 다른 주주들보다 지분을 매각할 확률이 높기 때문입니다. 배당이나 성장 가능성 등을 보면 단기적으로 주가변동성은 적겠지만, 보호예수가 끝나는 2021년 6월이 되면 주가변동성이 높아질 가능성이 있습니다. 주유소라는 자산은 매력적이지만 리츠의 상장목적이 자산유동화에 가깝다는 점에도 주목이 필요합니다.

또 주유소의 특성상 토지 환경오염이 존재합니다. 환경오염 비용은 현대오일뱅크에서 책임지고 처리하기로 했으나, 예상치 못한 개발위험이 있을 수 있습니다. 우수한 입지마다 물류센터 및 리테일 비중을 늘릴 자산 다각화 계획은 우수하지만, 현재 대부분의 임대 매출이 주유소에서 발생한다는 점을 잊으면 안 됩니다. 업종에 대한 기대는 긍정적으로 보되, 현시점에 대한 명확한 인지도 필요합니다. 5년 단위 임대료 인상률인 1.5%는 전반적인 리츠 평균 임대료 인상률을 비교했을 때 상당히 낮은 편입니다. 이는 187개의 부지, 대기업 소수정예 장기임차 대가로 발생한 것이라고 판단됩니다.

자산의 입지 역시 리스크입니다. 수도권 자산이 50%라고 했지만, 구체적으로 좋은 입지에 소재한 자산은 많지 않습니다. 더구나 수도권 자산 중 서울 소재 자산은 20여 개 수준입니다. 총 187곳인 자산을 관리하는 것 역시 현실적으로 절대 쉽지 않습니다. 투자 포트폴리오 효과는 있겠지만 개별자산 관리에 대한 위험도 있습니다.

코람코에너지플러스리츠	주식지분 보통주	지분율	보호예수 기간
최대주주	8,600,000	12.35%	2020.05.29일
벤처금융 및 전문투자자 (Pre-IPO)	39,700,000	57.02%	2020.05.29일
기존주주 합계	48,300,000	69.38%	2020.05.29일
기관투자자 공모	10,320,000	14.82%	
개인투자자 공모	11,000,000	15.80%	
신규주주 합계	21,320,000	30.62%	
합계	69,620,000	100.00%	

> 벤처금융 및 전문투자자 평균단가는 5,000원 또는 그 이하로 추정된다. 어떤 회사든 초기단계에 투자할수록 더 좋은 조건에 투자할 수 있기 때문에 상장 이전의 구주 물량들은 대부분 평균단가가 낮다.

이에스알켄달스퀘어리츠 – 물류센터

종목 개요

상품명	이에스알켄달스퀘어리츠
편입자산	이에스알켄달스퀘어에셋 1호 子 리츠 지분 (총 7개 물류센터 매입 운용/지분 100% 취득 켄달스퀘어 사모펀드 6, 7, 8, 11호 수익증권 (각 1개, 총 4개 물류센터 매입 운용/지분 99% 취득) – 총 11개 우량 물류센터 모자형 및 재간접리츠 운용
자산 소재	국내 11개 물류센터(6개 소재지에 11개 분포) – 수도권: 부천, 용인, 이천, 고양, 평택 – 김해
투자자	군인공제회, 코리안리, 캐나다 연금투자위원회(기존 투자자 95% 보호예수)
공실률	2~3%
임차인	쿠팡, CJ대한통운, GS리테일 등
운용사	켄달스퀘어 자산운용
배당주기	반기 배당
배당수준	5% 수준

개별종목 평가표

평가지표	점수 (10점 만점)	요약
리츠 성장성	7	- 국내 1호 물류전문 상장리츠 - 시가총액 6,000억 원/총 편입자산 2.2조 원
상장목적 건전성	4	- 개인투자자를 위한 물류센터 리츠라는 점은 긍정적 - 편입자산 전부 모자형&재간접리츠는 부정적 - 공모 규모가 매우 크며, 구주 규모도 적지 않음
임차인 컨디션	8	- 언택트 트렌드에 맞게 전자상거래 임차인이 85% - 쿠팡, GS리테일, CJ대한통운 등 고객사 보유
공실률 컨디션	7	- 현재 완전임차, 그러나 미래 정보 부족은 단점 - 임차인 설비투자에 따른 저변동성은 추론 가능
재간접 여부	0	- 모자형+재간접(상장리츠가 직접 자산운용을 하지 않음)
FFO(AFFO) 성장	7	- 가시적 차이는 없음, 밸류애드 시 상승 기대
배당 안정성	7	- 국내 유통 전문 대기업 임차로 배당 안정성 기대
미래 자산편입	6	- 국내외 우량 물류센터 편입 기대는 긍정적 - 모자형, 재간접 운용은 부정적
수도권 입지 여부	6	- 대다수가 수도권 입지
자산운용사	7	- 국내 최대 물류투자 전문 자산운용사
토지 가치	4	- 물류센터 특성상 토지 가치 상승 기대는 낮음 - 수도권 입지가 많은 점은 긍정적
건물 가치	7	- 경기 비탄력적이며, 시대에 맞는 건물 목적성은 긍정적 - 물류센터 특성상 높은 감가상각률은 주의 포인트

종합적인 장점 분석

총 편입자산 2.2조 원, 시가총액 6천억 원 규모, 11개의 물류센터 지분(수익증권)이 섞인 초대형 물류센터 리츠입니다. 시가총액이 커서 지수편입 가능성이 높으며, 신규 자산편입 시 대출 조달 등도 쉬울 것이라 판단합니다. 주요 임차인으로 쿠팡, GS리테일, CJ대한통운 등이 있으며, 언택트 시대인 만큼 임차인들의 매출액이 급증하여 배당 안정성을 보강하고 있습니다. 11개 물류센터 중 김해를 뺀 나머지가 모두 수도권에 입지해 있고, 임차인 대부분이 해당 물류센터를 자사 물류센터로 사용하고 있어 경쟁우위에 있습니다. 또 자사 물류센터는 임차인이 설비투자 때문에 임차 이탈할 가능성이 적다는 장점이 있습니다. 리츠 설립인가 중 편입자산 30%가 편입되지 못할 뻔한 이슈가 있었지만, 다행히 이슈를 해결해 무사히 상장을 완료했습니다. 운용사인 '켄달스퀘어 자산운용'은 국내 최대 물류투자 전문운용사로, 물류 외 다른 자산은 운용하지 않는다는 것도 신뢰가 갑니다.

물류 산업 특성상 코로나 이후에도 지속적으로 성장할 전망이며, 부동산 가치 역시 동반상승하리라 판단합니다. 현재 물류 산업은 매년 8% 이상 고성장하고 있으며, 범국가적으로 이커머스 거래량은 매년 10%씩 증가하고 있습니다. 여기에 '국내 1호 물류 상장리츠'가 가지는 상징적인 의미가 더해져 중장기적으로 더욱 성장하리라 판단합니다. 투자환경에 따라 이에스알켄달리츠는 4차산업 테마주로 받아들여질 수 있다고 생각합니다. 미국 물류센터 리츠를 보면 4차산업 종목으로 인식되어 오피스&리테일 리츠 대비 20~30% 높은 주가 회복률을 보여주었습니다. 이에스알켄탈리츠도 장기적으로는 고성장 리츠로 인식될 가능성이 있습니다. 상장 전 투자유치 과정을 통해 캐나다 연금투자위원회와 군인공제회, 코리안리 등이 기존 투자자로 참여해 투자를 보강했습니다. 이들 중 95%가 10개월에 가까운 보호예수를 걸어 투자 안정성을 강화했다는 점도 주목할 만합니다. 지금까지 물류센터 리츠가 외국인과 기관투자자의 전유물로 취급된 만큼 개인투자자가 물류센터를 접할 좋은 기회라고 판단합니다.

편입자산 개요	상세 개요
이에스알 켄달스퀘어에셋 1호 子 리츠	부천 판토스 물류센터
	고양 쿠팡 물류센터
	부천 쿠팡 물류센터
	안성쿠팡 물류센터
	용인 카버코리아 물류센터
	이천 CJ 대한통운 물류센터
	김해 GS리테일 물류센터
	이천 이코리아 물류센터
이에스알 켄달스퀘어 전문사모펀드 6, 7, 8, 11호	평택 리레코리아 물류센터
	이천 정안로지스 물류센터
	용인 리웨이 물류센터
	이천 휠라 물류센터

투자위험 분석

여러 번 언급하지만 자산을 직접 통제하는 것이 아니라서 모자형이나 재간접형 리츠는 수수료 구조에서 상당히 불리합니다. 이중수수료가 발생하니까요. 그 결과 5% 수준의 낮은 배당수익률은 큰 매력으로 다가오지 않습니다. 연장선상에서 하위 리츠와 펀드에 대한 100% 지분 인수는 긍정적이지만, 사모펀드인 만큼 내부의 정확한 정보를 알 수 없다는 점을 미리 알고 시작해야 합니다. 임차인들의 임대료 수준, 매출연동형 여부, 임차만기, 임대조건 등 중요한 정보를 쉽게 알 수 없으니 투자위험으로 작용할 수 있습니다. 언택트 산업이 중요한 코로나19라는 상황에서는 유리한 조건이지만, 임차인 역시 85%가 이커머스 기업이라는 점에도 주의가 필요합니다. 이렇게 집약산업으로 뭉쳐 있으면 시장이 해당 업종에 불리해질 경우 큰 손실이 발생할 수도 있습니다.

종목 이름이 지나치게 복잡하고 어렵다는 점도 좋은 건 아닙니다. 사람은 복잡하고 어려운 이름일수록 잘 기억하지 못하는 경향이 있으니까요. 뭐 이런 게 다 투자검토 요소가 되나 싶겠지만 이 복잡한 이름이 투자자들의 기억 속에서 쉽게 소외될 수 있다는 걸 떠올려야 합니다. 또 보호예수가 풀리는 2021년 10월이 되면 주가변동성이 높아질 수 있습니다. 보호예수 물량이 발행주식의 70%나 되기 때문에 중장기 투자자일수록 투자에 신경 쓸 부분이 많습니다. 시장 환경상 전국적으로 물류창고 수가 늘어 공급이 증가하고 있다는 것도 중장기 미래의 위험요소가 될 수 있습니다.

[알면 좋은 정보]

호텔 부동산 간접투자, 사실과 오해

"누가 코로나 사태에 여행을 가? 호텔 투자는 시기가 아니지."
"뉴스에 호텔 투자 사기가 그렇게 많이 나오는데 호텔을 투자하다니 바보구만!"

요즘 이런 의견이 많습니다. 실제로 어떤지 호텔 부동산 간접투자에 대해 정확히 알고 넘어갑시다. 사실 국내 호텔은 메르스, 신종플루 때까지만 해도 평균 연 7% 배당에, 매해 배당률 85%(연 5.95%) 이상을 지킨 안정적인 투자처였습니다. 그러나 코로나19가 오래 지속되면서 호텔 산업이 불경기에 놓여 있는 것이 사실입니다. 우리나라의 경우 대체로 외국인 관광객 의존도가 높은데, 고객의 50%가 중국, 동남아 관광객입니다. 호텔 투자여부를 판단하기 위해 선행지표로 면세 및 항공 업황을 먼저 보는데, 현재 선행업계의 부진으로 호텔 투자 역시 심각한 매출부진 지속이 예상됩니다.

호텔 부동산 간접투자를 지분투자, 분양형 투자 등과 혼동하면 안 됩니다. 특히 분양형 호텔은 속초 라○다 호텔 사태도 있고, 그 외에도 고령 개인투자자의 퇴직연금을 노린 수많은 피해자가 있는 사례이기 때문에 호텔 투자 인식에 악영향을 주었습니다. 하지만 리츠와 펀드를 이용한 부동산 간접투자에서 대부분의 호텔 간접투자는 대출형 상품입니다.

① 호텔 지분투자: 투자자가 펀드나 회사를 세워 호텔을 소유한 후 다른 업체에 위탁 운용
② 호텔 분양형 투자: 투자자가 호텔의 각 호실을 분양받아 위탁 운용하는 분양형 투자
③ 호텔 간접투자: 대기업 소유의 호텔을 담보로 운용&리모델링 자금 대출

대부분은 리모델링이나 증축 목적의 자금 마련을 위해 호텔을 담보로 하는 담보대출 형태입니다. 사실 임차인만 SK 같은 초우량 대기업이라면 기초자산이 호텔이라고 해도, 배당이 아슬아슬하게 출렁이지는 않습니다. 오히려 고정 원리금을 수취하는 구조라서 안정적인 배당이 가능하죠. 담보대출로 하방 위험을 제어할 수는 있으나, 임차인의 신용평

가등급이 낮아지면 투자자는 배당 미달 위험에 노출될 수 있습니다. 담보가 있더라도 세상에 위험 없는 투자는 없으니까요. 어떤 호텔 상품이든 임차인(차주) 신용평가가 정말로 중요합니다. 따라서 투자 전에 임차인의 현금성 자산과 부채비율 확인은 필수입니다. 국내 10대 대기업 그룹사가 임차하는 호텔 정도는 되어야 경기에 영향을 적게 받는 상품이라고 할 수 있습니다.

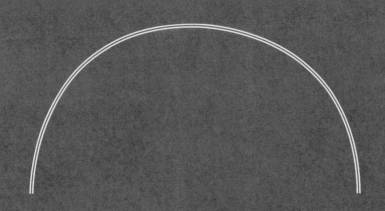

"지금은 해외리츠에 주목해야 할 때,
자산가들은 해외부동산에 투자한다!"

투자에 조금이라도 관심이 있다면 한 번쯤 들어봤을 겁니다.
유행처럼 번지는 해외리츠 투자가 실제로 우리의 지갑을
두둑하게 만들어줄까요? 해외리츠, 그중에서도 국내 투자자들이
집중하는 미국리츠에 대해 알아보겠습니다.

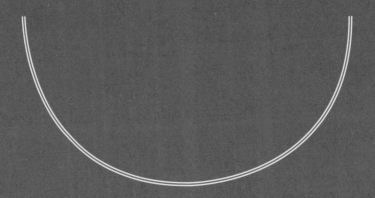

4부

해외투자,
특히 미국 상장리츠

1

미국 상장리츠는
뭐가 다르지?

4부에서는 미국 상장리츠를 다룹니다. 미국, 유럽 등 해외자산을 전반적으로 다루려고 했으나 국내에서 투자하는 해외리츠 대부분이 미국 상장리츠이고, 이 책의 대상이 처음 리츠를 접하는 개인투자자이기 때문에, 미국투자를 집중적으로 분석해보기로 하겠습니다. 사실 국내리츠를 경험해 나름의 기준점을 세운 후, 미국리츠와의 차이점을 공부하고 적용하면 유럽리츠든 어디든 쉽게 응용할 수 있습니다. 국내리츠 역시 그 시작은 미국리츠였기 때문입니다.

2019년도부터 공모리츠가 본격적으로 인기를 끈 한국과 달리 미국리츠의 역사는 생각보다 깊습니다. 국내에 비하면 현재 미국리츠의 시가총액이 훨씬 높고, 종류도 다양합니다. 종목을 보면 한국에선 아직 상장되지 않았거나 진행 중인 헬스케어, 통신 인프라, 데이터센터, 물류센터 리츠 등이 이미 다수 존재합니다. 시가총액을 보면 조 단위의 리츠가 많죠. 시가총액이 큰 만큼 자산편입도 공격적이며, 자산들이 전 세계 여러 곳에 소재해 있어 글로벌 포트폴리오 효과도 누릴 수 있습니다.

상황이 이렇다 보니 국내리츠에서 큰 재미를 못 본 투자자들이 유행처럼 해외리츠에 몰리고 있습니다. 특히 미국리츠에 대한 관심이 높지만, 미국리츠가 항상 국내리츠보다 우수하다고 말하기는 어렵습니다. 환율 문제도 있고, 배당성향이 낮은 자기관리 리츠 등 여러 면에서 일장일단이 있기 때문입니다. 국내투자자들이 중요하게 접근하는 미국 상장리츠에 대해 검토해봅시다. 미국 리츠의 개요, 미국 상장리츠의 장단점, 투자 시 꼭 필요한 환율 등에 대한 지식, 그리고 코로나 이후에도 높은 수요가 예상되는 대표적인 종목까지 다뤄보겠습니다.

리츠의 고향, 미국 시장에 뛰어들기 전에 고려할 것

친한 후배랑 대화 중에 'K팝을 모른다는 가정하에 서양인과 동양인은 생각하는 방식이나 관심을 갖는 주제가 정말 다르다'라는 말에 크게 공감했던 적이 있습니다. 리츠 역시 마찬가지입니다. 리츠라는 이름은 같지만 결국 운용은 사람이 하는 것이라 그 뿌리부터 국내와 전혀 다른 성향을 보이는 것이 많습니다.

먼저 리츠에 대한 인식 차이입니다. 미국리츠의 최종 지향점과 투자자 성향은 국내에 비하면 아주 공격적입니다. 만약 '잘못하면 100을 모두 잃을 수 있다. 그 대신 잘 되었을 경우 120을 얻을 수도 있다면 할 것인가?'라는 선택권이 있다면 국내기관은 100% NO를, 외국기관은 거의 100% YES라고 대답할 것입니다. 원금이냐 수익이냐, 투자 전 중요하게 생각하는 가치부터가 다르죠? 국내는 원금, 서양은 수익 중심의 가치관이라는 걸 알아두고 투자에 임해야 합니다. 임차인 선호도도 다릅니다. 국내에서는 단독임차인을 선호하지만, 서양은 다수 임차인을 선호하는 경향이 있습니다. 또 외부적인 부분, 특히 증시 감독기관의 대처가 다릅니다. 미국 증시는 법적인 테두리를 지킨다는 전제하에 매우 자유롭습니다. 반면 법적 테두리를 어기면 매우 큰 징계가 있죠. 한국은 자잘한 규정이 많지만, 심각한 기업 내부의 문제가 발생하더라도 심사, 유예, 소명 기간 등을 주는 편입니다. 어떤 사회든 그들만의 접근법이 있고, 우리는 그곳에 속해 있는 사람들이 아니니 이런 분위기에 대한 이해 여부는 생각보다 많은 곳에서 차이를 만듭니다. 꼭 기억하길 바랍니다.

미국 상장리츠의 장점

1. 시가총액이 커서 자기관리 리츠가 대부분이지만, 법적 제약이 강해 운용 투명성은 높습니다. 국내 자기관리 리츠는 횡령 등의 이슈가 많았습니다.
2. 미국지수(S&P 500)가 코스피보다 잘 나갈 경우 주가 상승률이 더 높습니다.
3. 공격적인 자산편입으로 마켓 파이, 즉 시장점유율을 최대로 높이겠다는 것이 목표인 상장리츠가 많습니다. 그 결과 미국을 넘어 중남미, 유럽, 중동, 아시아 등 전 세계에 걸친 편입자산이 많습니다.
4. 대부분의 리츠는 암묵적인 배당 규칙이 있어서 배당금 예상이 쉽습니다. 매달, 분기, 반기 중 어느 것을 선택하더라도 반드시 배당금을 꼭 올려 매년 배당금 상승효과를 줍니다. 결과를 보면 매년 배당금 추이가 계단 모양으로 나타납니다. 반면 국내는 거의 무조건 반기 배당이며, 배당이 성장하더라도 기수별 단기 배당금 변동성이 존재합니다. 예를 들어 배당금이 작년보다 올해가 더 높았더라도, 내년에는 작년보다 더 낮아질 수도 있는 거죠. 국내리츠 배당금은 오차 범위 안에서 움직이지만 정확한 미래 배당금 예측은 어렵습니다.

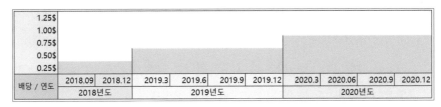

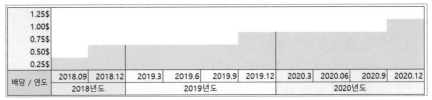

미국리츠: 위 예는 분기배당일 경우로, 미국리츠의 대표적인 배당금 추이인 계단 모양을 보여준다.

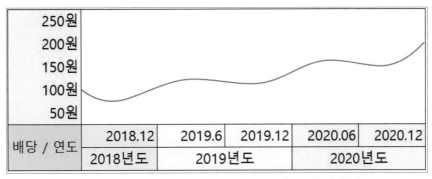

국내리츠: 반기 배당, 즉 일 년에 2회 배당을 기준으로 하며, 오차범위 안에서의 변동이 심하다.

5. 시가총액이 매우 크다 보니 웬만한 지수에는 다 편입되어 있으며, 새로운 지수가 나오더라도 편입될 가능성이 큽니다.

6. 포트폴리오 효과가 높아 배당흐름이 쉽게 무너지지 않습니다.

7. 자산의 종류가 매우 다양합니다. 그 결과 투자자의 선택권이 많습니다.

미국 상장리츠의 단점

1. 리츠의 주가변동성이 국내 대비 높은 편입니다. 전문용어로 'Beta가 높다' 라고들 말합니다. 국내리츠 대비 투자원금이 크게 움직이니 미국리츠가 하루 5%를 움직여도 놀라지 말고 그러려니 하면 됩니다.

2. 환율 영향을 아주 많이 받습니다. 대부분의 미국리츠 자산은 세계 곳곳에 있으며, 현지 편입자산에 대해 별도의 환헤지를 하지 않습니다. 예를 들어 브라질에 편입자산이 있으면 환헤지를 하지 않아 '달러/헤알화' 변동성에 노출됩니다. 미국 상장리츠가 헤알화 같은 고변동성 통화에 환헤지를 하지 않는 이유는 원금 안정성과 수익성 중 수익성을 중시하기 때문입니다. 환차익을 얻을 수도 있으니까요. 투자에 대한 문화적 관점의 차이입니다.

3. 원·달러 환율에도 노출됩니다. 개인투자자가 미국리츠에 투자하면 달러 배당금이 자동으로 원화로 환전되어 입금됩니다. 즉, 미국 상장리츠 투자는 기본적으로 환헤지가 안 되어 있는 상태입니다. 미국의 달러가치가 하락하면 원금+배당의 가치가 모두 하락할 수 있다는 뜻이기도 합니다. 개인투자자가 잘 모르고 있다가 손해를 보는 중요한 원인 중 하나라서 투자 전에 꼭 자세히 확인하고 대책을 세워야 합니다.

4. 배당만 본다면 생각보다 한국 리츠 대비 배당률이 낮은 리츠가 많습니다. 보통 국내리츠는 연 4~8%, 증권사 해외리츠 상품은 연 6~9%, 미국 상장리츠는 연 4~5% 이내입니다. 미국 상장리츠는 대부분 자기관리 리츠라서 대다수의 미국 상장리츠는 당기순이익의 50~80% 수준만을 배당합니다. 즉 배당성향이 상대적으로 낮습니다. 반면 국내 위탁, 기업구조조정 리츠는 의무적으로 당기순이익의 90%를 배당해야만 합니다. 대신 미국리츠는 남은 돈만큼 신규 자산편입에 힘쓰니 시세차익이 늘어나 일장일단이 있습니다.

5. 데이터센터 리츠 등 시가배당률이 1%대인 리츠가 있습니다. 배당금은 한정적인데 주가가 매우 높아 체감되는 배당금이 낮기 때문입니다.

6. 미국이라는 특성상 투자정보를 얻기가 어려우며, 시차가 반대라 투자 대응이 쉽지 않습니다. (한국시간 11:30~06:00)

7. 국내 주식에는 없는 양도소득세가 존재합니다. 250만 원 이상의 차익이 생길 경우 차익의 22%가 세금입니다. 또 수수료 할인이 없는 증권사를 만나면 투자금의 1% 수준으로, 거래수수료가 높은 편입니다.

미국 상장리츠의 단점이 더 많은 것처럼 보이지만, 사실 투자자는 주가변동성과 환율에 관한 문제만 고민하면 됩니다. 이것이 미국 상장리츠의 특이점이니까요. 특히 환율의 경우 관성과 추세가 매우 강하기 때문에 주가 저점을 아무리 잘 잡았더라도 환율의 파도를 잘못 타면 최소 몇 달간의 환손실이 계속 발생할 수 있습니다. 따라서 국내리츠 대비 더 민감하게 반응해야 합니다. 바로 이어서 이 부분을 더 자세히 알아보겠습니다.

2

개인투자자가 손해 보는
가장 큰 원인, 환율

주의점 하나, 환율의 추세에 절대 맞서지 마라

글로벌 투자심리는 어떻게 작용할까요? 여러 가지 원인이 있지만 환율이 주는 영향이 제일 큽니다. 글로벌 투자자금은 환율에 따라 당락을 반복합니다. 통화가치가 높을수록 그 국가의 증시에 자금유입이 많아집니다. 반면 통화가치가 낮아질수록 자금유입에 부정적입니다. 주식 평가차익이 아무리 많이 나와도 환에서 다 까먹으면 손실이 누적되니까요. '굿바이 코리아'라는 말을 들어봤다면 이해가 쉬울 것입니다. 외국인이 주식을 팔기 시작하면 삼성전자, 상장리츠 할것 없이 주가에 부정적입니다. 이때 원·달러 환율을 보면 대부분 상승하는 경우가 많죠. 따라서 증시의 아주 큰 그림은 환율이며, 환율을 바탕으로 넓게 시장을 이해해야 합니다. 이를 미국 증시에 대입해볼까요? 원·달러 환율이 낮아질수록 달러의 가치가 낮아져, 미국 증시에서 나오는 모든 배당흐름과 자산가치가 원화로 환산 시 낮아집니다. 따라서 미국 상장리츠 등 고배당주에 대한 매력은 계속 떨어집니다. 이런 때라면 시장을 바꾸어 국내 상장리츠에 집중하는 것도 나쁘지 않습니다.

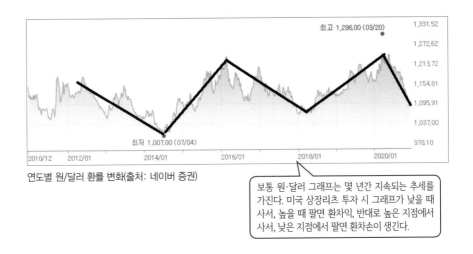

연도별 원·달러 환률 변화(출처: 네이버 증권)

최고 1,296.00 (03/20)

1,331.52
1,272.62
1,213.72
1,154.81
1,095.91
1,037.00
978.10

최저 1,007.00 (07/04)

2010/12   2012/01   2014/01   2016/01   2018/01   2020/01

보통 원·달러 그래프는 몇 년간 지속되는 추세를 가진다. 미국 상장리츠 투자 시 그래프가 낮을 때 사서, 높을 때 팔면 환차익, 반대로 높은 지점에서 사서, 낮은 지점에서 팔면 환차손이 생긴다.

위 그래프를 보세요. 만약 2016년 1월에 미국 상장리츠를 샀다면, 2018년도까지 최고 −20% 수준의 환손실이 발생했을 것입니다(배당손실, 원금 평가손실). 2020년 1월에 미국 상장리츠를 샀다면, 2021년에는 배당금이 90%만 들어오며 원금 환손실은 −10% 정도 되었을 것입니다. 배당률이 5%라면 환손실을 제외한 실제 배당률은 4.5%입니다.

특히 2020년 9월 이후에는 증시안정, 백신 이슈, 미국 부양책에 대한 긍정적 소식이 연달아 전해지면서 원·달러 환율이 급속도로 낮아졌습니다. 몇 개월 전까지 1달러에 1,200원이 넘던 것이 1,100원 아래로 떨어졌죠. 다음 표를 보면 그 기울기가 보입니다. 그 결과 한국 증시는 미국 증시 대비 더 높은 수익률을 가지게 되었습니다. 시장이 이렇게 돌아가면 굳이 한쪽 시장에 대한 편협한 시각을 가질 필요가 없습니다. 투자자는 늘 유연하게 생각할 수 있어야 합니다. 통화가치가 높은 쪽의 리츠를 선택하는 것이 단기적으로 더 좋은 판단일 수 있습니다. 특히 12월처럼 배당을 결산하는 달에는 말이죠. 만약 한쪽 시장을 굳이 선택하겠다면 환율의 변곡점을 노려보는 것도 좋을 듯합니다.

해외투자, 특히 미국 상장리츠

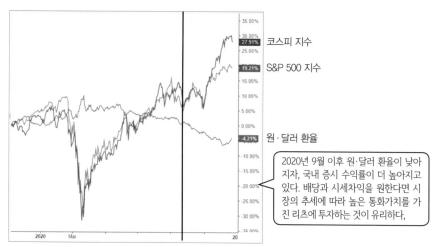

2020년 9월 이후 원·달러 환율이 낮아지자, 국내 증시 수익률이 더 높아지고 있다. 배당과 시세차익을 원한다면 시장의 추세에 따라 높은 통화가치를 가진 리츠에 투자하는 것이 유리하다.

출처: 인베스팅 닷컴

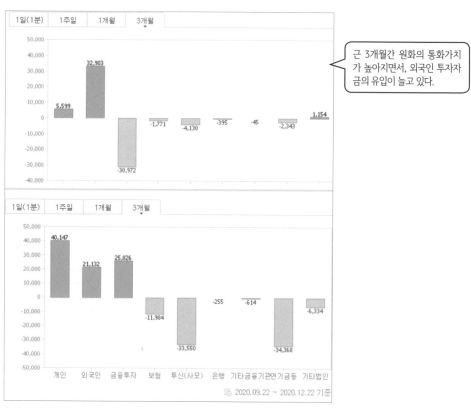

근 3개월간 원화의 통화가치가 높아지면서, 외국인 투자자금의 유입이 늘고 있다.

출처: 네이버 증권

주의점 둘, 환헤지로 무장하라

미국 상장리츠 투자는 기본적으로 환율에 100% 노출되어 있습니다. 환율을 따라 수익이 마구 흔들리는 것을 막고 싶다면 다들 아는 것처럼 환헤지를 하면 됩니다. '환헤지(Foreign Exchange Hedge)'란 해외통화를 이용한 거래에서 환율변동으로 발생할 수 있는 위험에 대비해 미리 환율을 고정해두는 거래방식을 말합니다.

그러나 개인투자자가 환헤지 계약을 개별적으로 증권사나 은행과 맺을 수 있을까요? 가능성은 0%입니다. 그럼 어떻게 하는 게 좋을까요? 간단합니다. 배당을 받을 때 원화 자동환전을 시키지 않고 현지 통화로 그대로 받으면 됩니다. 나중에 현지 통화가치가 오를 때 환전하는 거죠. 개인투자자가 놓치는 부분이 바로 여기입니다. 개인투자자는 해외 배당 입금 시 자동환전 기능이 반드시 켜져 있어야 하는 것으로 알고 있습니다. 따라서 환차익, 환차손을 직접 받게 됩니다. 그러나 기관투자자들은 자동환전을 꺼놓고, 달러 등 현지통화로 배당받기도 합니다. 이 기능은 거래 증권사마다 다르니 미리 알아보세요.

그렇지 않으면 국내 증권사의 해외부동산 간접투자 상품을 이용해보는 것도 좋습니다. 증권사 해외부동산 투자상품의 경우 거의 모든 해외상품에 환헤지를 합니다. 업계 현황으로는 투자원금에 대해선 100%, 배당에 대해서는 80% 환헤지를 합니다. 환헤지를 하지 않은 나머지 배당 20%에 대해선 변동성이 있지만 웬만해선 큰 차이가 나지 않습니다. 미국 상장리츠에 직접 투자하는 게 아니라 이런 식으로 증권사 상품을 이용하면 환율 변동성을 쉽게 제어할 수 있습니다. 물론 유동성 확보를 위해 국내 상장리츠를 이용해도 됩니다. 국내 상장리츠도 환헤지를 걸기 때문입니다. 그러나 아직 해외부동산 투자로 국내 증권시장에 상장된 리츠는 제이알글로벌리츠밖에 없습니다. 제이알글로벌리츠는 벨기에의 수도인 브뤼셀 파이낸스 타워 건물에 투자하는데 원금 100%, 배당 80%의 환헤지 계약이 체결되어 있습니다.

놀랍게도 과거 해외부동산 간접투자 실패사례 중 최소 50%는 바로 이 환차손 때문입니다. 네이버 검색창에 '해외부동산 브라질 환차손'이라고 검색하면 더 자세한 내용을 알 수 있습니다. 이 사례들은 대부분 환율에 대해 크게 신경 쓰지 못했던 옛날에 투자된 것들로, 지금은 거의 모든 상품에 환헤지가 규격화되어 있습니다. '해외투자는 원금과 배당 둘 다 환율변동성이 높다'라는 걸 꼭 기억합시다.

운용사	펀드명	수익률
하나대체투자자산운용	하나대체투자뉴리더웨일즈사모부동산투자신탁 4-3호	-80.8%
하나대체투자자산운용	하나대체투자뉴리더웨일즈사모부동산투자신탁 4-2호	-80.7%
하나대체투자자산운용	하나대체투자뉴리더웨일즈사모부동산투자신탁 4-1호	-80.7%
미래에셋자산운용	미래에셋맵스프런티어브라질월지급식부동산투자신탁 1호(분배형)	-72.4%
미래에셋자산운용	미래에셋맵스프런티어브라질사모부동산투자신탁 2호(분배형)	-72.4%
한화자산운용	한화 Value Add Strategy 사모부동산투자신탁 2호(재간접형)	-31.0%
KTB자산운용	KTB캄보디아전문투자형사모부동산투자신탁 제1호	-30.0%
미래에셋자산운용	미래에셋맵스프런티어브라질사모부동산투자신탁 1호	-24.6%
한화자산운용	한화 Prudential US Real Estate Debt 사모부동산투자신탁 1호 (재간접형)	-22.7%
키움투자자산운용	키움마일스톤UKRED사모부동산투자신탁 제1호(재간접형)	-21.2%

출처: 금융감독원

해외부동산 상품 투자실패 자료. 대부분은 환평가 손실로 발생한 문제다.

3

믿을 만한
국내외 투자정보 사이트

국내 자료 – 각 증권사 무료 리서치 리포트, FN가이드

FnGuide.com

FN가이드
fnguide.com

미국 상장리츠 투자 시 참고할 수 있는 몇 가지 유용한 투자정보 사이트가 있습니다. 유료와 무료로 나뉘는데, 특별한 경우가 아니라면 유료 자료라고 더 중요한 정보를 얻을 수 있는 것도 아니니 꼭 구독료를 내고 볼 필요는 없습니다. 좋은 무료 자료도 많으니까요. 무료로 국내 주식자료를 볼 수 있는 가장 쉬운 방법은 국내 증권사에서 제공하는 리서치를 이용하는 것입니다. 국내 증권사 리서치는 퀄리티가 높은 편이고, 한글이라 보기 편합니다. 투자할 종목의 증권사 리포트를 전부 읽어보세요. 증권사마다 처음에 계좌개설을 요구하기 때문에 약간의 수고는 필요하지만 일단 해두면 매일 쉽게 자료를 볼 수 있습니다. 일일이 증권사마다 계좌를 개설하는 게 귀찮다면 'FN가이드'라는 유료 사이트를 이용하면 됩니다. 전 증권사의 무료 리포트를 바로 볼 수 있습니다.

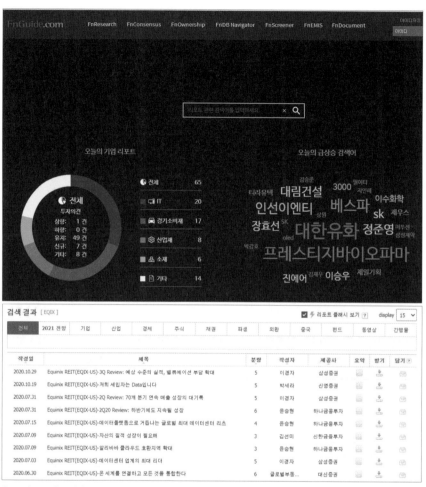

유료 리포트 제공 사이트 FN가이드. 유료이긴 하지만 계좌개설 없이 모든 증권사 리포트를 다 구독할 수 있으니, 종목 및 시장정보를 얻기에 가장 편리하다. 귀찮은 게 싫다면 추천!

해외 자료 - 마켓비트, 인베스팅 닷컴

마켓비트
marketbeat.com

해외 주식자료를 볼 수 있는 사이트로는 마켓비트와 인베스팅 닷컴이 있습니다. 구글에 '마켓비트'를 검색한 후 사이트에 접속합니다. 사이트 검색창에 검색어를 입력하면 세부정보가 나타납니다. 리얼티인컴의 티커인 'O'를 입력해볼까요? '티커'란 약어라고 생각하면 됩니다. 예를 들어 삼성전자의 티커는 005930, 마이크로소프트는 MSFT입니다. 매달 배당을 주는 시가총액 2.2조 원, 글로벌 1위 리테일 리츠인 '리얼티 인컴(티커: O)'에 대한 자료가 쭉 나타납니다. 검색결과는 당연히 영어로 나오지만 엣지나 구글 크롬의 자동번역 기능을 이용하면 대충이라도 한글로 볼 수 있습니다. 오른쪽 아래 그래프를 보면 매년 계단 형식으로 배당금이 인상되고 있다는 것이 보이죠? 마켓비트에서는 무료로 배당금, P/FFO, 재무제표 등 종목별로 중요한 정보를 얻을 수 있습니다.

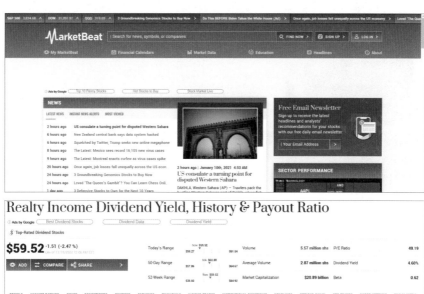

해외투자, 특히 미국 상장리츠

Investing.com
인베스팅닷컴
Investing.com

인베스팅 닷컴에서는 종목별 실시간 시세, 종목별 실시간 실적, 중요 경제지표 현황을 볼 수 있습니다. 특히 실시간 시세의 경우 국내 증권사를 이용하면 한 달 단위로 유료갱신을 요구하는데, 이곳에서는 무료입니다. 매우 정확해서 실시간 시세 파악을 위해 자주 이용합니다. 또 다른 유용한 기능은 실시간으로 제공하는 중요 경제지표 현황입니다. 특히 '경제 캘린더'가 꽤 좋습니다. GDP, 고용지표, 연준(FED)의 통화정책 및 연설 등 투자에 중요한 이벤트 정보를 제공합니다.

인베스팅 닷컴의 경제 캘린더, 매일 한 번씩 확인해보자. 한국판이 따로 있으니 혹시 영어로 첫 화면이 나왔다면 오른쪽 위에 있는 국기 모양을 눌러 '한국어'를 선택하면 된다.

4
해외 못지않다!
국내 증권사 해외부동산 상품

"자산가들은 해외부동산에 투자한다"라는 기사가 심심찮게 보입니다. 2020년 들어서부터 데이터센터 등 4차산업과 관련된 부동산 자산이 많은 미국리츠가 국내 투자자들의 눈길을 끌었죠? 해외부동산에 대한 관심은 이제 흐름이라고 생각합니다. 앞서 환헤지 항목에서 말한 대로 해외부동산에 투자하는 또 다른 방법은 '국내 증권사 해외부동산 상품'을 이용하는 것입니다. 실제로 뉴욕, 파리 등 증권사 해외부동산 상품의 경우 연수익률도 일정하게 괜찮고, 며칠 안에 완판되는 상품도 제법 있습니다. 웬만한 국내리츠 대비 수익률도 높고, 잘 찾아보면 좋은 투자기회도 많으니 지속적으로 관심을 가져보세요. 어떤 방법이 나에게 적합할지 두 방법을 모두 비교해보고 선택하길 바랍니다.

결론부터 말하면 미국 상장리츠든 국내 증권사 해외부동산 상품이든 일장일단이 있다는 것입니다. 위험은 쉽게 보이지 않는 요소라서 늘 더 길고 자세하게 풀었지만, 증권사 해외부동산 상품의 수익률과 안정성은 미국 상장리츠에 직접 투자하는 것만큼이나 괜찮습니다. 미리 공부하고 준비해 두었다가 좋은 기회가 왔을 때 투자에 나서면 중장기 포트폴리오 관리에 큰 도움이 될 것입니다. 미국

리츠에 대해선 4부 전체에 걸쳐 자세히 설명하고 있으니 여기서는 국내 해외부동산 상품에 대해서만 다루겠습니다.

국내 증권사 해외부동산 상품의 투자제안서 예시 샘플

미국 상장리츠 대비 증권사 해외부동산 상품의 장점

1. 입지, 임차인 등 최고의 프라임 자산 하나에 집중투자할 수 있습니다.

2. 거의 100% 확률로 현지 운용사와 합작투자(GP)하기 때문에 투자 전문성이 높아집니다.

3. 평균 배당률이 7% 이상으로 높으며, 매각차익을 노려볼 수 있습니다. 대부분의 미국 상장리츠 대비 높은 배당률입니다.

4. 펀드와 리츠를 가지고 투자구조를 복잡하게 짜서 절세구조를 만들 수 있습니다. 그 외에도 미국 상장리츠에 비하면 세금 쪽으로 유리한 부분이 많습니다.

5. 환헤지(원금 100%, 배당 80%) 서비스가 자동으로 제공되며, 선진국 투자 시 배당은 변동이 있지만 높은 확률로 원금보장이 가능합니다. 원금이 깨진다면 그 자산운용사와 다음에도 거래하려는 사람이 있을까요? 투자하는 대상이 해외부동산일 뿐 국내리츠 투자와 마찬가지입니다. 반면 미국 상장리츠에 직접 투자할 경우 매일 주가가 변하기에 원금이 보장되지 않죠.

6. 개별 자산운용 보고서 등을 받아볼 수 있습니다. 배당증감 사유 등을 이 보고서를 통해 확인할 수 있습니다. 그러나 미국 상장리츠에 직접 투자할 경우 일일이 투자자에게 중요 공시를 전달해주지 않습니다.

7. 상장하지 않으면 S&P500 지수의 고변동성을 마주하지 않아도 되니 투자원금이 변하지 않습니다. 따라서 상대적으로 편한 마음으로 일상에 집중할 수 있습니다.

미국 상장리츠 대비 증권사 해외부동산 상품의 단점

1. 회사 홈페이지가 따로 없고, 실사도 어려운 탓에 투자제안서와 판매사인 증권사의 말에 의존할 수밖에 없습니다. 반면 미국 상장리츠는 홈페이지와 다양한 투자정보 사이트에 많은 분석자료들이 있습니다.

2. 조망권, 소음, 난개발 등 국내 직원도 모르는 현지 상황이 있을 수 있습니다.

3. 위험분산 효과가 낮습니다. 기수별 배당금 변동성이 존재합니다(계단 형태가 아님).

4. 임차인 위험이 상대적으로 높은 편입니다. 국내는 대기업이 전국에 걸쳐 있지만, 해외는 지역별 산업이 달라 대기업 임차가 다릅니다. 일례로 텍사스 제1의 도시인 댈러스의 경우 석유 관련 기업이 많이 임차합니다.

5. 투자구조가 대부분 셀다운이라 건물을 너무 비싸게 살 우려가 있습니다. '셀다운(sell down, 재매각)'이란 증권사가 먼저 건물의 모든 지분을 산 뒤에

국내 투자자에게 재판매하는 것을 말합니다. 문제는 건물입찰을 위해 적정 가격 이상으로 적어낸 후 일단 사고 보자고 덤빌 때 나타납니다. 너무 비싸게 매입한 물건이 나중에 안 팔리는 것은 국내든 해외든 똑같고, 손실은 결국 투자자 몫으로 돌아옵니다. 미국 상장리츠에 직접 투자할 때는 없는 위험입니다.

6. 원할 때 바로 현금화하지 못할 확률이 높습니다. 해외투자가 복합한 투자 구조를 가졌다는 장점에서 비롯된 단점입니다. 역시 미국 상장리츠에 직접 투자할 때는 없는 위험입니다.

증권사 해외부동산 상품의 주요 투자처

1. 미국: 뉴욕, 워싱턴 등 동북부, 댈러스
2. 프랑스: 파리(CBD, 라데팡스)
3. 독일: 베를린, 프랑크푸르트, 뮌헨, 뒤셀도르프 등
4. 영국/아일랜드: 런던/더블린

5

부동산 자산으로 분류한
미국 상장리츠의 성쇄

　미국 상장리츠는 리츠의 역사가 오래된 만큼 자산의 종류도 국내에 비해 다양합니다. 그중에서도 국내에서 리츠의 부동산 자산으로 집중하는 몇 가지 대표종목을 추려 시장현황을 살펴보겠습니다. 코로나19 이후 투자자들의 선택에는 큰 변화가 있었습니다. 자산 특성상 코로나19의 영향을 많이 받은 리츠일수록 주가 역시 큰 폭으로 하락했습니다. 특히 사람이 대면해서 이루어지는 컨택트 자산이라 할 수 있는 오피스, 리테일, 헬스케어 업종은 큰 타격을 받았죠. 배당금 역시 마찬가지였습니다. 충격을 크게 받은 상장리츠일수록 배당금 감소가 한눈에 보입니다. 개별종목들 역시 주가가 달라졌는데, 같은 업종이어도 코로나19에 유리한 환경에 있는 리츠일수록 수익률이 더 높은 편입니다.

오피스 자산

대표종목	알레산드리아	보스턴 프로퍼티	이스탈리
시가총액	1위	2위	분류 외
티커	ARE	BXP	DEA
주요 특징	생명과학, 테크 오피스	A급 오피스, 주거, 호텔	정부기관 전담 오피스
편입자산 소재	미국 서부, 북동부	보스턴, 뉴욕 등	남부, 서부, 동북부
임차인 구성	바이오, IT	금융, 법률, IT	공기업, 정부기관
시장현황과 평가	1) 시장현황 견고한 수요를 가지고 있지만 건물성격, 임차인 등 시장 우려 공존 2) 개별종목 평가 ① 알레산드리아: 우선수익자, 우량 임차인 보유, 안정된 리츠 신용도 ② 보스턴프로퍼티: 공급우려, 임대 경쟁심화, 비수익성 자산매각 중 ③ 이스탈리: 정부기관 임차인, 수도권 A등급 건물, 배당인상은 없음 3) 배당금 추이 		
주가추이	 코로나19 대비 9%, -32%, -4% 수준(출처: 인베스팅 닷컴)		

리테일 자산

대표종목	리얼티 인컴	사이먼 프로퍼티	킴코
시가총액	1위	2위	분류 외
티커	O	SPG	KIM
주요 특징	복합 리테일 매장	쇼핑몰 편중 높음	
임차인 구성	식료품, 편의점, 영화관	대형 쇼핑몰, 식료품, 기타	
비고	없음	배당 훼손 발생	
시장현황과 평가	1) 시장현황 코로나로 인한 임차인별 매출 상이, 편입자산 및 리츠 매출검토 필요 2) 개별종목 평가 ① 리얼티 인컴: 견고한 月배당, 영화관 등 일부 임차인은 우려 ② 사이먼프로퍼티: 임차인 파산, 영업시간 단축, 심각한 배당훼손 ③ 킴코: 필수재 업종으로 임차다각화, 입지 분산, 심각한 배당훼손 3) 배당금 추이 		
주가추이	 코로나19 대비 −22%, −46%, −33% 수준(출처: 인베스팅 닷컴)		

물류센터 자산

대표종목	프로 로직스	듀크 리얼티	렉스포드
시가총액	1위	2위	분류 외
티커	PLD	DRE	REXR
주요 특징	자산별 좋은 입지에 소재	물류수송 산업용 자산	남부 캘리포니아 입지
편입자산 소재	미국 위주(주로 서부)	미국 서부, 남부	미국 서부
시장현황과 평가	1) 시장현황 언택트&이커머스 산업수혜로 수요증가, 일부 자산이 코로나의 영향 받음 2) 개별종목 평가 ① 프로 로직스: 고신용도, 좋은 입지, 높은 임차인 포트폴리오 ② 듀크 리얼티: 철도, 도로, 항공 수요증가, 산업 경기회복 시간 필요 ③ 렉스포드: 좋은 입지로 인한 견고한 물류수요, 코로나19 타격은 존재 3) 배당금 추이 		
주가추이	 코로나19 대비 11%, 9%, 2% 수준(출처: 인베스팅 닷컴)		

데이터센터&통신 인프라(셀타워) 자산

대표종목	이퀴닉스	디지털 리얼티 트러스트	아메리칸 타워
자산종류	데이터센터		통신 인프라
시가총액	1위	2위	1위
티커	EQIX	DLR	AMT
주요 특징	단순임대를 넘어, 복합 클라우드 제공	단순임대 매출비중 높음 최근 수입 다변화 중	수요가 비탄력적인 글로벌 통신 기지국
편입자산 소재	미국, 유럽, 중동, 아시아 등		미국, 중남미, 유럽
시장현황과 평가	1) 시장현황 언택트&AI, 5G 등 4차산업수혜로 수요증가, 높은 가격변동성 2) 개별종목 평가 ① 이퀴닉스: 데이터센터, 클라우드 수요증가 수혜, 경쟁심화 ② 디지털 리얼티트러스트: 수입 다각화 긍정적, 실적향상, 경쟁심화 ③ 아메리칸 타워: 견고한 실적, 분기 상승 배당, 장기임차 긍정적 3) 배당금 추이 		
주가추이	 코로나19 대비: 30%, 16%, 5% 수준(출처: 인베스팅 닷컴)		

해외투자, 특히 미국 상장리츠

헬스케어 자산

대표종목	프로 로직스	듀크 리얼티	렉스포드
시가총액	1위	2위	3위
티커	WELL	PEAK	VTR
주요 특징	시니어 하우징(요양원), 라이프 사이언스, 메디컬 오피스		
편입자산 소재	미국, 유럽 등		
시장현황과 평가	1) 시장현황 시니어 하우징의 심각한 코로나19 타격, 의료&연구시설 수요는 긍정적 코로나19로 인한 수술지연, 병원 기피 및 코로나 병상화는 부정적 2) 개별종목 평가 ① 웰타워: 코로나 헤지 자산다각화, 준수한 재무제표, 의료 환경 수혜 ② 헬스픽: 생명과학, 의료 시설 긍정적, 시니어 하우징 타격 존재 ③ 벤타스: 의료부동산 대출, 시설임대, 컨설팅의 수요는 긍정적 3) 배당금 추이 		
주가추이	 코로나19 대비: -17%, -29%, -33% 수준(출처: 인베스팅 닷컴)		

6

앞으로 더 뜰
미국 상장리츠 종목 분석

코로나19 이후 주목받고 있는 리츠는 언택트, 5G, 4차산업과 관련된 테마들입니다. 구체적으로 보면 데이터센터, 통신 인프라, 그리고 물류센터 리츠가 있습니다. 데이터센터, 통신 인프라 리츠의 경우 가장 주가회복이 빨랐고, 배당금 상승도 유지했습니다. 사실 이 리츠들은 꼭 코로나19 때문이 아니더라도 시장 트렌드와 수요에 따라 지속적으로 성장했을 것입니다. 온라인과 언택트 4차산업은 이미 빠른 속력으로 발전 중이었으니까요. 이번에는 미국 상장리츠 중 고성장, 언택트 4차산업으로 주목받고 있는 4가지 개별종목을 뽑아 집중적으로 검토해보겠습니다. 흐름을 탔으니 앞으로도 꾸준한 성장을 보일 테지만 마지막 선택은 결국 본인의 몫입니다. 수익성과 위험성이 함께 공존하니 감수할 준비가 되었을 때 도전할 것을 권장합니다.

DLR(디지털 리얼티 트러스트) – 데이터센터

종목 개요

시가총액	3.9조 원	P/FFO(PER)	25
시가배당률	3%	배당성향(수입배분)	67%
배당주기	분기배당(4분기 x)	BETA	0.08

주가추이

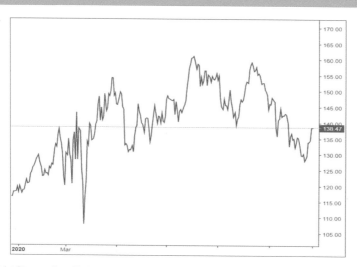

2020년 3월 코로나19 확산 이후 언택트, 5G 수혜로 주가가 상승추세에 있습니다. 4차산업은 단발적이지 않기 때문에, DLR 역시 데이터센터 수요증가에 따라 우상향으로 지속적으로 상승할 것이라 예상하지만 코로나19의 영향으로 주가변동성이 있습니다.

배당금 추이

								$ 1.12	$ 1.12	$ 1.12	
				$ 1.08	$ 1.08	$ 1.08					
$ 1.01	$ 1.01	$ 1.01									
2018.03	2018.06	2018.09	2018.12	2019.3	2019.6	2019.9	2019.12	2020.3	2020.06	2020.9	2020.12
2018년도				2019년도				2020년도			

DLR은 1~3분기배당금을 지급하며, 배당금은 매년 계단형으로 인상하고 있습니다.

종합적인 장점 분석

DLR은 2004년도 뉴욕거래소에 상장되었으며, 시가총액 기준 현재 미국 2위인 데이터센터 리츠입니다. 주된 매출액은 데이터센터 임대수입입니다. 현재 2,100개가 넘는 고객사를 보유하고 있는데, 주요 임차인은 IBM, 페이스북, 오라클, 링크드인(MSFT) 등의 대기업입니다. 임차인들의 평균 잔여 임차기간은 5년이고, 연도별로 임대 만기를 분산시켜 놓아 공실 위험을 최소화했습니다.

DLR 수입구조의 가장 큰 특징은 소수 임차인에 대한 단순임대시설 제공(Wholesale), 즉 말 그대로 건물만 빌려주는 것입니다. 실제로 2016년도까지 Wholesale은 총매출의 92%에 가까웠는데, 그중 페이스북이나 IBM 등 IT 대기업 위주의 임대수입이 60%를 차지했습니다. 하지만 데이터 산업의 발전으로 현재는 단순임대뿐만 아니라 클라우드를 제공해주는 Colocation 수입이 중요해지고 있습니다. 'Colocation'이란 비용이 많이 드는 서버를 클라우드 형태로 임차인에게 제공해주는 것을 말합니다. 데이터센터에서 클라우드를 제공하면 데이터센터를 이용하는 고객사들끼리의 정보교환이 쉬워지고, 비용도 크게 절감됩니다. 임차인이 마다할 이유가 없죠. 여러 임차인을 수용할 수 있고, 업체끼리 데이터 호환도 쉽습니다. DLR 역시 최근 추세에 맞춰 Colocation 수입을 지속적으로 늘리고 있습니다.

DLR의 주된 확장방법은 인수합병입니다. 올해 3월 DLR은 유럽 데이터센터 업체인 '인터시온'을 인수했습니다. 인터시온은 Colocation 데이터센터라서 DLR의 단점을 보완하기에 안성맞춤이었죠. 인터시온 인수로 데이터센터 개수가 총 267개로 늘어나면서 글로벌 1위에 도달했습니다. 이러한 노력 끝에 현재는 총 매출액의 70% 정도만 Wholesale 임대수입에서 나옵니다. Colocation 수입은 총 매출의 15% 정도이며, 비중은 계속 늘어날 전망입니다.

연도	배당금
2018년	$3.03
2019년	$3.24
2020년	$3.36

DLR은 분기배당을 하며, 배당금은 15년째 증가하고 있습니다. 배당금 수준은 연도별로 18년 주당 $3.03, 19년 주당 $3.24, 20년 $3.36였으니 괜찮은 배당성장이라는 걸 알 수 있죠. DLR은 연간 동일한 배당금을 주며, 다음 연도 1분기부터 배당을 인상합니다. 단, 매년 4분기에는 배당하지 않으니 주의하세요. 이자보상배율(DSCR)은 6 수준으로 재무구조가 우수하며, 15년 연속 배당성장으로 주주환원도가 매우 높습니다. 현 주가수준 대비 시가배당율은 3%지만, 매각차익까지 고려하면 연 7% 이상이라고 판단합니다. 코로나19로 5G, 데이터 산업이 주도주로 떠오르고 있으니 DLR 역시 수혜를 받아 주가가 지속적으로 성장할 것이라 기대됩니다.

투자위험 분석

현재 평균적인 상장리츠 주가수준을 비교해보면 데이터센터 리츠의 평균주가는 높은 편입니다. 코로나19 언택트 테마의 영향을 부정할 순 없으니 코로나19가 종식되면 주가하락이 생길 수 있습니다.

실제 배당금 상승률에 비하면 시장의 평가와 기대감이라 할 수 있는 P/FFO가 높은 편입니다. 추정 P/FFO가 연평균 25배를 넘고 있습니다. 이것은 거의 IT 기업에 가까운 수치죠. 시장에서 단순히 부동산 투자회사로 보고 있지 않다는 뜻이기도 합니다. 실제보다 기대값이 높은 탓에 1일 주가변동성이 큰 편이며, 안정성을 우선으로 생각한다면 적합하지 않은 투자일 수도 있습니다. 같은 맥락에서 주가가 상승한 주식을 추종하는 공격적인 투자가 필요합니다. 저가에 매수해서 고가에 매도하는 투자자에겐 익숙하지 않은 투자전략일 겁니다.

현재 미국 상장리츠의 평균적인 시가배당률은 5~7%인데, DLR의 배당률 수준은 3%로 높지 않습니다. 단 DLR는 미지급 배당, 임대료 인하요청 등의 리스크가 없으며, 시세차익 가능성까지 함께 봐야 하니 상쇄될 수 있는 단점이라고 판단합니다.

2부에서 리츠의 부동산 자산에 대해 배울 때 물류센터는 경쟁업체를 봐야 한다고 했었죠? 그래서 EQIX(이퀴닉스)와의 비교가 필요합니다. EQIX는 DLR과 달리 Wholesale이 아닌 Colocation 위주의 임대사업을 진행하고 있습니다. 즉 최신 데이터센터 트렌드에서는 EQIX가 더 우세합니다. 시장에 데이터센터 수요가 늘면서 공급 역시 점차 증가하고 있다는 점도 우려됩니다. 여기저기 데이터센터가 세워지고 경쟁이 증가하면 자산 희소성이 떨어져 프리미엄이 감소할 가능성이 있습니다. 시장의 기대감을 담은 P/FFO가 높은 상태라 주가변동성이 크니 분기마다 매출추이에 대한 꼼꼼한 검토가 필요합니다.

해외리츠 종목을 분석하는 항목 중 이런 용어들이 나옵니다. 앞에서 다 자세히 설명했지만 이곳부터 보는 사람도 있을 테니 간단히 정리합니다.

시가배당율: 현재 주가를 예상 배당금으로 나눈 수익률. 배당금은 일정하기 때문에 주가가 오르면 시가배당률이 떨어지고, 주가가 떨어지면 시가배당률이 올라간다.

배당성향: 리츠의 전체 순이익 중 어느 정도나 투자자에게 돌려주는가?

P/FFO(PER): 실적, 즉 리츠의 실제가치 대비 사람들의 기대감은 몇 배나 되지?

BETA: 주가변동성이 얼마나 높은 걸까?

EQIX(이퀴닉스) – 클라우드 서비스를 갖춘 데이터센터

종목 개요

시가총액	6.4조 원	P/FFO(PER)	30
시가배당률	1~2%	배당성향(수입배분)	46%
배당주기	분기배당	BETA	0.30(나스닥 기준)

주가추이

EQIX 역시 코로나 언택트 테마와 4차산업인 데이터센터의 수혜를 받은 대표적인 리츠입니다. 중장기적으로 우상향할 것이라 예상하지만, 나스닥 상장 종목이라 변동성이 상대적으로 높은 편입니다. 나스닥 지수는 미국 지수 중 거래량과 변동성이 가장 높은 지수니까요.

배당금 추이

								$ 2.66	$ 2.66	$ 2.66	$ 2.66
				$ 2.46	$ 2.46	$ 2.46	$ 2.46				
$ 2.28	$ 2.28	$ 2.28	$ 2.28								
2018.03	2018.06	2018.09	2018.12	2019.3	2019.6	2019.9	2019.12	2020.3	2020.06	2020.9	2020.12
2018년도				2019년도				2020년도			

EQIX는 분기배당을 하며, 4분기 모두 균등한 배분을 합니다. 역시 계단형을 보이며 꾸준히 배당금을 인상하고 있습니다.

종합적인 장점 분석

EQIX는 나스닥에 상장된 시가총액 기준 1위의 데이터센터 리츠입니다. 원래는 데이터 통합서비스를 제공해주는 기업이었는데, 2015년에 리츠로 탈바꿈했습니다. 기술력과 성장성을 중요시하는 나스닥에 상장된 만큼 EQIX를 한마디로 표현하면 '최고의 성장형 리츠'라고 설명할 수 있습니다.

EQIX는 단순한 데이터센터 임대 회사가 아닙니다. 단순임대는 물론이고 임차인에게 비용이 많이 드는 서버를 클라우드 형태로 제공해주는 Colocation 데이터센터입니다. 전 세계 205개 정도의 데이터센터를 보유하고 있으며, 임차인이라면 전 세계 어디에서나 클라우드 서비스를 제공받을 수 있습니다. 덕분에 한번 임차한 임차인들은 쉽게 나가지 않습니다.

EQIX 클라우드 서버의 또 다른 장점은 네트워킹입니다. EQIX에 소속된 임차인들끼리는 어떤 회사든 데이터 송수신을 자유롭게 할 수 있다는 큰 장점이 있습니다. 예를 들어 구글과 페이스북이 EQIX 센터를 임차하면 두 회사는 별도의 데이터 공유장치 없이 EQIX 서버를 통해 데이터를 송수신할 수 있습니다. 서버 구축 비용이 필요 없는 것이죠. 그 결과 매출액의 70%가 Colocation에서 발생하고 있습니다. 그 외 20%는 상호연결 네트워크 서비스와 클라우드에서 발생합니다.

EQIX 클라우드가 매년 20~30%씩 고성장하고 있다는 점에 주목해야 합니다. 가장 많은 매출액을 차지하는 Colocation만 봐도 연평균 15% 정도 성장하면서 주가를 끌어올리고 있습니다. Colocation 수입 중 85%는 변동성 없는 반복적 수입으로 안정적인 수입확보에 결정적입니다. 그 결과 EQIX는 71분기 동안 연달아 분기별 매출성장 달성에 성공했습니다. 무려 71분기 동안 계속 성장한다는 게 쉬운 일은 아니죠.

EQIX 임차인들의 평균 잔여 임차기간은 18년으로 투자자들에게 아주 높은 배당안정성을 보장합니다. 주요 임차인은 네트워크가 필요한 통신사들입니다. 구글, AOL, AT&T, 브리티시 텔레콤 등이며, 일부 대기업들은 자체 데이터망이 있더라도 EQIX의 상호연결 네트워크 서비스를 사용하기 위해 임차하고 있습니다. 지역별로 보면 미국과 유럽 쪽에 70%가 넘는 지부가 있습니다.

연도	배당금
2018년	$9.12
2019년	$9.84
2020년	$10.64

EQIX 역시 분기배당을 하며, 연도별 평균 배당금이 매년 10%씩 성장하고 있습니다. 배당금 수준은 연도별로 18년 $9.12, 19년 $9.84, 20년 $10.64였습니다. EQIX는 다른 미국 상장리츠와 마찬가지로 계단식 배당 인상을 합니다. 연간 동일한 금액의 배당을 주며, 다음 연도 1분기부터 배당을 인상합니다. 시가배당률은 1.5% 수준으로 배당보다는 시세차익 위주로 접근하는 것이 좋은 투자전략이라 판단합니다.

투자위험 분석

다 좋아 보이지만 언제나 주의는 필요하죠. EQIX가 상장된 거래소가 미국 나스닥 시장이라는 점을 잊으면 안 됩니다. 나스닥에 상장된 주식들은 주가변동성이 다른 거래소 대비 높고, 성장성을 중시합니다. 따라서 EQIX 역시 주가변동성이 상당히 높은 리츠이며, 시장참여자들의 기대는 배당보다는 성장성을 기반으로 한 시세차익입니다. 지수 기준이 나스닥이기 때문에 Beta가 낮아도 변동성은 높습니다. 만약 데이터센터 임차경쟁이 심해져 성장 기울기가 완만해진다면 주가변동성은 더 커질 가능성이 있습니다.

경쟁업체인 DLR도 그렇지만 데이터센터 리츠의 평균주가는 코로나19 이후더 상승했습니다. 이것이 언택트 테마로 인한 상승인지, 수요증가로 인한 상승인지를 구분해야 합니다. 또 DLR처럼 경쟁적으로 데이터센터가 증가하고 있는시장 상황은 긍정적이지 못합니다.

EQIX의 P/FFO는 평균 30배에 가깝습니다. 시장기대가 높은 만큼 주가변동성이 높습니다. 시장이 EQIX를 단순한 부동산으로 인식하고 있지 않으니 실적보다 기대감이 30배나 치솟아 있는 것이죠. 언제 어떤 변수로 훅 떨어질지 모르니 주의해야 합니다.

또 자체 클라우드 서버를 운영하기 때문에 서버 확충을 위한 지출(Capex)이 많다는 것도 약점입니다. 클라우드 서버 특성상 서버가 늘어나는 크기에 따라 필요한 비용이 빠르게 증가해 자금이 부족할 수도 있습니다. EQIX의 데이터센터 확장은 높은 부채를 활용하며, 그 결과 투자자에게 돌아가는 배당금은 전체 수입의 약 46% 수준입니다.

여러 가지를 생각하면 EQIX 역시 안정적인 배당보다는 시세차익을 목표로 하는 공격적인 투자 성향에 적당합니다. 현재 주가 수준으로 시가배당률을 계산해보면 1.6~1.7%의 배당수익률이 나옵니다. 높은 성장성 덕분에 배당률 대비 주가가 너무 높기 때문입니다. 결과적으로 배당을 중시하는 리츠 투자자라면 그닥 매력적이지 않을 수 있습니다.

AMT(아메리칸 타워) – 통신, 5G

종목 개요

시가총액	9.9조 원	P/FFO(PER)	30
시가배당률	1~2%	배당성향(수입배분)	62%
배당주기	분기배당	BETA	0.27

주가추이

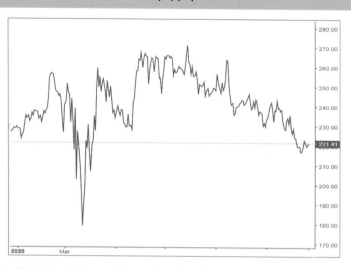

코로나19 확산 이후 주가가 상승하였으나 몇 개월 동안 조정을 받으며 투자하기 적당한 수준으로 떨어졌습니다. AMT의 사업모델은 통신기지라서 독점시장에 가까우며, 시장환경 역시 4차산업에 우호적이라 중장기적으로 상승할 것이라 예상합니다.

배당금 추이

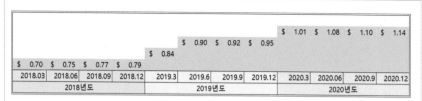

AMT는 분기마다 배당을 인상하는 등 투자자 친화도가 높습니다. 다른 리츠들과 달리 자사주 매입을 진행하고 있으며, 여력도 충분합니다.

종합적인 장점 분석

AMT는 글로벌 통신 인프라(무선 기지국) 1위인 리츠입니다. 2012년 리츠인가를 받았으며 미국, 유럽, 브라질, 멕시코, 인도 등에서 통신회사에 무선 통신국을 산 후 다시 임대하는 방식으로 수입을 만듭니다. 2020년 기준 미국에만 총 4만 개의 부동산이 있으며, 전 세계에 걸쳐 18만 개의 부동산을 가지고 있습니다. 최근에는 중남미, 인도 등으로 자본투자를 늘리면서 장기적인 사업발굴에 힘쓰고 있습니다. 5G 인프라망 증가로 인한 AMT의 직접적인 수혜도 주목할 만한 부분입니다.

주요 임차인은 AT&T, Verizon 등의 글로벌 대기업 통신업체입니다. 임차인들의 잔여 임차기간이 무려 20~30년 수준이며, 임차 재계약율도 높아 높은 매출 안정성을 보입니다. AMT 총수입의 98%는 임대수입이며, 나머지 2%는 통신 네트워크, 장비대여 매출에서 나옵니다.

연도	배당금
2018년	$3.01
2019년	$3.62
2020년	$4.32

AMT는 분기배당이며, 연 배당성장률이 20% 수준에 가깝습니다. 배당 핵심은 분기별 배당성장입니다. 보통 리츠는 연 단위로 배당이 오르는데, AMT는 분기별로 배당을 인상하니 투자자 입장에서는 반길 일이죠. 배당금 수준은 연도별로 18년 $3.01, 19년 $3.62, 20년 $4.32였습니다. 현재 주가 대비 시가배당률은 1~2% 수준에 불과하지만, 이는 연평균 주가수익률로 충분히 극복 가능하다고 판단합니다.

AMT의 또 다른 장점은 타 리츠들과 다르게 자사주 매입이 있다는 점입니다. 2020년 1분기에는 글로벌 주가하락 및 매출액이 소폭 감소했음에도 4,500만 달러의 자사주 매입을 진행했습니다. 자사주 매입이 단발성 이벤트가 아니기에 2

분기 51,000주를 더 매입하였습니다. AMT의 자사주 매입추세는 계속 지속될 전망이며, 추가적인 자사주 매입 여력 역시 충분해 보입니다. 따라서 AMT는 배당 측면에서도 장점이 있지만, 추후 시세차익을 감안했을 때도 충분히 매력적인 투자처입니다.

투자위험분석

첫 번째 위험요소는 환율입니다. AMT의 글로벌 포트폴리오는 미국을 제외하면 대부분 중남미, 중동 등 신흥시장에 초점이 맞춰져 있습니다. 구체적으로는 미국 50%, 아시아&남미 30% 수준입니다. 코로나19로 인해 환율변동이 단기간 높은 적이 있었는데, 이럴 때의 환율변동성에 주의해야 합니다.

제한적인 임차인 구성도 문제입니다. 통신업의 특성상 독점기업들에 의한 규모의 경제로 이루어지기 때문에 임차인이 한정될 수밖에 없습니다. 단편적인 예로 AMT의 주요 임차인인 AT&T와 Verzion의 임차비중이 미국 전체 포트폴리오 중 67%에 달합니다. T-mobile과 Sprint 등을 합치면 전체 임차인 구성의 대부분이라고 해도 과언이 아닙니다. 또 시장의 기대감을 보여주는 P/FFO는 30배 수준입니다. 5G 등 늘어나는 언택트 통신망 발달에 대한 기대가 녹아든 결과죠. P/FFO가 높으면 일평균 주가변동성이 높다는 걸 기억하고 투자해야 합니다. 하루 동안 요동치는 주가 앞에 태연할 수 있을 때 도전하세요. AMT의 주가는 앞에서 다룬 DLR과 EQIX 같은 평균 상장리츠 대비 높은 편입니다. 고배당을 바라는 투자자라면 1~2% 수준인 AMT의 시가배당률이 낮게 보일 수 있죠. 이런 단점들이 있긴 하지만 AMT는 분기별 배당 성장과 자사주 매입 등 주주 친화적인 정책들이 다른 리츠들에 비해 잘 되어 있어 여전히 매력적입니다. 장기적인 배당흐름과 시세차익을 본다면 훌륭한 투자처가 될 것입니다.

PLD(프로 로직스) – 물류센터

종목 개요

시가총액	7.2조 원	P/FFO(PER)	25
시가배당률	2~3%	배당성향(수입배분)	70%
배당주기	분기배당	BETA	0.81

주가추이

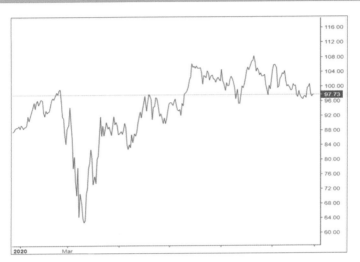

코로나19 확산 이후 이커머스 성장에 따른 물류창고 수요증가 수혜를 받고 있습니다. 낮은 부채 비율, 견고한 실적으로 중장기적으로 우상향할 것이라 예상합니다.

배당금 추이

								$ 0.58	$ 0.58	$ 0.58	$ 0.58
				$ 0.53	$ 0.53	$ 0.53	$ 0.53				
$ 0.48	$ 0.48	$ 0.48	$ 0.48								
2018.03	2018.06	2018.09	2018.12	2019.3	2019.6	2019.9	2019.12	2020.3	2020.06	2020.9	2020.12
2018년도				2019년도				2020년도			

PLD는 매 분기에 맞춰 배당하며, 배당인상 역시 계단형을 보입니다. PLD는 총수입의 70%를 배당해서 투자자 친화성이 높은 편입니다.

종합적인 장점 분석

PLD는 글로벌 1위인 물류 리츠입니다. 20여 개국에 걸쳐 5,000개에 가까운 물류센터를 가지고 있습니다. PLD의 신용등급은 국제신용등급인 S&P 기준 A-이며, 전체 리츠 기준 상위 15% 이내입니다. 부채비율이 갈수록 낮아진 결과로 보입니다. 다른 리츠의 경우 레버리지를 극대화해 자산을 편입하는 경향이 있는데, PLD는 부채를 줄임으로써 이자비용 절감 등의 긍정적인 효과를 만들고 있습니다. 현재 PLD의 부채비율은 30% 수준으로, 평균 40~60%인 다른 리츠에 비해 매우 낮습니다.

자산의 입지는 미국 75%(캘리포니아 비중이 30%), 나머지는 멕시코, 유럽 등에 분포되어 있습니다. 미국 내 편입자산들은 지리적으로 대도시에 인접해 다른 물류센터 대비 우수한 입지를 가지고 있습니다. 온라인과 언택트 산업이 발전함에 따라 PLD도 수요에 부합하기 위해 물류센터 인수합병에 속도를 올리고 있습니다. 유리한 시장환경과 함께 PLD의 성장속도 역시 지속적으로 빨라지는 중입니다.

주요 임차인은 아마존의 비중이 가장 큰데, 그래도 전체 순이익 중 5% 이내일 정도로 매출 포트폴리오 분산도가 높은 편입니다. DHL, 페덱스 등 대기업들의 매출을 모두 합해도 PLD 전체 순이익의 15%를 넘지 않는다는 점 역시 주목이 필요합니다. 이렇게 분산시켜 놓으면 대기업 임차인이 이탈해도 매출변동성에 큰 영향을 주지 못한다는 장점이 있습니다. 평균 공실률은 매년 5% 수준이고, 미납관리비도 5% 미만으로 우수한 자산관리 역량을 보이고 있습니다.

PLD는 분기배당을 하며, 다른 미국 상장리츠처럼 계단식으로 배당을 인상합니다. 주목할 만한 점은 배당성향이 무려 70%라는 거죠. 지금까지 봤던 리츠들 대비 월등하게 높습니다. PLD는 연간 동일한 배당을 주며, 다음 연도 1분기부터 배당을 인상합니다. 그러나 시가배당률은 2~3% 수준으로 주가에 비하면 낮은

연도	배당금
2018년	$1.92
2019년	$2.12
2020년	$2.32

편입니다. 따라서 많은 투자자가 배당보다는 언택트 수요 성장에 따른 시세차익을 기대하고 있습니다.

P/FFO는 25배 수준입니다. 높긴 하지만 언택트 수요증가에 대한 기대감이 반영된 결과로 보입니다. 해가 갈수록 대다수의 오프라인 분야가 온라인으로 이전되기 때문에 PLD의 배당, 주가성장성은 지속적으로 높을 것이라고 판단합니다.

투자위험분석

PLD 역시 물류센터의 전형적인 문제인 '저배당율'을 보입니다. 물류센터의 기대 배당수익률은 5% 수준이라 다른 리츠에 비하면 높지 않습니다. 국내 이에스알켄달스퀘어 리츠 부분을 다시 보면 도움이 될 것입니다. 배당성장률도 타리츠 대비 낮은 편이라 주주친화성이 다소 낮다고 볼 수 있습니다. 코로나19로 떨어진 주가가 얼마 회복되지 않아 낮은 편인데도 시가배당률이 2~3% 수준일 정도입니다.

아마존, DHL, 페덱스 등 대기업이 임차인이고, 그 순이익이 전체 순이익의 15% 미만인 것은 양날의 검입니다. 임차인 분산 포트폴리오로는 좋지만, 대기업 임차가 높을수록 매출안정성은 상대적으로 높아지는 게 사실이니까요. 코로나19로 물류기업에 좋은 시장 환경인데도 매 분기 미납 임대료가 4~5% 수준으로 잦은 편인 것도 문제입니다. 대다수를 회수하긴 하지만, 임차인 위험이 존재한다는 것에는 주의가 필요합니다.

물류센터는 언택트 주식이기도 하면서, 코로나19의 영향을 많이 받은 자산이기도 합니다. 주가회복이 다른 리츠에 비해 높지만, 기술주에 비하면 낮습니다. 또 PLD 역시 코로나19로 인한 투자지연, 미납임대료 발생 등 부정적인 영향을 받았기 때문에 주가회복 역시 서서히 진행 중입니다. 이런 단점들이 있긴 하지만 참고만 하세요. 물류센터 수요가 지속적으로 높아질 것은 확실하고, PLD가 시가총액 1위 고신용도 물류 리츠라는 것만으로도 좋은 투자처가 될 수 있습니다.

코로나19가 만든 글로벌 상업용 부동산시장의 현황

코로나19의 확산으로 전 세계 상업용 부동산시장 가격에도 변화가 찾아왔습니다. 결론부터 말하면 오히려 비싸진 자산도 있고, 저렴해진 자산도 있습니다. 비싸진 자산은 산업용 자산이며, 종류로는 물류창고, 데이터센터 등이 있습니다. 수요 증가와 유동성 확대가 원인입니다. 반면 상대적으로 저렴해진 자산들은 오피스와 리테일입니다. 사실 오피스의 경우 거의 차이가 없는 반면, 리테일 자산의 경우 눈에 띄는 가격 변화가 있었습니다. 아마도 임대료 미납 등으로 인한 매출전망, 시장기대 등이 보수적으로 변했기 때문일 겁니다. 다음 지표들은 리츠의 주가가 아니라 리츠가 품고 있는 자산가격의 변화를 말하니 참고사항 정도로 여기면 좋을 듯합니다. 2부에서 Cap rate에 대해 배웠죠? 지금 그 개념이 사용됩니다. 다음 표를 통해 더 자세히 알아보겠습니다. 자료는 CBRE(https://www.cbre.com) 사이트의 리서치 자료를 사용했습니다.

1. 전 세계 상업용 부동산 가격 지수 현황

Cap rate 개념에 따라 그래프가 올라가면 부동산 가격이 떨어지고, 반면 그래프가 내려가면 부동산 가격이 올라갑니다. 코로나19로 2019년~2020년 리테일 자산에 가격조정이 있다는 게 보이죠? 순서대로 오피스, 리테일, 산업용 부동산입니다.

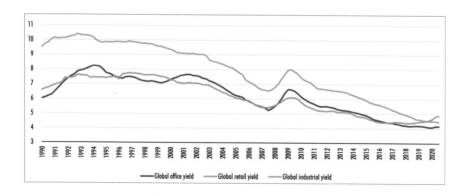

2. 개별 국가 상업용 부동산 가격 현황

다음은 전 세계 상업용 부동산 가격의 수준을 알 수 있는 그래프입니다. 0을 기준으로 위는 부동산 Cap rate, 아래는 10년 국고채 수익률(=금리)을 나타내며, 막대가 길수록 가격이 저렴하다는 뜻입니다. 예를 들어 홍콩의 상업용 부동산 가격이 가장 비싼 것으로 보이는데, Cap rate가 무려 2% 수준이네요. 아래쪽 채권금리를 보면 심천, 베이징, 상하이 등 중국의 금리가 높다는 것을 알 수 있습니다. 개발도상국에 가까울수록 위험도가 높고, 채권금리도 높습니다. 스프레드는 그 차이를 나타내는 지표로 무시해도 괜찮습니다. 미국은 LA, 샌프란시스코 지역이 가장 비싼데, 실리콘 밸리와 온화한 기후로 부촌들이 모여 있기 때문일 것입니다.

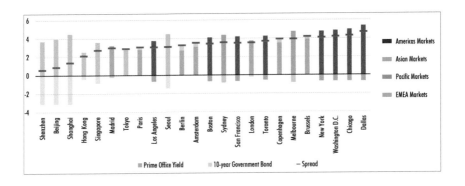

다음을 보면 유럽 안에서 리테일은 파리, 산업용 부동산은 런던이 가장 비싸다는 걸 알수 있습니다. 파리는 명품의 도시고, 런던은 산업혁명의 근원지라는 걸 반영한 결과 같습니다.

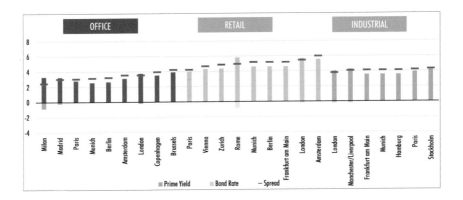

해외투자, 특히 미국 상장리츠

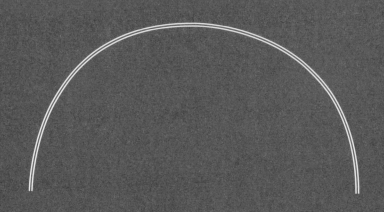

"포스트 코로나를 대비하는 리츠시장의 변화와
개인투자자에게 미치는 영향은?"

2021년은 리츠 투자자에게 가장 유리한 투자환경이 될 것입니다.
코로나19로 주가가 역대급으로 내려가 있을 뿐만 아니라
각국 정부의 정책공조가 지속될 예정이니까요. 성공적인 투자를 위해
리츠에 영향을 주는 다양한 외부변수와 전망에 대해 알아봅시다.

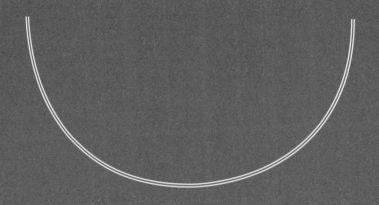

5부

2021년 리츠, 개인투자자에게 내밀어진 또 다른 기회

1

리츠업계에서 가장 중요한 외부변수 TOP 3

리츠의 주가나 배당금은 결과일 뿐입니다. 수많은 원인이 모여 만들어낸 값이죠. 가깝게는 희소성, 임차인, 신규 자산편입 등이 있으며, 멀리는 글로벌 거시경제 변화가 큰 원인이 되기도 합니다. 시장에서는 전자를 '체계적 위험', 후자를 '비체계적 위험'이라고 부릅니다. 체계적 위험은 개별종목 분석을 통해 최소화할 수 있지만, 증시 전체가 무너지는 비체계적인 위험은 투자의 신이 오더라도 쉽게 분산시키기 어렵습니다. 튼튼한 배는 고를 수 있지만 거친 파도는 막을 수 없는 것과 같습니다.

말은 이렇게 하지만 거시경제 같은 국가적 요인은 참고자료 수준으로만 여겼던 게 사실입니다. 하지만 이번 코로나19 사태를 겪으면서 경제지표의 영향력은 확고해졌다고 봅니다. 극단적인 비체계적 위험 앞에서 대기업조차 임대료를 유예하는 사례가 발생했습니다. 입지, 임차인, 희소성 등의 전통적 투자접근으로는 설명할 수 없는 상황이죠. 국가적 재난 앞에 자산별 수익률도 천차만별로 나뉘고 있습니다. 그 잘 나가던 리테일, 호텔 자산들의 배당이 깨질 것이라고 누가 예상이나 했을까요? 결과적으로 이제 개인투자자도 다양한 하방 위험에 대비하기 위해 깊게 공부해야 할 필요가 생겼습니다. 다행히 비체계적 위험은 사전징조가 있으니까요. 모든 리츠 투자설명서에는 국가별 거시경제 지표들이 들어 있습니다. 특히 상장리츠는 주가에 따른 투자원금 변화가 심하기 때문에 더욱 집중이 필요합니다.

문제는 많은 투자자가 이 투자지표들을 대충 보고 넘긴다는 데 있습니다. 적어도 몇 가지 지표들은 꼭 참고해야 한다고 생각합니다. 미국리츠 역시 마찬가지입니다. 국내보다 정보를 얻기가 더 어려운 탓에 주식가치의 미래를 예측하는 것 역시 더 어렵습니다. 불안정한 미래에 모든 것을 맡기는 건 투자가 아니라 도박에 가깝습니다. 완벽히는 아니더라도 거시경제 분석을 할 줄 알면 어느 정도 미래에 대비할 수 있습니다. 중장기 투자가 목표라도 전략상 매도타이밍을 준비할 수 있고, 반대로 좋은 시장 환경에서 새로운 매수 기회를 잡을 수도 있게 됩니다.

이번 장은 리츠에 영향을 주는 수많은 거시경제 지표와 코로나19와 리츠시장의 관계, 또 2021년 리츠시장의 미래에 대해 고민해보는 시간이 될 것입니다. 환경적인 변수에 어떤 것들이 있는지를 알고, 각자에게 맞는 리츠 투자 시기를 정하는 데 도움이 되길 바랍니다.

하나, 금리 - 그러나 금리의 위상이 옛날 같진 않다

경기를 조절하기 위한 최강의 처방은 통화정책입니다. '경기가 안 좋으면 금리를 인하하면 되지'라는 우스갯소리가 나올 정도로 금리의 힘은 막강합니다. 일반적으로 부동산시장은 금리가 오르면 불리하고, 금리가 내려가면 유리해집니다. 부동산 가격은 금리와 반대로 움직입니다. 금리가 떨어지면 부동산 가격이 상승하는 이유는 현금가치가 떨어져 실물자산의 가치가 높아지기 때문입니다. 또한 저금리 대출로 부동산에 투자하는 사람이 많아져 수요공급에 불균형이 커지는 것도 영향을 줍니다. 리츠 투자 역시 저금리로 얻는 장점들이 많습니다. 금리가 인하되면 대출이자가 낮아지니 감소한 이자비용만큼 배당재원이 늘게 됩니다. 또 레버리지를 활용한 추가적인 자산편입 역시 더 쉬워지죠.

그러나 건물거래도 결국 사람 간의 일입니다. 내 자산가치가 올라갔어도, 내 자산을 사주는 사람이 있어야 의미가 있습니다. 매수자도 추후 시세차익을 얻으려면 산 값보다 더 비싸게 팔아야 합니다. 지금 같은 제로금리 상황에서는 단순히 금리로만 접근하기엔 가격부담을 느낄 수밖에 없다는 점을 명심해야 합니다. 보유자산이 B급인데, 단순히 금리가 싸니까 무조건 리츠에도 유리할 거라는 식으로 접근하는 것은 좋은 투자법이 아닙니다. 금리는 공통순위 정도로만 두고, 주식가치에 직접적인 영향을 주는 영업이익, 현금흐름, 자산의 입지, 임차인, 연식 등의 펀더멘탈을 먼저 검토하는 것이 우선입니다. 실제로 리츠시장에서는 더 좋은 자산일수록 금리와 관계없이 가격이 오릅니다. 그러니 우량리츠를 찾아야 합니다.

코로나19 사태처럼 기준금리에 큰 하락이 있으면 경기수축으로 인한 우려가 시장을 지배하게 되는데, 그걸 반영하듯 2020년 초반에는 부동산 가격이 되레 크게 하락했었습니다. 금리하락이 일반적으로 투자에 유리한 것은 맞지만, 항상 반드시 유리하다고 말할 수는 없습니다. 다행히 2020년 막바지에 오면서 부동산 가격은 다시 금리 수준에 맞게 오르기 시작했습니다. 현재는 자산 대부분이 전고점을 갱신했습니다. 아쉽게도 리츠시장은 그렇지 못했죠. 코로나19가 종식되면서 점차 리츠 주가도 올라올 테니 상장리츠 투자자라면 더욱 집중해야 합니다.

2021년 각 정부의 기준금리는 여전히 제로금리일 확률이 높습니다. 그러나 시장금리는 경기회복과 함께 오를 확률이 높습니다. 이론적으로는 대출이자율이 다시 오를 수 있지만, 현실적으로 당장 큰 변화가 있을 것으로 보이진 않습니다. 코로나19가 실물경제에 준 여파가 최소 2~3년은 더 갈 것이기 때문입니다. 우리는 기준금리 인상으로 10년 전에 발생한 금융위기를 기억하고 있고, 금리인상에 신중해야 한다는 것을 경험을 통해 온몸으로 체감했습니다. 경기가 조금 회복됐다고 바로 금리를 인상한다면 시장은 완전히 망가질 수도 있다는 것을 비싼 값을 치르고 배웠으니까요. 따라서 2021년에도 여전히 리츠 투자는 매력적입니다. 또 좋은 자산일수록 금리와 관계없이 가격이 오른다는 것은 기본입니다. 이런 이유들을 기반으로 기관투자자들 역시 안정적인 수입을 위해 리츠를 공격적으로 매수하고 있습니다.

"그럼 금리가 오르면 리츠 투자에 무조건 안 좋은가요?"라고 묻는다면 대출이자가 올라 배당금이 줄어들긴 하겠지만 인상분만큼 신규 임대료 인상률에 반영되니 실제로는 전과 큰 차이는 없습니다. 또 평균적인 부동산 가격이 낮아지니 좋은 리츠를 싸게 매수할 수 있는 기회가 됩니다.

기준금리는 어떤 이유로 움직일까요? 과거 미국연방준비제도(Federal Reserve System: FED, 이하 '연준')가 금리를 결정하는 기초변수는 '물가와 고용'이었습니다. 연준을 신경 써야 하는 이유는 전 세계 중앙은행 정책이 연방준비제도의 통화정책을 따라가기 때문입니다.

첫 번째 변수인 물가의 경우 기본적으로 물가가 오르면 연준은 금리를 올립니다. 그러나 2021년 현재 물가가 오르는 이유는 사치품과 공산품 때문입니다. 실제 생필품의 가격은 그대로라서 사실상 독립변수로서의 역할을 잃은 상태입니다. 즉 코로나19로 실물경기가 더 나빠져 시장금리가 올라도 물가에 거의 변화가 없을 것으로 보입니다. 두 번째 변수인 고용의 경우 전 세계적으로 고용지표 정상화까지 최소 3년은 필요하다는 전망들이 나오고 있습니다. 결과적으로 쉽게 금리를 올리기는 어려울 것으로 보입니다. 현재 증시과열로 시장금리가 계속 오르고 있지만 금리인상은 사실상 불가능에 가깝습니다. 현 연준의 파월 의장 역시 앞으로 시장금리가 아무리 올라도 최소 2~3년 동안은 기준금리 인상 가능성은 거의 없다고 말했을 정도입니다. 만약 지금 증시가 과열되었다고 시중에 풀린 돈을 걷거나, 기준금리를 올린다면 2008년, 그리고 2018년 12월 같은 불행이 반복될 것입니다. 이런 근거로 증시과열을 알면서도 묵인할 수 밖에 없는 시장이 앞으로 몇 년은 지속되리라 판단합니다.

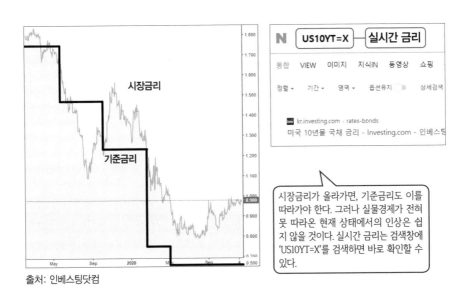

출처: 인베스팅닷컴

시장금리가 올라가면, 기준금리도 이를 따라가야 한다. 그러나 실물경제가 전혀 못 따라온 현재 상태에서의 인상은 쉽지 않을 것이다. 실시간 금리는 검색창에 'US10YT=X'를 검색하면 바로 확인할 수 있다.

둘, 주가 - 임차인의 사업이 잘 돌아가고 있는가?

임대료도 줄 돈이 있어야 줄 수 있습니다. 그래서 리츠는 임차인이 중요하고, 이런 임차인 리스크를 방지하기 위해 개별종목의 주가 확인은 필수입니다. 기업에 문제가 생겼을 때 가장 먼저 반응하는 것이 주가라서 그렇습니다. 국내외 상관없이 임차인의 주가가 지속해서 하락하기 시작하면 투자에 주의해야 합니다. 만약 주가가 우하향 곡선을 타고 있다면, 꼭 신용도와 당기순이익, 현금성 자산 수준을 확인해보는 것이 좋습니다. 임차인 리스크가 있다면 자산가치를 제대로 인정받기 힘듭니다. 무수익 자산이 되면 곤란하죠. 좋은 예로 코로나19가 미국에 확산된 후 많은 마트와 백화점, 영화관들이 문을 닫았습니다. 파산신

청을 하거나 상장폐지 수순을 밟는 임차기업 역시 늘었는데, 이런 기업들이 리츠 임차인으로 있다면 임대료가 제대로 나올 리 없습니다. 미납된 임대료를 받고 싶어도 이미 임차인을 향한 채권자가 넘쳐나니 회수하기 어려울 가능성이 큽니다. 실제로 글로벌 탑티어 미국리츠들도 배당이 훼손되자 그와 함께 주가가 폭락했습니다. 통임차 자산(Master lease)의 경우 기업이 신용강등을 겪으면 자산에 대한 신용도도 떨어져 대출금리가 오를 수 있습니다. 만약 이런 자산을 보유하고 있다면 주가가 더 떨어지기 전에 지분을 매각할 타이밍을 잡아야 합니다.

주가는 기업의 건강검진표입니다. 주가가 끊임없이 하락하는 임차인은 시한폭탄과 다름없습니다. 가끔 투자자를 안심시키기 위해 '임대료와 주가는 크게 관계가 없다'라고 말하는 투자 관계사들이 있는데, 그들의 말을 100% 믿어선 안됩니다. 주가부진 기업들은 우량자산과 사업부가 매각되고 있으며, 재무제표 역시 이미 상당히 손상되어 있는 상태이기 때문입니다. 특히 매출연동형 임대 매장의 경우 경기 불황기에는 매출이 반토막 나는 일도 흔하니 더욱 조심해야 합니다. 대기업이 임차한 자산들도 마찬가지입니다. 매출이 급감한 B2C 법인들은 임차인 신용위험에 노출되기 쉽습니다.

투자 관계사들은 "임차기업에 문제가 생기더라도 임차 보증금 담보가 크고, 계약기간에 대한 법적 계약이 있으니 중도해지는 불가능하다"라고 말할 것입니다. 단언컨대 나갈 기업은 어떻게든 나갑니다. 문서는 문서일 뿐 진짜 나가기로 맘먹으면 소송에 돌입하거나 협상을 시도하는 등 새로운 문제가 생기기 일쑤입니다. 실제로 글로벌 공유 오피스 기업인 WeWork는 몇 년 전까지만 해도 최고의 임차인이며, 스타벅스처럼 건물 브랜드를 뻥튀기시키는 우수한 임차인으로 대접받았습니다. 당연히 건물주들은 서로 임대차계약을 체결하려고 노력했습니다. 사람들도 WeWork가 임차한 건물은 실제 건물명보다 'WeWork 건물'이라고 부를 정도였으니까요. 그러나 WeWork가 상장에 실패하고, 주가가 급락하자

상황은 완전히 달라졌습니다. WeWork는 즉시 국내 수익성이 나쁜 사업부를 해체하는 작업에 들어갔습니다. 그 결과 종로와 을지로를 시작으로 수많은 지사에서 임차협상이 시작되었습니다. 중요한 것은 중도해지 불가 임대차계약이 맺어진 상태임에도 그들이 계약을 무시하고 나가려고 한다는 것입니다. 아마 자산운용사는 WeWork의 체류 조건으로 무상임대 기간을 크게 늘려주었을 것입니다. 눈 돌아간 사람은 법이고 뭐고 쉽게 막을 수 없는 것처럼 WeWork도 임차 이탈 직전이었으니까요.

만약 자산이 해외에 있다면 현지 법률조항에 따라 계약서를 뒤집는 불리한 요소들이 숨어 있을 수도 있습니다. 뛰어난 자산운용사들 덕분에 국내에서는 이런 문제가 발생할 가능성이 거의 없지만, 투자자 권리를 보호하고, 불필요한 걱정을 덜기 위해서라도 임차인의 주가 확인은 필수입니다. 임차인들이 이탈해 배당이 줄어들어도 자산운용사는 이를 보전해주지 않습니다. 대출이자도 마찬가지입니다. 그럼 자산운용 수수료라도 좀 줄어들까요? 수수료가 매출연동되어 있으면 그렇겠지만, 그렇지 않으면 입에 풀칠할 정도로 배당이 나와도 수수료 먼저 가져갑니다.

최악의 경우에는 급격한 배당쇼크에 리츠 투자자가 자산운용사의 방패막이가 될 수도 있습니다. 한번은 해당 기수 배당보다 운용수수료가 더 컸던 경험이 있습니다. 배당이 300만 원 나왔는데, 운용수수료가 440만 원이 나오더군요. 이러니 눈 뜨고 코 베이기 싫으면 어느 정도 공부가 필요하다는 것입니다. 물론 실제로 이런 일이 발생하면 자산운용사의 신뢰도는 낮아질 것입니다. 그럼 자산운용사들은 코로나 사태 같은 빅이슈에 어떻게 대응해야 할까요? 자산운용사는 어떻게든 주식 가치를 유지하고, 지금은 배당이 깨지더라도 몇 기수 뒤 배당이라도 잡기 위해 노력합니다. 공실을 만드느니 무상임대라도 줘서 어떻게든 임차인을 잡고 있으려고 합니다. 공실을 만들면 계속 주가가 떨어지고, 배당회복 기간도 지연되기 때문입니다. 또 경제상황이 안 좋으면 아무리 마케팅을 많이 해도 임차수요는 증가하지 않습니다. 그러니 임차료는 몇 달 뒤부터 내도 좋으니 나가지만 말아 달라는 사실상 50점짜리 대응을 하게 됩니다.

셋, 기타 지표들 – 업황지표, 연준의 자산매입, 주가지수, 환율

업황지표

상장리츠에 투자할 생각이라면 먼저 업황지표를 점검해보세요. 일반적으로 주가는 업황의 인기가 동반되어야 크게 상승합니다. 이것을 '투자심리가 살아 있다'라고 표현합니다. 2020년의 경우 IT, 통신 등 언택트 4차산업 주식들이 집중적으로 투자자들의 선택을 받았습니다. 반면 여행, 면세, 부동산 등 컨택트 주식들은 업황 우려로 주가를 거의 회복하지 못했습니다. 우리의 최종 목표는 개인투자자의 투자수익률 증가입니다. 리츠를 공격적으로 운용하는 분들이라면 투자심리가 안 좋을 때는 쉬고, 투자심리가 좋을 때 공격적인 리츠 운용을 권합니다. 꼭 투자하고 싶다면 데이터센터, 통신 인프라 리츠에 주목합시다. 이 리츠들은 리츠라도 언택트 테마에 있으니까요. 다행히도 2021년에는 전반적인 리츠 투자심리가 상당히 좋아질 것으로 판단합니다. 그동안 주춤했던 컨택트 주식들도 슬슬 제자리를 찾을 테니 단기 투자자라도 2021년에는 리츠에 주목할 필요가 있습니다.

데이터센터 리츠 지수

주식시장 지수

리츠시장 지수

코로나19 확산 이후 1년간의 수익률이다. 데이터센터 리츠가 주식시장 지수를 넘는 높은 수익률을 보인다.

출처: 인베스팅 닷컴

주가지수와 환율

상장리츠도 결국 주식이기 때문에 주가지수의 영향을 받을 수밖에 없습니다. 전반적으로 주가지수가 우상향하면 상장리츠의 주가 역시 증시 훈풍을 받아 상승합니다. 하지만 반대의 경우 상장리츠도 하락할 확률이 높습니다. 환율 역시 투자에 매우 중요한 투자요소입니다. 3, 4부에서 자세히 다뤘으니 참고하세요. 환율을 보면 글로벌 투자자금의 흐름을 확인하고, 이를 통해 주가추이를 예상할 수 있습니다. 또 투자국가의 통화가치가 낮아지면, 배당과 투자원금 둘 다에 환손실이 발생하니 투자에 유의해야 합니다. 환율은 추세를 가지고 움직이고, 생각보다 투자수익률에 미치는 영향이 크니 중장기적 관점으로 투자에 접근하기를 권합니다.

연준의 자산매입

미국연방준비제도(Federal Reserve System: FED, 이하 '연준')의 자산매입은 전 세계 모든 투자자가 집중하는 지표입니다. 기관투자자 중 이 지표를 안 보는 투자자는 거의 없습니다. 앞에서 설명한 대로 연준은 미국의 통화정책을 결정하는 독립기관입니다. 코로나19가 확산되자 연준은 경기부양 정책으로 금리인하와 함께 자산매입(양적완화)을 시행하고 있습니다. 특히 양적완화는 연준이 채권 등의 자산을 사주는 대신 시중에 통화를 푸는 것을 의미합니다. 금리는 이미 제로금리이기 때문에 자주 확인할 필요가 없지만, 자산매입 주기는 반드시 매일 확인해야 합니다. 왜냐하면 연준의 자산매입이 줄어드는 순간 상장리츠를 포함한 주식시장의 주가지수가 점차 낮아질 확률이 매우 높기 때문입니다. 자산매입이 줄어든다는 것은 다시 시장에 풀었던 돈을 회수하기 시작한다는 신호라서 증시에 매우 큰 악재로 작용합니다. 배당에는 문제가 없더라도 상장리츠라면 원금 손실 가능성이 크니 대처하기 위해서라도 주기적으로 확인해야 합니다.

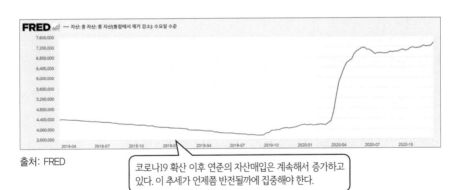

출처: FRED

코로나19 확산 이후 연준의 자산매입은 계속해서 증가하고 있다. 이 추세가 언제쯤 반전될까에 집중해야 한다.

2021년 리츠, 개인투자자에게 내밀어진 또 다른 기회

2
코로나19와
2021년 리츠시장

리츠시장의 현황과 미래

2020년 단 한 명만 걸려도 건물 전체가 문을 닫는 코로나19의 확산으로 리츠시장 역시 전반적인 침체를 겪었습니다. 국가에 따라 강제로 타인과의 접촉을 막고, 도시간 이동을 금지할 정도라 거리에는 사람들의 발길이 끊겼습니다. 돌아다니는 사람이 없으니 소비지표가 급락해 임대료를 못 내는 업체가 급증했습니다. 특히 부동산 리츠의 주요자산이었던 리테일과 호텔에서는 배당이 연속으로 터지기도 했으며, 견고한 오피스 시장 역시 업체들의 변심으로 공실률이 심화되었습니다. 경제활동도 재택근무, 화상회의 등 온라인으로 돌아서자 오피스의 중요성이 낮아지고, 온라인 이커머스 활성화로 리테일 환경까지 변하면서 상업용 부동산에도 큰 변화가 있었습니다.

2020년 초반인 4월부터는 4차산업 언택트 종목으로 분류되는 데이터센터, 통신 인프라 리츠에 대한 수요가 급증하며 바로 전고점을 회복하고 신고가를 새로 썼습니다. 하지만 오피스, 호텔, 리테일 등 컨택트 관련 리츠들은 여전히 더딘 회복을 보이고 있었습니다. 다행히도 전 세계가 우려하던 더블딥은 없었고, 코로나19 확산세가 점차 줄어들면서 리츠시장 역시 안정기를 찾기 시작했습니다.

2020년 하반기에 들어서면서부터는 연준과 각국 중앙은행의 통화정책, 그리고 정부 재정정책의 공조로 전 세계는 빠른 경기반등을 준비하고 있었습니다. 제약회사는 코로나19 백신과 치료제 제조에 힘쓰며, 코로나19로 침체된 세상을 되돌리려 노력하고 있습니다. 희망의 끈이 보이자 실물경제와 달리 모든 금융자산의 가격이 미래를 선반영해 가파르게 상승했습니다. 미국, 유럽, 한국, 중국, 일본 등 모든 나라에서 증시가 매달 신고가를 갱신했으며, 리츠시장 역시 느리지만 지속적으로 회복하고 있었습니다.

2020월 12월에는 다시 코로나가 재확산 추세를 보였으나 그 충격은 이전만큼 시장에서 영향을 주지는 않았습니다. 이미 예상 가능한 범위였으니까요. 이전 미중 무역분쟁 때도 첫 번째, 두 번째의 충격이 강했지 후반으로 갈수록 영향력이 약해졌던 것과 비슷한 흐름입니다. 리츠시장은 점진적으로 회복 중이고, 2021년에는 코로나19 이전, 아니 그 이상으로 완전히 회복하리라 기대합니다.

코로나19에 대한 투자자들의 인식 변화는 어떨까요? 코로나19 이전 국내에서 데이터센터, 헬스케어, 통신 인프라 등의 상업용 부동산은 이제 겨우 시작되는 서브 마켓이라는 인식이 강했고, 국내 기관투자자조차도 비주류 자산 정도로 여겼습니다. 가격은 꾸준히 상승하고 있었지만 부동산에 유입되는 총투자금 비율은 낮았으니까요. 그러나 코로나19 확산 이후 해당 자산들에 대한 인식은 크게 달라졌습니다. 투자수요는 급증했으며, 해당 리츠들에도 많은 기관투자자 자금이 유입되었습니다. 이를 통해 4차산업 리츠들은 유례없는 고속성장을 이루었습니다. 현재 세계의 많은 정부기관에서 차세대 시장을 5G, 헬스케어, SOC라고 명명할 정도로 이 추세는 지속될 전망입니다. 4차산업 관련 부동산들은 여전히 1순위 수혜를 지켜갈 것이라고 봅니다.

그럼 오피스, 리테일, 물류센터 등 일명 '컨택트 리츠'들의 상황은 어떨까요? 코로나19 이전 전 세계 대부분의 리츠 가격은 아주 높았습니다. 하지만 코로나19로 30~60% 정도의 큰 가격조정을 받았죠. 과연 코로나19로 주저앉은 리츠 가격은 영원히 계속 침체되어 있을까요? 당연히 아닙니다. 주식시장이 다시 원상으로 복귀되듯이 부동산시장도 경기개선 전망과 넘치는 유동성으로 가파르게 회복될 것입니다. 리츠도 주식이고, 금융자산 중 하나입니다. 유사하게 따라갈 수밖에 없습니다. 지금 할 일은 중장기적으로 미래를 보고 코어 위주의 자산들을 싼 가격에 주워 담는 것입니다. 언택트 주식들은 먼저 갔으며, 이제 다시 컨택트의 시대가 옵니다. 확실한 것에 대해 선제적 용기가 필요한 시점입니다.

다양한 자산가격 현황, 리테일을 제외하고 직전 가격수준에 인접해 상승한 리츠 지수(출처: 인베스팅 닷컴)

임차인의 현황과 미래

불과 1년 전까지만 해도 글로벌 경제 플랫폼을 이끌던 공유경제 패러다임이 코로나19로 크게 위축되었습니다. 2019년은 우버, 디디츄잉, 공유 주방, 에어비앤비, 공유 오피스, 공유 킥보드 등 수많은 공유경제 시리즈의 연속이었습니다.

하지만 2020년 코로나19로 The Great Lock down이 발생한 이후 사람들은 서로의 접촉을 줄이며, 공유물품 사용을 최소화했습니다. 그 결과 비상장이든 상장이든 공유기업의 실적은 큰 부진을 겪었고, 주가는 폭락했습니다. 그러나 영원한 건 절대 없고, 코로나19에서 살아남은 기업들은 이후 다시 세계를 이끌어갈 것입니다. 어려운 시기지만 도로교통 이용업체는 딜리버리 서비스로 사업을 다각화했으며, 항공업종은 화물수송으로 먹거리를 찾아가고 있습니다. 짧은 시간 안에 코로나19 전으로 돌아갈 수는 없겠지만 여전히 사람들은 소통과 여행 등을 그리워 합니다. 코로나19가 종식되고 매출이 회복되면 좋은 오피스, 리테일, 물류센터 등을 구하기 위해 투자에 나서는 분위기가 될 것입니다. 호텔 산업 역시 억지로 참아야만 했던 여행에 대한 수요가 터지면서 전례 없는 호황기를 맞을 것입니다. 코로나19로 떼돈을 번 IT, 5G, AI, 전기차 등 4차산업 기술주들은 벌써 빈 건물을 차지하기 시작했습니다. 2019~2020년까지는 금융업이 임차인 대다수를 차지했었지만, 2021년에는 4차산업 업종이 그 자리를 가져갈 확률이 높습니다.

미국에서는 임차의 빈자리를 IT 테크 기업과 5G 등 미디어·통신 기업들이 차지하기 시작했습니다. 언택트 업종들이 프라임 입지를 차지하는 수요가 늘어난 것이죠. 이러한 추이는 코로나19가 완전히 해소된 뒤에도 지속될 것이라 예상됩니다. 해당 산업들이 지속적으로 시대를 선도할 가능성이 큽니다. 결국 각광받는 산업이 바뀔 뿐 좋은 건물에 대한 임차수요는 늘 존재한다는 게 중요합니다. 리츠시장이 사그라들 이유가 없습니다.

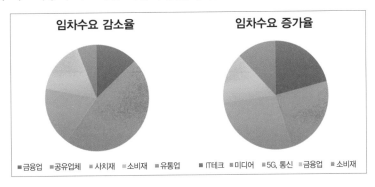

지금이 아니면 또 다른 기회는 언제일까?

여러분의 2021년 주식 전망은 어떻습니까? 아파트 전망은요? 그 누구도 쉽게 예측할 수 없지만 한 가지만은 확실합니다. '기회는 쉽게 오지 않는다'라는 것입니다. 2008년도에 금리인상으로 인한 금융시장 붕괴를 겪었고, 2020년 코로나 19로 인한 위기도 겪었습니다. 다음 위기는 언제 무엇으로 어떻게 올까요? 위기란, 위험과 기회를 합친 말이라고 합니다. 같은 상황이어도 누군가에게는 위험이, 다른 누군가에게는 기회가 될 수 있습니다. 이미 언택트부터 시작해서 IT, AI, 전기차 등 4차산업 주식들은 많이 올랐습니다. 국내외 아파트 가격 역시 신고점을 다시 쓰고 있습니다. 이제 자산 자체의 가격으로 승부를 볼 수 있는 곳은 많지 않습니다. 그래서 미리 리츠 투자를 준비해야 한다고 말하는 것입니다. 몇 년 뒤 돌이켜보면 아마 지금이 가장 저렴하고 좋은 투자시기였다고 후회하게 될지도 모릅니다. 비트코인부터 주식, 선물옵션까지 늘 기회는 우리 주변에 있었습니다. 단지 그것을 몰랐거나 알아도 용기가 없었을 뿐입니다. 극적인 2020년이 끝나고, 2021년은 리츠를 싸게 살 수 있는 마지막 시기라고 생각합니다. 내로라하는 전문가들이 뭉쳐 있는 기관투자자들이 괜히 리츠를 쓸어 담고 있는 것이 아닙니다. 이 책을 기반으로 리츠 투자 전반을 이해하고 상품을 보는 눈을 갖추었다면 2021년에는 투자에 도전해보길 바랍니다. 꾸준한 공부로 시장에서 눈을 떼지 말고, 적당한 투자시기를 잡으면 여러분의 금융 포트폴리오의 바닥을 견고히 받쳐줄 것입니다.